KB082157

고객이 기업에게 원하는 단 한 가지

THE EFFORTLESS EXPERIENCE

전 세계 400개 기업
9만 7,000명의
고객 분석을 통해 찾아낸

고객이 기업에게 원하는 단 한 가지

매튜 딕슨 · 닉 토만 · 릭 델리시 지음 | 홍유숙 옮김

세종서적

고객을 기쁘게 하는 데 눈이 멀어 놓치는 것

미국 온라인쇼핑몰 자포스의 고객 서비스 상담원은 리사라는 고객의 전화를 받았다. 두 사람은 쇼핑몰 상품인 신발을 주제로 대화를 시작했지만 이내 영화, 음식 등 다른 주제로 넘어갔다. 상담원은 화장실을 갈 때만 잠시 수화기를 내려놓았으며, 동료들이 가져다준 음식을 먹으며 상담을 계속 이어갔다. 상담은 무려 9시간 37분간 이어졌다. 자포스의 다른 상담원은 대수로운 일도 아니라는 듯 무덤덤한 표정으로 '그저 대화가 필요한 때가 있다.'며 고개를 끄덕였다.

미국 고급 백화점 노드스트롬 노스캐롤라이나 지점의 경비원은 어떤 여성이 바닥에 엎드려 무언가를 다급하게 찾고 있는 장면을 목격했다. 들어보니 약혼반지에서 다이아몬드가 떨어져 사라진 상황이었다. 경비원과 두 명의 직원이 나서서 주위를 샅샅이 훑었다. 한참 뒤, 다이

아몬드는 진공청소기 먼지주머니 깊숙한 곳에서 발견되었다.

포시즌스 리조트 마우이 앳 와일레아의 바텐더는 하와이로 신혼여행을 온 부부가 달을 보고 감탄하는 대화를 우연히 들었다. 다음 날 아침, 부부가 묵는 스위트룸에 노크 소리가 들린다. 문을 두드린 사람은 미국 항공우주국 NASA의 직원이었다. 그는 우주복 두 벌을 들고 서서 웃으며 "오늘 우주선을 탈 사람이 있다고 해서 왔습니다. 달에서 기념으로 돌을 들고 오려면 가방이 필요할 거예요."라고 말했다.

마지막 에피소드는 친절하기로 소문난 포시즌스 호텔이라면 그럴 것 같아서 방금 내가 지어낸 이야기다. 하지만 다른 두 이야기는 실제로 일어난 일이다. 이외에도 비슷한 이야기를 꽤 들어봤을 것이다.

오늘날은 고객 서비스의 황금기다. 임원 상당수가 대놓고 '고객에게 크나큰 기쁨을 선사하는 것'이 목표라고 말한다. 하지만 나는 왠지 '고객에게 크나큰 기쁨을 선사한다.'라는 말이 어색하게 들린다. 지극히 이성적인 비즈니스 환경에는 어울리지 않기 때문이다. 그 기세대로라면 직원의 마음을 사로잡거나, 거래처를 설레게 만드는 일도 해야 하지 않을까?

기업 대다수가 고객 서비스를 통해 최상의 서비스를 제공하겠다는 욕심이 있다. 너무나 특출하고 놀라워서 두고두고 기억에 남을 만한 서비스, 즉 고객을 기쁘게 하는 서비스 말이다.

충분히 가치 있는 목표다. 하지만 이 목표 자체가 완전히 틀렸다면 어떨까? 고객을 기쁘게 하려다 정작 진짜 효과적인 일을 하지 못한다면? 고객을 기쁘게 만든 미담이 사실은 기업을 파멸로 이끄는 원흉이라면?

우연이 잘 맞아떨어지면 사고를 왜곡시킬 만큼 설득력이 커지는 법이다. 그러면 마치 보편적인 공식처럼 되어버린다. 유튜브에서 '인재가 발견되는' 사례를 생각해보자. 수년 전 록밴드 저니(Journey)의 리드 기타리스트 닐 숀(Neal Schon)은 유튜브에서 커버 송을 부르는 필리핀인 아르넬 피네다(Arnel Pineda)의 동영상을 접한다. 피네다의 노래는 듣는 사람의 영혼을 뒤흔들 만큼 대단했고 그는 록밴드 저니의 새로운 리드 싱어로 발탁된다. 캐나다 가수 저스틴 비버(Justin Bieber)가 유튜브로 세상에 이름을 알린 이야기 역시 유명하다.

이런 유튜브 성공담은 사람들이 원하는 요소를 다 갖췄다. 평범했던 이웃의 영웅담, 예기치 못한 발견의 드라마, 하룻밤 만에 거지가 부자로 탈바꿈하는 가슴 벅찬 스토리. 하지만 근사한 이야기를 굉장한 전략으로 착각해서는 안 된다. 저스틴 비버가 온라인으로 유명해졌다고 해서 이제 막 음악을 시작한 래퍼가 전 재산을 들여 유튜브 영상을 만들 필요는 없다. 이는 '누군가는 복권 당첨이 되잖아. 내가 되지 말란 법 있어?'라며 복권을 사는 논리와 같다. 같은 논리로, 감동적인 고객 서비스를 사람들이 좋아한다고 해서 직원들에게 그런 서비스를 제공하도록 몰아세울 이유가 없다. 그런 방법으로 성공 스토리가 탄생할 확률은 유튜브에서 붐을 일으킬 확률만큼이나 희박하다.

'고객을 기쁘게 한다.'라는 말은 의욕을 자극하기는 하지만 사실은 잘못된 목표다. 앞에서 언급한 온라인 쇼핑몰, 백화점, 호텔 등은 서비스를 통해 자사 경쟁력을 키울 수 있다. 하지만 신용카드 회사, 수도회사, 가스 회사가 고객을 '기쁘게' 할 필요가 있을까?

고객 서비스란 '고객 기쁨을 위한 90도 배꼽 인사' 같은 외향적인 행동보다는 '고객을 좌절시키지 않고 일의 진행을 지연시키지 않는 대처' 같은 내향적인 행동에 가깝다. 고객 서비스는 고객을 기쁘게 하는 쪽보다 고객을 편안하게 하는 쪽에 중점을 두어야 한다. 고객의 문제를 신속하고 매끄럽게 해결해서 긴장을 내려놓게 하는 것이 고객 서비스의 핵심이다.

《고객이 기업에게 원하는 단 한 가지》는 경영서적이다. 실제 조사와 학술 연구에 근거를 두고 있으며, 실질적인 조언이 가득하다. 이 책에서는 고객 서비스의 오랜 명제들을 순서대로 살펴볼 텐데, 종종 당연시 여겨왔던 사고가 뒤집힐 것이다. 또한 다음과 같은 흥미로운 질문도 다룰 것이다.

'전화를 계속 돌리는 것과 똑같은 정보를 반복적으로 제공하는 것. 둘 중 고객이 더 짜증을 내는 쪽은?', '고객은 전화와 셀프서비스 중 어느 쪽을 선호할까?', '첫 통화 해결률처럼 언뜻 합리적으로 보이는 잣대에는 어떤 함정이 숨어 있을까?'

그리고 마지막 장을 덮을 때면 '고객 서비스는 고객을 기쁘게 하는 것일까? 아니면 고객의 근심을 덜어주는 것일까?'라는 최대 난제에 대해 해답을 찾을 수 있을 것이다.

댄 히스 (《스틱!》, 《업스트림》 저자)

고객이 원하는 단 한 가지, 당신의 회사는 알고 있는가?

기린 인형 조시 이야기를 들어봤는가? 조시는 한 아이의 인형이다. 아이의 가족은 플로리다 아멜리아 섬에 있는 리츠칼튼 호텔에 머물렀고, 체크아웃하면서 조시를 깜빡 놓고 가버렸다. 조시를 놓고 왔다는 사실을 깨닫자 아이는 숨이 넘어갈 듯 울어댔다. 부모는 조시를 잃어버린 것이 아니라 조시가 여행을 더 즐기고 오는 거라며 아이를 달랬다. 목청껏 우는 아이를 진정시키려는 하얀 거짓말이었다. 그런데 부모의 말은 사실이 됐다.

리츠칼튼의 클리닝 담당 직원은 조시를 분실물 처리팀에 데려갔다. 분실물 처리팀은 가족한테 연락해 조시를 호텔 세탁실에서 찾았으며 다시 데려가겠느냐고 물었다. 부모는 아이가 아끼는 기린 인형을 다시 찾았다는 사실에 환호하며 보내달라고 했다.

리츠칼튼 측은 조시를 수화물로 부치는 대신 그 이상의 서비스를 선보였다. 매니저는 팀원에게 지시하기를, 조시가 호텔에서 '추가로 머문 날'에 대해 기록을 남기라고 했다. 기린 인형이 수영장에서 일광욕을 즐기는 사진, 마사지를 받는 사진(눈 위에 오이 슬라이스를 올려놓았다), 해변에서 늘어져 있는 사진, 새로운 동물 인형 친구와 어울리는 사진, 18홀을 돌기 위해 골프 카트에 올라선 사진 등을 찍어 앨범을 만들었다. 조시는 앨범과 리츠칼튼 기념품이 한 아름 든 상자 속에 실려 아이의 집에 도착했다.

특별한 고객 서비스가 어떤 것인지 상징적으로 보여주는 사례다. 그야말로 고객을 기쁘게 하는 서비스다. 하지만 당신이 경영자라면 '조시 이야기'의 본질을 꿰뚫어봐야 한다. 회사의 역량이 시험대에 오르는 순간은 '문제가 발생했을 때'다. 문제가 생긴 고객은 회사의 도움을 받아야 난관을 헤쳐나갈 수 있다. 고객 서비스는 고객 경험에 큰 영향을 끼친다. 회사가 표방하는 가치가 시험대에 오르기로는 고객센터만 한 곳이 없다. 문제가 생긴 고객이 회사의 도움을 간절히 필요로 하는 그 순간, 기대 이상의 서비스를 제공하면 고객과의 관계에 단단한 신뢰가 형성된다. 당신의 회사에 신뢰가 굳건한 고객은 경쟁사를 궁지에 몰아넣기도 한다.

고객센터 벽에 감사 쪽지나 이메일을 붙여 둔다든지, 탁월한 서비스를 제공한 직원에게 상을 주는 등 '고객을 기쁘게 만든 사례'를 공개적으로 치하하는 이유는 바로 고객의 신뢰를 탄탄히 하는 데 기여했기 때문이다. 이뿐만이 아니다. 회사는 교육과 컨설팅에 수십억을 들여 최전방 직원을 효과적으로 지원함으로써 '고객이 감동하는 순간'을 꾸준히 만들어내려 노력한다.

조시 이야기는 서비스 분야 리더에게 심오한 사색거리를 던져준다. 조시 이야기를 처음 들으면 '어떻게 그런 생각을 했을까? 우리 회사 직원들도 저런 서비스를 좀 본받아야 될 텐데……. 어떻게 하면 저런 기막힌 서비스를 제공한다고 소문이 날까?'라며 실전에 활용할 방법을 고민한다. 고객을 기쁘게 하는 게 '맞는지'를 궁금해하는 것이 아니라 '어떻게' 고객을 기쁘게 하는지를 궁금해한다.

지금껏 우리는 고객을 기쁘게 하는 서비스가 최상의 서비스라고 알고 있었다. 하지만 '조시 이야기'는 극히 드문 사건이다. 남들보다 뛰어난 서비스를 제공해 고객을 기쁘게 하겠다는 생각은 직관적으로 봤을 때 올바르게 보인다. 하지만 '조시 이야기'는 회사가 현실적으로 전략을 세울 때 절대 고려하면 안 되는 사례다.

수십 년간 수많은 기업이 고객에게 근사한 경험을 안기려고 시간, 에너지, 자원을 쏟아부었다. 하지만 정작 고객이 진정 중요하게 여기는 요소는 빠뜨렸다. 고객이 문제가 생겨 기업의 도움을 요청할 때 원하는 것은 단 한 가지다. 바로 조금의 노력으로 문제를 해결하는 것이다. 그러므로 고객 서비스는 고객의 수고를 줄이는 데 중점을 두어야 한다.

《고객이 기업에게 원하는 단 한 가지》는 고객의 그런 바람을 기업이 해결할 수 있도록 돕는 안내서다. 이 중요한 문제에 답을 마련하기 위해서 전례 없는 규모의 설문조사와 연구를 진행했다. 전 세계 400개 기업, 9만 7,000명의 고객 분석 결과가 이 한 권에 담겨 있다.

이 책을 통해 고객이 원하는 단 한 가지에 집중할 수 있다면, 당신의 회사는 가장 효율적인 성장의 지름길로 들어서게 될 것이다.

| 차례 |

CHAPTER 1

고객에게
충성심 따위는 없다

고객 경험 관리는 영역이 워낙 광범위하기 때문에 고객 서비스 총괄 담당자, 마케터, 콜센터 관리자, 웹사이트 디자이너, 컨설턴트, 중소기업 사장, CEO 등 다양한 직업을 가진 이들이 관심을 가질 주제다. 오전 9시에 일을 시작해서 저녁 6시에 일을 끝마칠 때까지 당신이 어떤 일을 하는지는 모르지만, 그 나머지 시간에 당신이 무엇을 경험하는지는 잘 안다.

당신은 어떤 형태이든 소비자가 된다. 식료품을 사고, 개를 데리고 수의사를 방문하고, 휴가를 간다. 어떤 케이블 업체를 사용할지, 엔진오일을 갈기 위해 어디로 가야 할지, 셔츠 세탁을 어디에 맡길지 선택한다. 어떤 상품과 서비스를 누구에게서 사들일지, 일주일 동안 수십 개 혹은 수백 개의 의사결정을 내린다. TV 채널을 돌리거나 주유소에서 기름을 채우는 일은 큰 생각 없이 결정하지만, 자동차나 노트북을 구입하는 일, 집 리모델링을 위해 인테리어 업체와 계약하는 일 등은 결정이 끼칠 영향도 크고 결정하기까지 시간도 오래 걸린다.

소비자 관점에서 다음의 두 가지 질문을 생각해보자.

- 첫째, 고객 서비스가 탁월하다는 이유 하나만으로 계속 물건을 사거나 거래하는 회사가 있는가?
- 둘째, 고객 서비스가 형편없어서 두 번 다시 구매하지 않거나 거래하지 않는 회사가 있는가?

분명히 첫 번째 질문보다 두 번째 질문에 답하는 것이 더 쉬울 것이다. '기대하는 수준을 뛰어넘는' 서비스를 제공하기 때문에 계속 구매하는 회사를 생각해보라. 특별한 식당이나 리조트 한두 개 정도를 생각해내겠지만, 사실 그조차 대답하는 사람은 매우 드물다.

하지만 구매를 중지한 회사의 이름을 대라는 두 번째 질문에는 대답이 술술 나온다. 내가 가장 아끼는 양복을 망가뜨리고 배상을 거부하는 세탁소, 오랫동안 고대했던 휴가를 위해 비행기를 탔는데 내 짐을 분실해버린 항공사, 미결사항을 처리해야 하는데 모습을 드러내지 않는 인테리어 업자, 문제를 해결하기 위해 다섯 번이나 전화를 걸어야 했던 은행……. 서비스가 최악이어서 거래하지 않기로 한 회사의 이름은 몇 킬로미터를 채울 만큼 길다.

왜 이럴까? 고객은 왜 뛰어난 서비스를 칭찬하는 것보다 나쁜 서비스를 제공하는 회사를 비난하는 데 급급할까? 이 책에서는 이 미스터리를 심층 깊게 다룬다.

고객은 기대 이상의 서비스를 전혀 바라지 않는다

여러 가지 면에서 살펴봤을 때, 많은 서비스 리더(본문에서 언급되는 리더는 고객 서비스를 담당하는 매니저, 관리자, 임원 등을 가리킴. - 옮긴이)가 고객 서비스를 통해 시장에서 자사를 차별화하려고 노력할 만하다.

제품은 물론 브랜드 이미지의 획일적 상품화는 21세기에서 피할 수 없는 현실이다. 상품을 선보여서 시장이 이를 받아들이는 시점과 다른 이들이 나의 근사한 아이디어를 가져가서 자신의 것이라고 우겨대는 시점, 오늘날 이 두 시점의 시간차는 거의 없어졌다. 차별화된 무엇인가를 가졌다고 생각하는 순간, 경쟁자가 재빨리 동일한 제품이나 서비스를 내놓는다. 소비자는 이들 회사의 차이점을 구분하지 못한다.

CEB(Corporate Executive Board, 1983년 설립된 경영 자문사로 미국 기업 가트너에 2018년 합병됨. -옮긴이)에서 최근 진행한 연구에 따르면, 소비자는 기업 브랜드 중에 고작 20퍼센트만이 차별화된다고 인식한다(그림 1.1 참조). 80퍼센트의 소비자는 고작해야 다른 맛 아이스크림 정도로 차이를 인식한다.

제품은 물론 브랜드까지 차별화가 어렵다 보니 많은 기업이 고객 서비스로 눈을 돌린다. 서비스의 일상적인 제공은 물론, 전화나 인터넷을 통해 문제를 해결해주는 경험을 통해 차별화를 꾀한다. 모두가 획일화된 세상에서 말이다. 고객 서비스나 콜센터 사업을 다루는 전문 출판물만 봐도, 이들이 고객 서비스에 대해 뭐라고 말해야 하는지 잘 알고 있다. 한 출판물에는 "충성도는 고객(소비자)과의 커뮤니케이션(원문은

그림 1.1 | 기업 차별성에 대한 소비자의 시각 출처: CEB, 2013

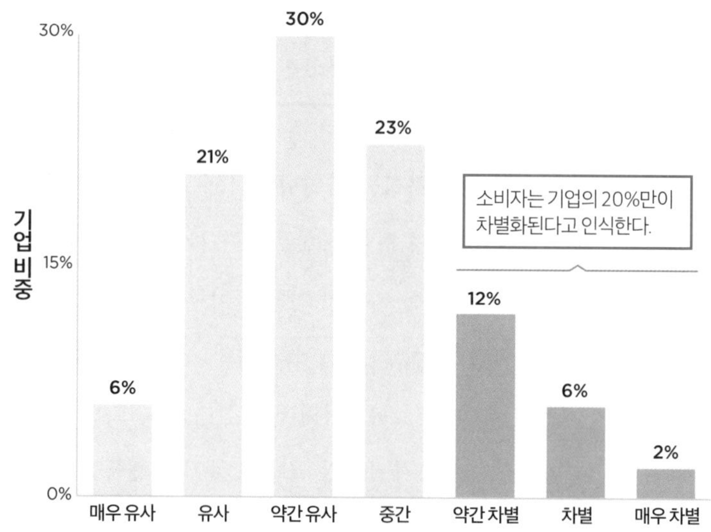

조사 대상 : 1,600명의 소비자

'Interaction'이나 고객과 진행되는 전화 상담 혹은 웹사이트나 웹채팅 등 가상공간에서 이루어지는 상담을 포괄하므로 '커뮤니케이션'으로 옮김. - 옮긴이)에 크게 의존한다."라고 주장한다. 또 다른 출판물에는 "고객 충성도는 고객과의 계속적 관계이며, 가장 중요한 것은 고객 지원이다."라고 주장한다.

그러나 이런 전략이 말이 될까? 더 나은 고객 서비스를 제공해서 차별화를 꾀하여 고객 충성도를 빚어야 할까?

이 질문에 대답하기 전에 한 발짝 물러서서 '충성도'의 정의를 짚어보자. 이 책의 집필 목적에 따라 특히 이번 장에서 다루는 데이터를 세 개의 특정 행위, 즉 재구매(고객이 당신(기업)으로부터 계속 구매하는 것), 지갑 점유율(시간이 지나면서 점점 구매를 늘리는 것), 옹호(고객이 당신에 대해 가족, 친구, 동료, 낯선 이에게 칭찬하는 것)라는 측면에서 충성도를 최대한 폭넓게 정의해본다.

충성도를 정의하는 방식에서 유추할 수 있듯이, 충성도는 '고객 유지 혹은 확보' 이상을 의미하며, 고객은 경쟁자로부터 구매할 수 없다. 다시 말해 고객은 '그래야 해서 당신과 함께하는 것'이 아니라 '그러고 싶어서 당신과 함께하는 것'이다. 게다가 당신을 근처에 두는 것으로 멈추지 않는다. 시간이 지남에 따라 더 많은 돈을 쓰고, 다른 사람에게 당신의 물건을 사야 한다고 말해준다. 이런 행동이야말로 진정한 충성도다.

이런 개념은 B2C(Business-to-customer: 기업과 소비자간 거래) 회사에만 국한되지 않는다. B2B(Business-to-business: 기업 간 거래) 조직 역시 소비자에게 이런 충성도를 바란다. 물론 B2B 입장에서 이런 충성도는 두 단계를 거쳐야 한다. 우리 회사와 실제 거래하는 기업 고객(계약을 체결하는 의사결정자)은 물론 최종 사용자(물건이나 서비스를 사용하는 당사자)로부터 충성도를 받아내야 한다. 앞으로 하려는 이야기는 B2C와 B2B 환경 모두 적용된다. B2C와 B2B의 데이터상 뚜렷한 차이점과 이에 대한 우리의 조언은 필요할 때마다 집중적으로 다루겠다.

업계 리더가 꼽은 고객 충성도 핵심 질문 세 가지

CEB는 수년에 걸쳐 전 세계를 아우르며 다룰 수 있는 모든 산업을 망라하면서 고객 서비스 리더들과 수백 번 대화하였다. 그 결과, 고객 충성도에 대하여 다음의 근본적인 세 가지 질문으로 압축된다는 사실을 깨달았다.

1. 고객 충성도를 형성하는 데 있어 고객 서비스가 어느 정도까지 중요할까? 고객 서비스가 중요한 역할을 한다는데, 정확히 얼마나 중요한지 명확한 데이터를 아는 이는 드물었다.
2. 고객 충성도를 형성하는 데 고객 서비스가 어떤 일을 할까? 대다수 회사는 '탁월한 서비스'를 어떻게든 만들려고 노력한다. 소비자와 더 나은 관계를 맺기 위해 노력하면서 탁월한 서비스를 통해 고객 충성도가 강화된다고 믿는다. 하지만 서비스 리더들은 지속적인 충성도를 얻기란 생각보다 어렵다고 입을 모은다.
3. 어떻게 충성도를 증대시키면서 운영비용을 절감할까? 보고서상 근사해 보이는 수십억짜리 아이디어는 채택되기 어렵다. 더 많이, 더 적은 돈으로 일해야 하는 세상이다. 아주 탄탄한 증빙을 가져다 바치더라도 일반적인 회사는 추가 투자에 지극히 보수적이다. 제한적인 예산을 어떻게 현명하게 배분할지 항상 고민해야 한다.

400개 기업, 9만 7,000명 고객을 설문 조사하다

중대한 문제에 대한 해답을 마련하기 위해 계량적인 리서치 모델을 사용했다. 실제 고객으로부터 정보를 수집해서, 고객 서비스에서 어떤 부분이 고객 충성도에 가장 큰 영향을 끼치는지 알아내려 했다.

고객 서비스 커뮤니케이션을 광범위하게 연구하는 일이 핵심을 차지했다. 당사는 세계에서 가장 큰 고객 서비스 조직(Customer Contact Leadership Committee: 고객 대응 리더십 위원회)을 관리하고, 전 세계 400개 기업이 당사의 멤버로 함께 일한다. 이들 기업을 통해 고객에 접근해 전례 없는 규모의 설문조사를 할 수 있었다.

대규모 설문조사는 인터넷이나 콜센터 등을 통해 최근 서비스 커뮤니케이션이 일어난 9만 7,000명의 고객을 상대로 이루어졌다. 서비스 커뮤니케이션의 상세 사항을 기억해내고 기꺼이 공유해주었다.

고객 경험에 기반을 둔 질문

'회사에 연락했을 때 실제 어떤 일이 일어났는가?', '문제가 잘 해결됐는가?'와 같은 질문은 크게 세 개의 카테고리로 분류된다. 첫째, 회사 상담원과의 경험에 대한 질문, 둘째, 커뮤니케이션하며 고객이 들여야 하는 품의 정도나 상담 단계의 숫자(보통 고객 노력(Customer Effort)이라고 줄여 말함), 셋째, 고객을 기쁘게 할 만한 경험을 만들어내는 회사의 능력에 대한 질문이다. 이 세 분야를 간략하게 짚어보자.

첫째, 상담원과 이루어지는 커뮤니케이션에 관해서는 상담사(상담원, 협력자, CSRs(Customer Service Reps) 등으로 불림)가 문제를 어떻게 이해하는지 살펴본다. 고객이 보기에 상담사가 자신 있는 태도를 보이는가? 잘 들어주는가? 문제를 짚어내는 데 필요한 지식을 갖고 있는가? 고객의 문제를 분명히 이해하는가? 문제를 책임지고 처리하는가 아니면 다른 사람에게 문제를 넘기는가?

둘째, 고객 노력 측면에서 다음과 같은 점을 짚었다. 문제를 해결하기 위해 여러 번 회사에 연락해야 하는가? 다른 부서나 상담사에게 문제가 넘어가는가? 같은 이야기를 반복해서 설명해야 하는가? 고객이 생각하기에는 문제 해결이 얼마나 힘들어 보이는가? 회사에 마음 편하게 연락할 수 있는가? 해결 과정에서 채널을 바꿔야 하는가(가령 인터넷으로 시작했는데 전화로 채널을 바꾸는 경우)? 문제를 해결하기 위해 총 얼마의 시간이 걸리는가?

셋째, 회사가 고객을 기쁘게 하는 '소소한 일'을 하는지 살펴본다. 고객의 문제를 해결하기 위해 기대 이상을 해내는가? 고객의 특성, 고객이 회사와 함께한 과거 이력에 대해 일말의 이해라도 하는가? 제품이나 서비스에 대한 새로운 지식을 고객에게 알려준 적이 있는가? 일반적으로 회사가 문제를 해결하는 데 있어 고객 기대치를 넘어서는가?

통제 변수 관련 질문

경험에 기반을 둔 질문 외에 통제 변수로 쓸 만한 정보에 대해서도 질문을 던졌다. 답변자의 나이, 성별, 수입, 서비스 센터에 전화한 이유(단순한 사유와 복잡한 사유, 서비스 문제와 판매 문제), 성격, 연락하기 전의 기분 상태 등이다. 그 밖에 회사와의 거래를 끊는 데 들어가는 전환 비용, 광고 노출 빈도, 고객이 인지하는 제품 품질 수준, 가격, 가치 등 기타 통제 변수에 대한 정보도 수집했다.

회사 관점에서는 서비스만 제공하는 회사, 서비스는 물론 상품 판매도 담당하는 회사 여부에 대한 정보도 수집했다. 서비스를 자체 제공하는지, 아웃소싱하는지, 아웃소싱이 어디(국내, 가까운 외국, 거리가 상당한 외국)에서 이루어지는지도 살펴봤다. 주요 산업별 혹은 지리적 시장별로 대기업인지 중소기업도 구분했다.

이런 변수를 통제하자 고객 서비스로 인해 나타나는 충성도 요소가 분명하게 보였다. 회사의 유형이 달라져도 결과는 달라지지 않았다. 다시 말해 설문조사 결과는 모든 회사에 공통으로 적용된다.

테스트 변수의 일부 사례

상담사와의 경험	• 상담사의 자신감 • 고객에 대한 상담사의 이해도 • 주의 깊게 들어주는 상담사의 능력 • 개인 맞춤형 서비스 • 문제를 해결하기 위한 상담사의 지식 • 상담사의 마음 씀씀이	• 고객의 마음 상태를 맞춰주는 상담사 • 상담사의 억양 • 기대 수준을 적절히 잡아주는 상담사의 능력 • 확실한 마무리
고객 노력	• 전화가 돌아가는 횟수 • 반복되는 정보 제공 • 첫 통화 해결률(FCR) • 문제를 해결할 때까지 필요한 연락 횟수 • 문제 해결을 위해 들어간 고객의 노력(고객이 인지하는 수준)	• 서비스 연결 난이도(연락이 수월하게 이루어지는 정도) • 채널 전환 • 문제 해결까지 걸린 시간
감탄을 지어내는 순간	• "기대 수준 이상"의 서비스를 기꺼이 제공하려는 태도 • 고객에 대한 지식의 활용 • 고객의 기대를 뛰어넘는 서비스	• 고객에게 알려주는 것 • 대안 제공 • 제공한 대안에 대해 고객이 인지하는 가치

응답자 코멘트

설문조사 후반에서는 지금 다루는 서비스 커뮤니케이션에 따라서 회사와의 경험에 대한 만족도는 물론 충성도도 평가해달라고 고객에게 요청했다. 좀 더 자세히 말하자면, 회사의 제품을 계속 구매할지, 커뮤니케이션 이전보다 구매를 늘릴지, 회사에 대해 나서서 칭찬하는 옹호자가 될지 물어보았다.

이런 분류는 우리의 연구 결과를 설명해주는 매우 단순한 구조다. 다른 방식으로 분류하는 대안도 존재한다. 하지만 가장 중요한 사실은 고객의 서비스 경험을 철저히 파헤쳤으며, 고객에 대한 사실(고객이 어떤 사람이고 어떤 점에서 도움을 받길 원했는지)뿐만 아니라 문제를 해결하면서 그들이 어떤 경험을 했으며, 그 경험에 대해 어떻게 느꼈는지도 상세히 살펴봤다는 점이다. 그 결과, 서비스 관점에서 테스트한 변수 중 어떤 것이 개인의 회사 충성도에 가장 큰 영향을 끼치는지 낱낱이 살펴볼 수 있었다. 서비스 커뮤니케이션에서 고객 충성도를 만들어내는 여러 가지 요소 중에서 실제로 차이를 만들어내는 요소가 무엇인지도 파악할 수 있었다.

연구 결과와 그 의미를 밝히기에 앞서 분명하게 짚고 넘어가야 할 점이 하나 있다. 서비스 자체와 서비스가 충성도에 미치는 영향에만 연구를 의도적으로 한정시켰다는 점이다. 당연한 말이지만, 고객 충성도는 고객이 회사와 맺는 모든 커뮤니케이션을 통해 빚어진다. 브랜드, 명성, 친구나 가족이 그 회사에 대해 품는 생각, 제품의 가치와 품질, 고객 서비스 등이 여기에 포함된다.

고객 서비스에만 한정했기 때문에 서비스 커뮤니케이션이 전반적인 고객 충성도에 미치는 영향만을 상세하게 이해할 수 있었다. 또한 구체적으로 어떻게 조치해야 서비스 커뮤니케이션을 통해 고객 충성도를 극대화할 수 있는지 알 수 있었다.

이 리서치를 통해 수백만 개의 데이터 포인트(Data point: 데이터 안에서 규명할 수 있는 요소)를 뽑아냈고, 이를 네 개의 간략하지만 심오한 발견으로 정리했다.

고객 충성도 공식을 깨부수는 중요한 발견

리서치로 규명한 발견 사항을 보여주기에 앞서, 일반적 통념을 잠시 짚고 넘어가자. 전 세계의 수십 개 기업에 고객 서비스와 관련된 고객 충성도를 얻기 위해 어떤 전략을 구사하는지 물어봤다. 고객 기대치를 넘어서는 수준의 만족스러운 서비스를 제공하기 위해 노력한다는 대답이 압도적으로 많았다.

고객 만족이 곧 충성도로 이어진다고 회사들은 굳게 믿는다. 83퍼센트의 회사가 긍정적으로 대답했고 오직 12퍼센트가 부정적으로 대답했다(5퍼센트는 확신할 수 없다고 했다). 설문조사 대상 회사는 압도적인 비중(보다 정확하게는 89퍼센트)으로 고객의 기대치를 넘어서기 위해 더 많은 노력을 기울이거나 그런 방향으로 계속 집중한다.

한 가전 기업의 고객 서비스 부사장은 "가장 큰 성장 기회는 고객을 기쁘게 하는 데 있습니다. 고객을 기쁘게 하지 못하면 일을 제대로 하고 있지 않은 거죠."라고 말했다. 즉 고객의 기분을 좋게 하려고 고객 기대치를 넘어서는 서비스를 제공하는 것이 아니다. 그렇게 함으로써 상당한 수준의 경제적 이득이 돌아온다고 믿기 때문에 뛰어난 서비스를 제공하려고 노력한다.

이러한 일반 통념을 그래프로 그려보면, 그림 1.2와 같이 그려진다. 기대치만큼 서비스를 받은 고객은 충성도가 낮은 수준으로 생기지만 기대치를 넘어가는 순간, 충성도가 상당한 수준으로 올라간다고 서비스 담당 리더는 믿는다. 기대치를 넘어가기만 하면 엄청난 규모의 충성도가 형성되어 보상받는다는 믿음이 전 세계 다양한 회사에 걸쳐 굳건

그림 1.2 | 고객 서비스가 고객 충성도에 미치는 영향에 대한 일반적인 인식 출처: CEB, 2013

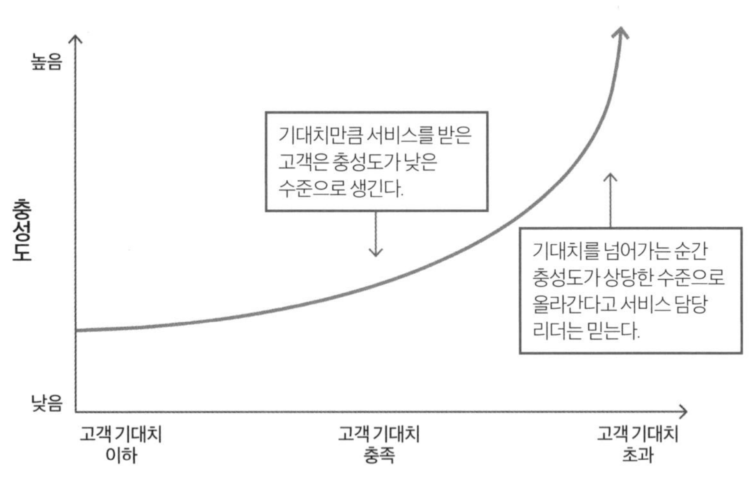

하게 자리 잡혀 있다.

즉 서비스 수준이 고객 기대치 이하이면 충성도 역시 평균 이하가 된다는 게 보편적인 믿음이다. 기대치를 넘어서면 만족도가 증가하고, 기대치를 상당한 수준으로 넘어서면 충성도는 기하급수적으로 증가한다. 이는 네 개의 주요 발견 중 첫 번째로 연결된다.

발견1 기쁨 전략은 보상받지 못한다

고객 기대치를 넘어서는 서비스가 고객 충성도를 만든다고 회사는 굳게 믿지만, 데이터는 다른 이야기를 보여준다. 9만 7,000명에 달하는 고객의 응답을 분석한 결과, 기대치를 초과한 서비스를 받은 고객과 기대한 만큼 서비스를 받은 고객 사이에 충성도는 사실상 큰 차이가 없다(그림 1.3 참조). 기대치를 충족하는 순간, 충성도는 급증하는 대신 완만한 안정 상태로 들어선다.

두 가지 중요한 사실이 나온다. 첫째, 고객 기대치를 딱 맞게 충족하는 일을 회사가 심각하게 과소평가한다. 고객의 기대치가 심각하게 부풀려지거나 기대 수준이 계속 올라가는 요즘, 애초에 약속한 것만 해내도 고객은 만족한다. 문제가 발생하면 재빨리 손쉽게 해결해주면 된다. 더할 것도, 덜할 것도 없다. 이는 꽤 놀라운 사실로, 비즈니스 전문 언론이나 자칭 고객 경험 전문가들이 떠드는 내용과 사뭇 다르다.

콜센터, 기타 서비스 조직, 사업 전체에 이 사실이 어떤 의미가 있는지 생각해보라. 고객 대부분의 기대치를 꾸준하게 맞춰주기만 하면 된다. 경제적인 측면에서 해야 할 일은 다한 셈이다.

그림 1.3 | **고객 서비스가 고객 충성도에 미치는 영향 비교(인식 vs. 실제)** 출처: CEB, 2013

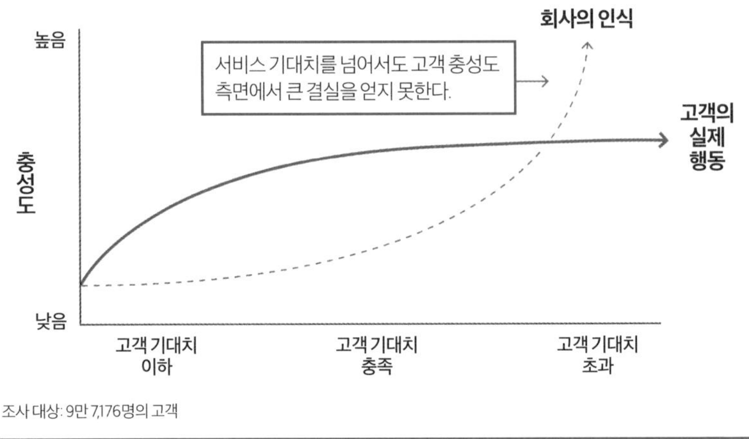

조사 대상: 9만 7,176명의 고객

둘째, 회사들은 고객 기대치를 훨씬 뛰어넘을 때 확보하는 충성도를 지나치게 과대평가한다. 고객 충성도를 늘리기 위해 고객 기대치를 뛰어넘는 서비스에 어떤 자원, 에너지, 예산을 투자해도 그에 상응하는 재무적 결실이 나오지 않는다. 이 두 번째 사실은 서비스 리더에게 큰 충격을 안겨다준다. 일반적 통념과 정면으로 충돌하기 때문이다. 고객에게 감탄을 가져다주는 일, 기대 이상의 일을 해주어도 충성도가 높아지지 않는다고? 어떻게 그럴 수 있지? 전혀 말이 되지 않는 듯 보이지만, 이는 방대한 양의 고객 서비스 커뮤니케이션을 분석한 결과로 나온 사실이다.

여느 회사라면, 고객 기대치를 훨씬 뛰어넘는 근사한 일을 해낸 상담원이 있고, 이에 감탄한 고객이 CEO에게 쓴 편지가 콜센터 휴식 공간에 떡하니 게시되어 있다. 미국 대형 은행의 고객 서비스 담당 부사장은 한 상담원의 이야기를 늘 입에 담는다. 그 직원은 몇 시간이고 통화를 지속한 끝에 상환을 위한 대출 서류 양식을 준비했다. 공증인을 찾아낸 뒤, 해당 서류를 고객과 가장 가까운 거리에 있는 지점으로 가져가서 고객이 서명할 수 있도록 조치했다. 부사장이 그 이야기를 정기총회 때마다 해댄 바람에, 상담원들은 단어 하나하나를 읊어낼 지경이다.

고객을 감탄하게 한 서비스 사례는 설득력이 있으며 듣는 이에게 강력한 인상을 남긴다. 하지만 한두 해가 지난 뒤 그 고객이 얼마나 거래를 늘렸는지 확인했을 때 결과가 어떨까? 이번 조사로 얻은 방대한 데이터에 따르면, '기대치를 넘는 수준'에서 '기대치를 충족한 수준'으로 올라간 고객은 기대치를 훨씬 뛰어넘은 서비스를 받은 고객과 동일한 수준의 경제적 가치를 제공한다.

이 데이터를 고객 관점에서 바라보자면, 문제가 발생했을 때 고객의 머릿속에는 '문제를 바로잡을 수 있도록 도와줘. 나를 현혹할 필요는 없어. 그저 문제를 해결해서 아까 하던 일을 다시 할 수 있으면 돼.'라는 생각뿐이다. 순수한 기쁨의 순간이나 기대치를 뛰어넘는 서비스를 치하하는 회사에서 일해온 리더에게는 찬물을 뒤집어쓴 듯 충격적인 사실이 아닐 수 없다.

이 발견을 접한 임원의 첫 번째 반응은 비통에 가깝다. 처음에는 현실을 부정해도 종국에는 받아들인다. 생각해보라. 문제가 발생한 고객을 계속 기쁘게 하려면 어떻게 해야 할까? 길어지는 통화, 책임자로의 연결, 값비싼 선물 증정, 보상, 예외 적용 등이 일어나야 한다. 설문조사에 참가한 임원의 대다수(약 80퍼센트)는 고객 기대치를 넘으려면 상당한 운영비가 들어간다고 고백했다. 회사에 따라 다르겠지만, 대략 10퍼센트 많게는 20퍼센트의 비용이 추가되는 것으로 예측된다. 고객을 기쁘게 하려면 비싼 대가를 치러야 한다.

게다가 고객을 기쁘게 하는 일은 매우 드물게 일어난다. 연구에 따르면, 참여 고객의 겨우 16퍼센트만 기대치가 초과된다. 84퍼센트, 즉 참여 고객 대부분은 기대치를 넘지 못한다(아니면 아예 충족하지도 못한다). 기쁨은 주기적으로 제공하기 어려운 데다 보통 기대치 목표를 달성하지 못한다. 흔히 일어나지 않기 때문에 기억에 남는 것이다.

다만 기본적인 역량, 전문적인 서비스, 근본 요소 확보가 중요한 것으로 판명 났다. 당신이 결과를 받아들이고 이를 믿게 되는 수준 이상으로 중요하다.

'알았어. 하지만 우리 회사의 브랜드는 고객을 기쁘게 하는 데 달렸어. 전략 역시 고객 기대치를 뛰어넘는다는 전제를 깔고 있다고.'라고 생각할 수 있다. 이 결과를 회사에 보여줄 때 이런 반대를 종종 들었다. 그럼 우리는 이렇게 반문한다. '기쁘게 하는 전략'을 수행한다고 진심으로 주장할 수 있는가? 당신의 회사는 아래의 질문에 대해 몇 개나 '그렇다'라고 대답할 수 있을까?

- 고객 서비스 임원이 CEO나 CFO에게 서비스 채널을 통해 고객을 기쁘게 하는 능력을 증강하고자 '추가 예산'을 요청하는가?
- 최전방 상담원(Frontline Staff: 고객을 직접 대면하는 상담원이나 직원)은 고객의 기대치를 훨씬 뛰어넘기 위해 비용에 상관없이 무엇이든 할 수 있는 재량을 갖

고 있는가?

- 당신의 제품이나 서비스가 고객의 기대를 충족하지 못하면, 보증기한이나 원래 제품의 가치 이상을 뛰어넘어서라도 다른 대체재나 대안을 선택할 수 있도록 해주는가?
- 상담원이 고객을 기쁘게 하고 최상의 경험을 제공하는 데 집중하도록 직원 성과 평가표에서 생산성 지표(통화 시간 혹은 처리 시간이라고 부르는 지표 등)를 모두 없애버린 적이 있는가?

높은 잣대를 가뿐히 넘어서는 회사(가령 앞에서 소개한 리츠 칼튼 호텔처럼 고객 문제를 해결하기 위해 수위에게도 예산 발생 권한을 부여하는 회사)도 있다. 하지만 이렇게 다양한 기준으로 평가해보면, 고객을 기쁘게 하겠다는 전략을 외치는 회사가 하나씩 나가떨어진다. 또 이런 질문을 던질 수도 있다. '고객을 기쁘게 하는 브랜드'가 진정 고객 기대치를 훨씬 뛰어넘는가? 아니면 그들이 여러 해에 걸쳐 스스로 쌓아 올린 높은 기대치를 충족하고 있는가? 당신이 모텔6(Motel 6: 미국과 캐나다의 저예산 호텔 체인)에 묵는다면 무엇을 기대하는가? 저렴한 가격, 깨끗한 객실 그리고 그럭저럭 받아들일 만한 기본 서비스를 기대하지만 리츠 칼튼의 서비스는 기대하지 않는다. 전혀 문제없다. 기대치란 결국 상대적인 문제다.

이런 불일치에 숨은 원인을 찾기 위해 오래도록 공을 들였다. 고객 기대치가 서비스 커뮤니케이션에 어떤 형태로 들어간들, 그 기대치에 훌륭히 부응해도 충성도가 강화되지 않는다니, 어떻게 이럴 수 있을까? 데이터를 더 깊이 있게 파고들자 두 번째 발견이 나왔다.

발견 2 고객 만족도는 고객 충성도의 예측 변수가 아니다

마케팅과 지금껏 이루어진 연구, 특히 프레드 라이켈트(Fred Reichheld)의 NPS(Net Promoter Score: 순 추천고객 지수)에 관한 획기적인 연구를 공부해온 연구 학도에게 다음의 사실은 전혀 놀랍지 않다. 다시 반복해서 말하지만, 대부분의 서비스 리더는 만족과 충성도의 관계, 즉 고객 서비스 커뮤니케이션을 연구해서 입증한 결론에 대해 제대로 알지 못한다.

이번 대규모 설문조사에 따르면, 만족도 설문조사에서 고객이 내린 평가와 그들이 미래에 형성하는 고객 충성도 사이에는 유의적인 관련도가 보이지 않는다(그림 1.4 참조). 더 정확하게 말하자면 R^2=0.13이다. 통계를 잘 모르는 이들을 위해 말하자면, R^2가 0.0이면 상관관계가 전혀 없고, R^2이 1이면 둘은 완벽한 상관관계를 가진다.

비교할 만한 사례로, '학교에서 좋은 점수를 받는 것'과 '후일 직업적으로 성공을 거두는 것'의 상관관계가 0.71에 달한다는 연구가 있다. 많은 사업가가 만족도와 충성도에 강력한 상관관계가 존재한다고 믿지만(만족도가 충성도를 불러일으킨다고 대부분 생각할 정도), 둘의 실제 상관관계는 아무리 좋게 봐도 미약한 수준에 그친다. 어떻게 이런 일이 일어날까?

데이터를 깊게 파고들어보았다. 서비스 커뮤니케이션에 만족한 고객의 20퍼센트가 그 회사를 떠나 다른 회사와 거래를 하겠다는 마음을

그림 1.4 | 고객 만족도와 고객 충성도 간의 상관관계 출처: CEB, 2013

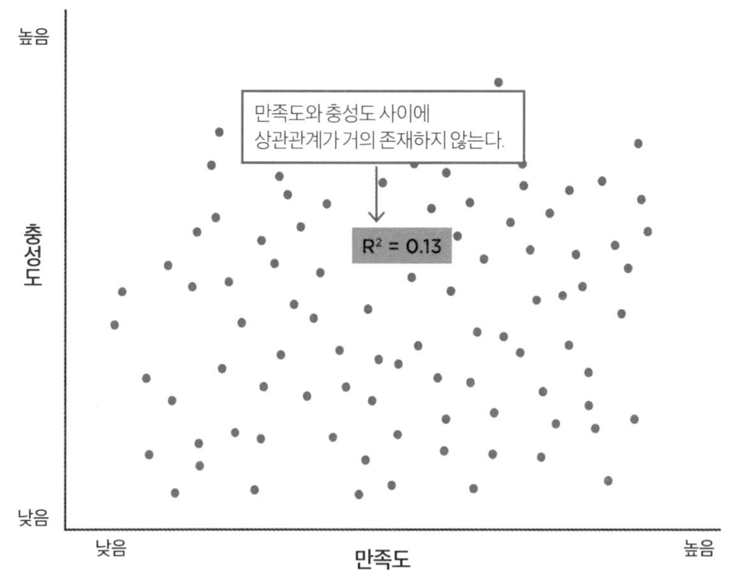

조사 대상: 9만 7,176명의 고객

이미 먹었다고 응답했다. 만족했다. 하지만 그것이 곧 회사에 충성하겠다는 의미는 아니라는 것이다. 무서운 이야기다.

반면, 또 하나 우리의 머리를 긁적이게 만드는 사실이 있다. 불만족했다고 응답한 고객의 28퍼센트가 회사에 계속 충성하겠다고 대답했다. 이 사실은 긍정적이기는 하지만, 많은 회사가 고객 서비스의 성공 척도로 사용하는 고객 만족도(Customer Satisfaction)에 의문을 던진다.

연구 결과에 따르면 높은 고객 만족도는 높은 충성도를 믿을 만하게 보장해주지 못한다. 당신으로부터 제품을 다시 구입하거나 구매를 늘리거나 친구와 가족에게 우리 회사를 칭찬해줘야 하는데 말이다. 회사가 고객 만족을 추구하면 안 된다는 뜻이 아니다. 그저 고객에게 "방금 받은 서비스에 대해 얼마나 만족하셨어요?"라는 질문을 던졌을 때, 그들의 답이 미래 충성도에 대해 정확한 예측을 제공해주지 못할 뿐이다. 충성도와 만족도는 같은 이야기가 아니며 상관관계도 낮다.

CEB의 멤버인 한 회사에서는 이렇게 말했다. "우리 회사는 고객 만족도가 8.2(점수는 1~10까지 벌어진다)예요. 8.6이나 8.8까지 올라가려면 수십억을 쏟아부어야 하는데, 그런다고 수십억의 효과가 있을까요? 아닐걸요. 우리는 최고 수준의 고객 만족도 점수를 받지만, 그건 경쟁사도 똑같아요. 차별화하려면 다른 방식을 찾아야 하죠."

고객 만족도는 회사들이 으레 그러려니 하고 받아들인 대표적인 척도다. 고객 만족도를 측정하는 일이 나쁘다는 말이 아니다. 미래 충성도에 대한 예측 지표라고 흔히 생각해왔는데, 믿을 만한 지표가 아닌 것뿐이다. 이는 연구를 통해 찾아낸 발견이다. 다른 사람들 역시 비슷한 사실을 입증했다.

프레드 라이켈트의 저서 『궁극적 질문: 뛰어난 이익과 진정한 성장 가져오기(The Ultimate Question: Driving Good Profits and True Growth, Harvard Business School Press』(2006)에 따르면, 회사를 떠나는 60~80퍼센트의 고객이 설문조사에서는 만족, 혹은 매우 만족이라고 답변한다. 어느 텔레콤 회사의 최고 고객 담당자는 고객 만족도에 불만족을 표출하며 이렇게 말했다. "도대체 고객 만족도가 뭔지 모르겠어요. 아무리 해석해보려고 해도 보이질 않아요. 누군가 잘 해석해보라죠."

금융 기관의 서비스 운영 임원 한 명이 만족도와 충성도에 대해 근사한 비유를 했다. 저녁으로 스테이크를 자주 먹는 그의 비유는 이렇다. "우리 집 근처에 스테이크하우스가 딱 하나 있어요. 나쁘지 않아요. 하지만 새로운 스테이크 레스토랑이 생긴다면, 장담컨대 나는 새로운 집에 갈 겁니다. 현재 그 스테이크하우스에 만족하냐고요? 그럼요. 충성스러울까요? 아니죠."

고객을 기쁘게 하는 전략이 충분히 보상받지 못한다는 사실을 알았다. 만족한 고객이 곧 충성도가 높은 고객으로 변하지는 않는다는 사실도 알았다. 하지만 나쁜 소식은 이것으로 끝나지 않는다.

발견 3 고객 서비스 커뮤니케이션은 충성도를 높이는 게 아니라 감소시킨다

고객 서비스는 좋은 일보다는 해악을 불러온다. 혹독한 현실이다. 연구결과에 따르면 어떤 형태로든 고객 서비스 커뮤니케이션이 일어나면 충성도가 증가할 확률보다 감소할 확률이 4배나 높다(그림 1.5 참조).

어떻게 보면 정말 불공평하다. 고객 서비스팀이 필요한 시점에는 이미 문제가 발생된 이후다. 고객 서비스가 할 일은 고객을 중립 상태, 문제가 발생하기 전의 상태로 돌려놓는 것이다. 이것이 뛰어난 고객 서비스다. 앞에서도 말했지만, 대부분의 회사는 고객의 기대치 수준마저도 만족시키지 못한다. 그 결과 고객 충성도는 콜센터에 전화하기 전보다 악화된다.

사람들은 일을 쉽게 망친다. 어떤 경우에는 수습이 되지 않을 만큼.

그림 1.5 | 고객 서비스가 고객 충성도에 미치는 영향 출처: CEB, 2013

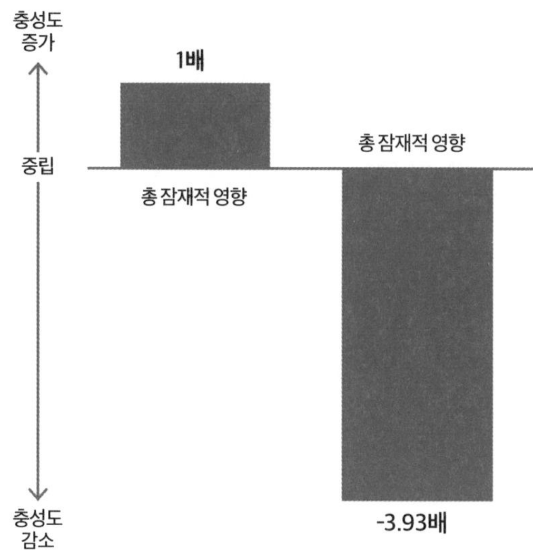

조사 대상: 9만 7,176명의 고객

데이터에 따르면 그 결과는 참혹하다. 충성도가 악화된 고객은 자신이 겪은 나쁜 이야기를 다른 잠재고객에게 입소문을 낼 가능성이 크기 때문이다.

고객 충성도를 온전하게 이해하고 싶다면 다음 한 가지 질문을 깊게 생각해봐야 한다. '어떤 경험이 가장 큰 영향을 남기는가?'라는 질문이다. 이때 긍정적인 측면과 부정적인 측면 모두 고려해야 한다. 그 경험을 만족도 설문조사에서 어떻게 평가할지 보는 것만으로는 부족하다. 그 사람이 주변 사람 모두에게 말할 만큼 강력한 반응을 불러올 경험이 무엇인지 봐야 한다.

연구 결과는 충격에 가깝다. 제품에 대한 고객 경험부터 이야기해보자. 제품 경험이 긍정적인 고객 중 71퍼센트가 이를 언급하고, 제품 경험이 부정적인 고객 중 32퍼센트만이 이를 언급한다(그림 1.6 참조). 이제 제품 경험과 고객 서비스 경험을 대조해보자. 부정적인 고객 서비스 경험은 부정적인 입소문을 야기할 가능성이 크다. 정확히는 65퍼센트다. 하지만 긍정적인 고객 서비스가 입소문 날 확률은 25퍼센트에 불과하다. 데이터가 명확하게 보여주듯, 고객들은 뛰어난 서비스 경험에

그림 1.6 | 경험 유형에 따른 고객 입소문 효과 출처: CEB, 2013

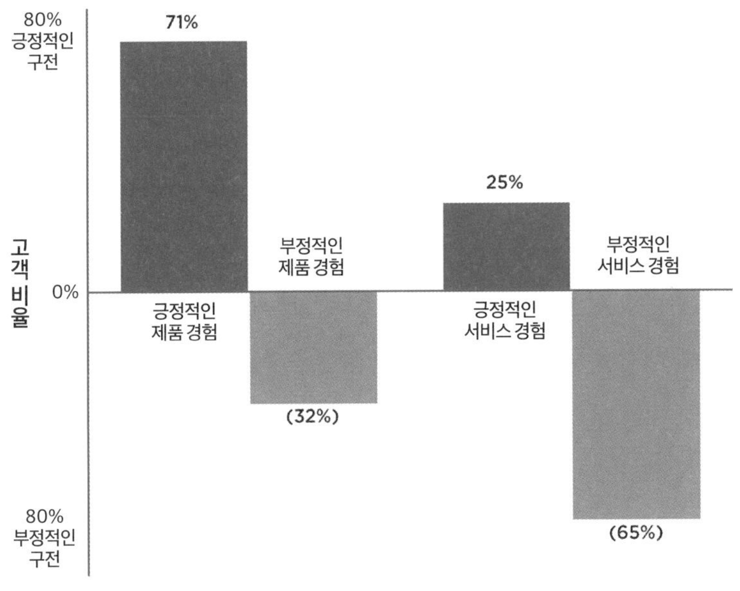

조사 대상: 9만 7,176명의 고객

대해서는 거의 말하지 않는다. 고객 서비스에 관한 한, 입소문의 상당 부분은 부정적인 내용이다.

언뜻 봐서는 불공평해 보이지만, 무엇이 사람에게 동기를 부여하는지 생각해보면 이해된다. 고객이 어떤 형태로든 회사 이름을 언급하도록 자극하는 요소가 무엇일까?

사람들이 긍정적인 제품 경험을 하면 보통 제품을 추천하는 형태로 목소리를 낸다. "근사한 기기, 식당, 호텔 혹은 뛰어난 회사를 발견했어! 이건 꼭 말해줘야 해!"라는 식이다. 기본 심리상, 사람들은 근사한 것을 발견하면 자신의 지혜를 보여주기 위해 다른 사람에게 그 정보를 알려준다. 만일 내가 근사한 식당을 소개해서 당신이 실제로 그 식당을 방문했다고 치자. 당신은 나에게 감사 인사를 할 것이다. 내 덕에 생긴 일이 된다. 직접 당신의 식사를 요리해주지는 않았지만, 당신이 그 식당을 사랑하게 된 데에는 내가 기여한 바가 있다.

반면, 고객 서비스에 대해서는 부정적인 경험에 대해 목소리를 높인다. 기본 심리상, 사람들은 다른 사람의 동정을 얻기 위해 나쁜 서비스를 받았다고 말한다. "내가 희생자가 되었어. 푸대접을 받았어. 난 원래 똑똑한 사람인데 그 상담원이 바보 취급을 했어!"라는 식이다. 친구와 가족은 "그런 나쁜 경험을 겪다니 끔찍하다! 너는 그런 푸대접을 받을 사람이 아닌데! 가엾어라!" 하고 즉시 당신의 편을 든다.

우리와 함께 일한 고객 서비스 담당 부사장 한 명이 최근 출장에서 겪은 일을 이야기해주었다. 그는 호텔 엘리베이터에서 다른 투숙객과 마주쳤다. 그 투숙객은 초면인데도 그에게 호텔 레스토랑에서 받은 나쁜 서비스에 대해 구구절절 늘어놓으며, 다른 곳에서 식사하라고 강력히 권고했다. 심지어 둘이 힘을 합쳐 그 식당이 장사가 안되게 해야 한다고 주장했다. "저녁 장소를 바꿔야겠다는 게 첫 번째로 든 생각이었어요. 이내 우리 서비스 조직도 고객이 이렇게 화를 내고 부정적인 말을 옮기도록 몰아갈까 싶더군요. 그러자 밥맛이 뚝 떨어져서 결국 방으로 다시 돌아왔죠."

입소문이 어디까지 미치는지, 즉 고객이 주장을 내세울 때 몇 명의 사람에게 이야기하는지 살펴보면, 이런 사실은 더욱 탄탄히 뒷받침된다. 연구 결과에 따르면 긍정적인 발언을 하는 고객의 45퍼센트가 3명 이하에게 말을 전한다(그림 1.7 참조). 반면 부정적인 발언을 하는 고객의 48퍼센트가 10명 이상의 사람에게 말한다.

인터넷과 SNS 덕택에 고객이 목소리를 내기가 훨씬 수월해졌다. 블로그, 트위터, 페이스북, 링크드인 등을 통해 고객은 목청을 한껏 높여 수백, 수천 혹은 수백만 명의 잠재고객에게 입소문을 낸다. 대기업의 페이스북 페이지를 방문하면 댓글의 상당수가 부정적이다. 회사에 불공정한 대접을 받았다고 느끼는 고객이 전 세계에 자신의 울분을 터뜨린다.

단순한 엄포가 아니다. 고객의 부정적인 반응이 고객 행동을 바꾸는 변혁의 주도자라는 강력한 증빙이 있다. 부정적인 반응은 무려 2배나 강한 입소문 효과가 있다. 말도 안 되게 무례한 서비스이건 혹은 뒤에서 언급할 '귀찮은 요인'이 지나치게 많은 경험이건 고객은 듣고자 하는 사람이라면 누구에게나 말해주려고 든다.

그림 1.7 | 경험 유형별 고객 한 명당 입소문 횟수

출처: CEB, 2013

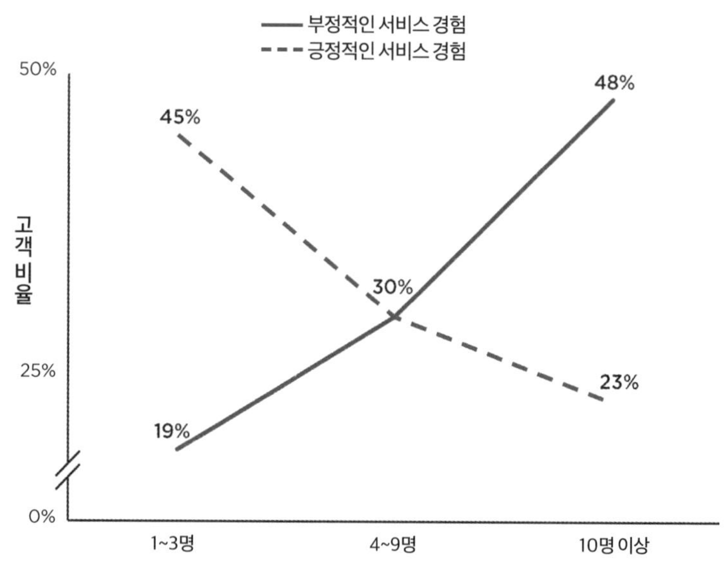

조사 대상: 9만 7,176명의 고객

여기서 우리는 부정적인 제품 경험이란 게 존재는 하는지 자문하게 된다. 단순한 언어 구사의 한계일 수도 있다. 조사연구로는 입증하기도 힘들다. 하지만 당신의 경험을 돌이켜보라. 제품에 대해 문제(새로 산 자동차의 블루투스가 작동하지 않거나 하와이 편 비행기가 연기되거나 파이프가 새는 바람에 발생한 손해를 보험회사가 배상해주지 않거나)가 있다면 이는 제품의 문제인가? 아니면 서비스 문제로 바뀌는가? 누구 잘못일까?

거래하는 회사를 선택하거나 버리는 이유를 생각해본 적이 있는가? 간단한 사례를 하나 들어보자. 사람마다 기피하는 항공사가 하나씩 있다. 트렁크를 분실해서 이를 되찾기 위해 열 번이나 전화해야 했거나 분명히 항공편을 탑승했는데 마일리지를 쌓아주지 않거나……. 이유가 무엇이건, 그 항공사는 당신에게 끔찍한 경험을 선사했기 때문에 그 항공사를 증오하는 것이다. 그렇다면 다음 항공사는 어떤 이유로 선택하는가? 서비스가 뛰어나기로 유명한 항공사를 고를까? 아니다. '그놈의 항공사'가 아닌 한, 사람들은 가격과 항공편을 감안해서 의사결정을 내린다. 즉 사람들은 제품 때문에 회사를 선택하고, 서비스가 엉망이라서 회사를 버린다.

언뜻 봐서는 꽤나 우울한 사실이다. 하지만 전략을 다시 생각할 때이는 유용한 사실이다. 어떤 잣대를 들이대든 고객 서비스는 충성도를 감소시키는 주요 요인이다. 부정적인 경험은 공공연하게 널리 알려진다. 고객 서비스의 역할은 고객을 기쁘게 해서 충성도를 높이는 것이 아니다. 충성도가 줄어드는 정도를 최소화하는 것이 고객 서비스의 과제다. 자, 그렇다면 어떻게 이를 달성할까?

발견 4 충성도 감소를 최소화하는 핵심은 고객 노력 경감이다

데이터를 하나하나 벗겨서 충성도를 줄이는 고객 서비스의 핵심을 살펴보자, 믿기 어려울 만큼 분명한 그림이 그려진다. 그리고 이 그림은 일반적인 통념과 사뭇 다른 모습을 보인다(그림 1.8 참조).

고객 서비스로 이루어지는 특정 요소 때문에 고객의 충성도가 하락하는데, 이런 요소는 문제를 해결하는 데 들어가는 고객의 노력 정도와 밀접한 관계가 있다.

충성도를 떨어뜨리는 원인 중 5개 중 4개에 대해서는 고객 서비스를 위해 추가 노력을 들여야 한다. 1회 이상 회사에 연락하는 일이 가장 심각하다. 이는 충성도에 부정적인 영향을 치명적으로 일으킬 수 있다. 워낙 지대한 영향을 끼치기 때문에 별도로 한 개 장을 할애해 첫 통화 해결률에 관한 연구 결과를 다룬다. 첫 통화 해결률은 고객 서비스 조직에서 가장 중요한 평가 기준으로 취급받는다. 하지만 첫 통화 해결률은 전혀 엉뚱한 곳을 바라보도록 만든다. 뛰어난 회사는 첫 통화 해결률에 만족하지 않고 고객이 더 이상 문제를 헤집지 않도록 노력한다. 전화를 끊고 난 뒤 문제를 해결하기 위해 직원이 어떤 일을 할지 적극적으로 제시해주는 상담원이 고객 입장에서는 더할 나위 없이 달갑다. 불필요하게 전화하지 않아도 되기 때문이다. 이 책에서는 이를 '차후 문제 방지(Next Issue Avoidance)'라고 부르며, 이에 대해서는 3장에서 상세하게 다룬다.

고객 충성도를 떨어뜨리는 그다음 요소는 '그저 그런 서비스'다. 상담원이 고객을 숫자로만 보며, 고객의 경험을 상담원 자신의 책임으로 받아들이려는 노력을 전혀 하지 않는다. 고객 입장에서 이런 취급이 어떤 불쾌감을 가져다주는지 우리는 모두 잘 알고 있다. 무관심하게 자신들의 정책만 읊는다. 영혼 없이 공감하는 척한다. 내 충성도에 대해 판에 박힌 감사 인사를 건넨다. 고객으로서는 피가 끓어오른다.

그저 그런 서비스는 충성도 감소 요인 5개 중 유일하게 고객 노력과 직접 연결되지 않는다. 이 요인은 상담원과의 경험이 부정적일 때와 관련 있다. 고객 노력과 크게 관련 없어 보이지만, 그저 그런 서비스야말

그림 1.8 | **충성도 증감에 영향을 주는 고객 서비스 요인** 출처: CEB, 2013

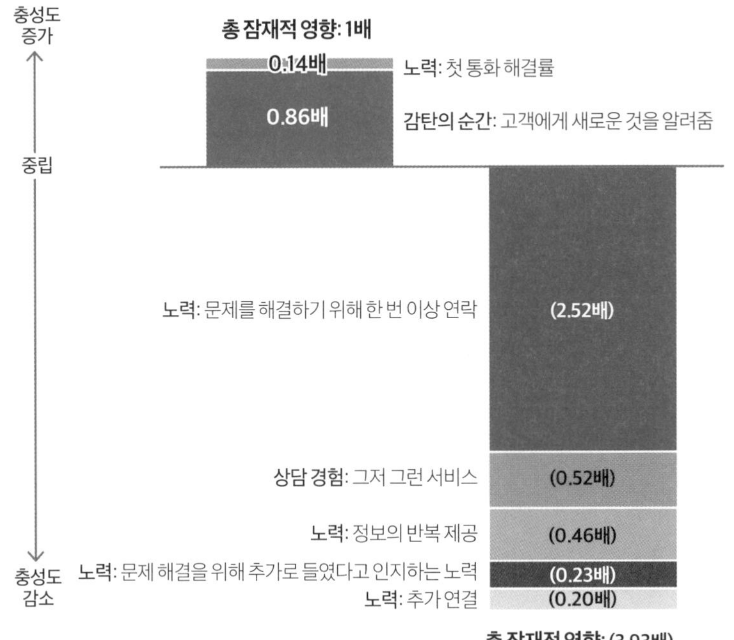

조사 대상: 9만 7,176명의 고객

로 반복되는 연락을 불러오는 주요인이다. 수긍할 수 없는 방식(가령 확실하게 문제를 해결해주길 바라는데 무책임한 응대를 받았을 때, 공감을 원했는데 대기업의 고압적인 태도와 마주쳤을 때, 그저 그런 대답이 마음에 들지 않았을 때)으로 취급받을 때, 고객은 더 나은 상담원을 찾아 여기저기 연락한다. 상당한 시간이 허비된다. 이에 대해서는 3장에서 더 다루도록 한다.

정보의 반복 제공 또한 고객 충성도를 뚝뚝 떨어뜨린다. 이 또한 반복되는 연락(가령 책임자에게 다시 이야기하는 것, 막 터치패드로 계좌번호를 입력했는데 반복해서 말하는 것)과 밀접하게 관련 있다.

'문제 해결을 위해 추가로 들였다고 고객이 인지하는 노력'이 '정보의 반복 제공'을 바싹 뒤쫓는다. 우리는 '고객이 인지하는 노력'을 어떻게 통제할지 고민하느라 1년을 통째로 보냈다. 그 결과 고객 경험 효과는 표면상 보이는 것보다 파급효과가 크다는 사실을 깨달았다.

많은 회사가 전통적인 소프트 스킬(가령 친절함, 예의 바름, 전문적인 태도 등)에 자원을 투입해 고객 경험을 관리하는 탓에 많은 기회를 놓친다. 그 자원으로 상담원이 사려 깊은 언어를 사용하도록 가르치면, 별로 바람직하지 않은 결과도 고객이 기꺼이 수용하는 결과로 바뀐다. 다시 말해서, 같은 일을 고객에게 전달하는 데에는 여러 가지 방식이 있다. 하지만 어떤 방식은 충성도를 깎아내리고 어떤 방식은 충성도 감소를 최소화한다. 뛰어난 콜센터는 고객 대면 상담원이 예상치 못한 방식으로 고객 지각을 관리하도록 뛰어난 무기를 제공한다. 이에 대해서는 4장에서 다룬다.

마지막 요인으로 '추가 연결', 즉 빙빙 돌려지는 일이 남는다. 처음 전화를 받은 상담원이 다른 부서로 전화를 돌리거나 문제를 해결하려고 온라인 연락을 시도했지만 원하는 바를 제공받지 못해서 전화로 콜센터에 연락하는(채널 전환) 등 다른 방식을 선택해야 하는 경우를 말한다. 다른 요인에 비하면 보잘것없어 보이지만, 고객 서비스를 변혁시킬 잠재력이 가장 큰 요인이다.

우리 팀은 별도의 1년을 할애해가며 광범위한 정량적 연구를 진행했다. 그래서 고객들이 어떤 채널을 선호하는지 이해하려고 노력했다. 그 결과, 수십 년 동안 확립된 고객 서비스 분야에서 '실시간 서비스에 대한 선호도가 감소하고 있다'라는 놀라운 사실을 발견했다. 또 셀프서비스 채널을 통해 고객이 받고 싶은 서비스 방식은 여느 서비스 담당 전문가들이 예상한 바와 정반대의 모습을 보여준다. 빙빙 돌려지는 채널 전환을 없애고, 고객이 선호하는 방향으로 서비스 채널 투자를 진행하는 것에 대해서는 2장에서 다루기로 한다.

고객 노력 개념의 핵심을 찌르는 의외의 사실이 하나 있다. 반복되는 연락에서 채널 변경까지 각각의 요인을 살펴보면서 '적은 노력'을 들인 커뮤니케이션을 경험한 고객(부정적인 시나리오를 거의 경험하지 않은 고객)과 '많은 노력'을 들인 커뮤니케이션을 경험한 고객(부정적인 시나리오를 여러 개 혹은 전부 경험한 고객)의 충성도를 비교했다. 많은 노력을 들인 커뮤니케이션을 경험한 고객의 96퍼센트는 충성도가 낮아졌지만, 적은 노력을 들인 커뮤니케이션을 경험한 고객은 고작 9퍼센트만 충성도가 낮아졌다. 96 대 9! 이렇게 적나라한 결과는 본 적이 없다.

이는 고객 노력 평가(Customer Effort Assessment)라는 진단 방법으로 수년에 걸쳐 살펴본 현상이다(이에 대해서는 6장에서 다룬다). 진단 결과에 따르면 고객 노력이 적게 들어가는 회사는 재구매 의사나 긍정적인 입소문 효과 측면이 타사보다 31퍼센트 뛰어나다. 콜센터의 첫 통화 해결률 측면에서는 29퍼센트, 웹 서비스 측면에서는 53퍼센트, 웹챗 측면에서는 46퍼센트, 이메일 해결 측면에서는 67퍼센트 앞선다.

간단히 말해서 고객 노력이 적게 들어가는 회사는 훨씬 탁월한 서비스 경험을 제공함으로써 충성도 효과를 톡톡히 누린다.

전화 한 통으로 문제가 해결되었다면 100점일까?

발견 사항을 더 알기 쉽게 풀어보자. 고객 노력(고객의 충성도를 떨어뜨리는 것)은 현실에서 어떤 형태로 나타날까?

고객 입장에서 최근 자신이 경험한 서비스를 떠올려보자. 근사한 경험과 끔찍했던 경험을 하나씩 생각해보자. 뛰어난 서비스와 나쁜 서비스의 특징에 대해 적어보라. 차이점을 살펴보자. 끔찍한 경험에 대해서는 어떤 항목을 적었는가? 오랫동안 기다렸는가? 이리저리 전화가 돌려졌는가? "죄송하지만 그것은 우리 정책에 위배됩니다."라는 답을 들었는가? 이 문제가 어떻게 아직도 해결되지 않았는지 이해할 수 없는가? 그 경험에 대해 어떤 느낌이 들었는가? 이제 상담원의 입장에서, 누군가의 업무라는 입장에서 문제를 바라보자. 당신이 상담원이라면 일하면서 얼마나 자주 이런 상황에 고객을 몰아넣을까?

현실에서 서비스 제공 상황을 살펴보면 콜센터 직원이 능숙해서 원활하게 커뮤니케이션이 진행된 것 같은데도 고객 충성도는 엉뚱한 방향으로 향한다. 다음의 시나리오를 살펴보자.

• 기대치를 훨씬 뛰어넘는 상담원 덕택에 고객의 문제가 완벽하게 해결된다(근

사하게 들리지만, 이는 미래 충성도 증가에 비하면 상대적으로 파급력이 작다).

- 유감스럽게도 고객이 두 번째로 전화하고 나서야 문제가 해결됐다(심각하게 부정적인 결과).

'조속히 해결 잘했네.'라고 결론을 내릴 수도 있다. 하지만 거기까지 가는 데 고객은 두 번 전화했다. 계속되는 연락은 고객 경험에 크게 부정적인 영향을 끼치기 때문에, 이 고객은 충성도가 하락할 가능성이 크다. 재구매하거나 더 많은 돈을 쓸 확률은 낮고, 주위 사람에게 부정적인 말을 전할 확률은 높다. 상담원은 기대치를 훨씬 뛰어넘어 문제를 해결했는데도 말이다. 문제를 해결한 그 전화 하나만 듣고는 예측하기 어려운 반응이다. 또 다른 상황을 생각해보자.

- 이번 고객의 문제는 첫 통화로 해결되었고, 긍정적인 반응을 크게 일으켰다. 이는 데이터로 확인된다. 사실 이는 충성도 악화를 막기 위한 최선의 조치였다.
- 게다가 이 고객을 상대한 상담원은 고객을 깊이 배려했다(이 또한 근사하게 들리지만, 역시 충성도에는 큰 영향을 미치지 못한다).
- 고객의 전화는 한 번 돌려진 전화였다(부정적 영향).
- 전화가 돌려졌기 때문에 고객은 정보를 다시 읊어야 했다(또 하나의 부정적 영향).
- 돌려진 전화를 받은 사람은 첫 번째 상담원보다 무미건조하게 응대했다(더 커다란 부정적 영향).

앞의 예와 마찬가지로 이번 통화 내역만 들은 사람이라면 '어쨌거나 고객의 문제가 해결됐네. 그러니 할 일은 다 한 거 아닌가? 도대체 뭐가 문제인데?'라고 생각할 것이다. 하지만 데이터는 다르게 말한다. 원하는 것을 얻었지만 이 고객은 상당한 노력을 들였다. 모든 것을 감안할 때 역시 충성도가 줄어들었을 가능성이 크다. 전혀 바람직하지 않다.

그 누구에게도 득이 되지 않는 상황처럼 보이지만 낙담하기엔 이르다. 한 가지 분명한 결론이 보인다. 만족도를 위해 애쓰는 대신 충성도에 집중하려면 새로운 방식을 찾아야 한다. 이를 통해 고객 충성도 감소를 가져오는 고객 노력, 번잡함, 장애물 등의 요소를 제거해야 한다.

그런데 이런 기회를 찾기 위해 큰 수고를 들일 필요가 없다. 데이터에 따르면 고객 노력은 곳곳에서 항상 일어난다.

- 고객의 56퍼센트가 서비스 커뮤니케이션 과정에서 자신의 문제를 반복 설명했다고 응답했다.
- 59퍼센트의 고객은 문제를 해결하기 위해 평균에서 높은 수준의 수고를 들였다고 인지했다.
- 59퍼센트의 고객은 상담 과정에서 전화가 다른 담당자에게 돌아갔다고 응답했다.
- 62퍼센트의 고객은 문제를 해결하기 위해 한 번 이상 연락했다.

고객의 응답은 당신의 성과 데이터와 정확하게 맞아떨어지지 않을 수 있다. 이런 숫자를 바라보면서 당신은 '다행스럽게도 우리에게 해당하는 이야기는 아니야. 우리 통화의 10퍼센트만 다른 사람에게 넘어

가. 첫 통화 해결률은 85퍼센트에 달하지. 우리 고객의 62퍼센트가 두 번 전화하다니, 절대 그럴 리 없어!'라고 생각할지 모른다.

이 간극은 두 가지 이유로 설명된다. 첫째, 오늘날 콜센터에서 사용하는 지표는 근시안적이다. 실제보다 서비스 조직이 근사해 보이는 쪽으로 사물을 편협하게 바라본다. 몸매가 훨씬 길쭉하고 마르게 보이는 오목 거울로 몸무게를 측정하는 격이라고 할까.

사례를 들어보자. 많은 회사가 다른 사람에게 전화가 넘어가는 횟수를 측정하는 전환 데이터를 기반으로 전환율을 측정한다. 하지만 고객을 인터뷰하면, 그들은 '전환'을 다르게 정의한다. 고객이 인터넷으로 시작했다가 콜센터로 전화해야 한다면? 고객에게 이는 '전환'에 해당한다. IVR(Interactive Voice Responses: 대화형 음성 응답)에서 실제 상담원으로 넘어간다면? 이 역시 전환이다. 연락처와 정보의 반복, 채널 전환 역시 동일하다. 한 리테일 회사 부사장은 "고객 중심이 되겠다고 말하지만, 고객 중심으로 진행하는 일이 사실은 고객이 아니라 회사 입장에서 돌아가죠. 우리 기분은 좋아지겠지만 고객의 기분도 그럴까요?"라고 말한 바 있다.

두 번째 이유가 더 중요한데, 당신의 데이터가 다른 말을 하더라도 중요하지 않다. 고객이 어떻게 바라보느냐가 중요하다. 고객은 전환이라고 생각하는데 회사 시스템은 이를 달리 분류한다면 무엇이 옳을까? 충성도에 대한 시비를 가리기 위해 법정에 갈 수는 없다. 고객은 고객 센터가 돌아가는 방식을 모른다. 그들의 세상은 훨씬 포괄적이고 간단한 규칙에 따라 돌아간다. 당신은 일을 수월하게 혹은 어렵게 만드는 존재에 불과하다. 골칫거리거나 혹은 아니거나.

다행스럽게도 고객이 어떻게 세상을 정의하는지는 알아낼 수 있다. 궁극적으로 이런 고객 관점을 맞추기 위해 고객 서비스 지표를 재배열해야 한다는 게 우리의 주장이다. 이 기준으로 보면 지금의 고객 서비스는 형편없다. 하지만 이를 통해 고객에게 정말 중요한 핵심 기준으로 조직을 운영할 수 있다. 당신의 상사나 사업 파트너의 기준에 맞추지 않아도 된다. 회사에 충성할지, 충성도를 떨어뜨릴지 결정하는 주체는 고객의 마음이다.

고객을 기쁘게 만들어도 충성도는 떨어지는 이유

간단히 말해서 고객 서비스의 역할은 고객 노력을 감소시켜 충성도 감소를 최소화하는 것이다. 이 점이 우리가 주장하고 싶은 바다. 서비스 커뮤니케이션이 일어나는 동안 고객을 기쁘게 해서 충성도를 끌어올리겠다는 생각과 이 주장을 비교해보라. 받아들이기 힘들지만, 대부분의 조직과 매니저들은 고객을 기쁘게 하겠다는 전략이 통하도록 안간힘을 쓴다. 하지만 그런 일은 일어나지 않는다. 이제 그 이유도 잘 알고 있다. 전 세계에서 일어나는 수많은 고객 서비스 커뮤니케이션에 관한 연구를 보면, 이런 경험은 큰 폭으로 충성도를 떨어뜨린다.

서비스 커뮤니케이션이 끝날 무렵 고객의 충성도를 높이는 일은 어려운 일이다. 매우 드물게 고객의 감탄을 빚어내더라도, 그 고객이 충성도를 유지할 확률은 12퍼센트에 불과하다. 그조차 우리가 들인 노력을 망치지 않았을 때만 가능한 이야기다. 고객을 기쁘게 하겠다는 전략은 농구로 치자면 농구 코트 정중앙에 서서 골을 던지는 전략이다. 때때로 먹힐지 몰라도 계속 이기기에는 턱도 없는 전략이다.

하지만 고객 노력 경감은 완전히 다르다. 이는 고객 서비스 커뮤니케이션의 '자연스러운 상태', 즉 충성도가 줄어드는 상태를 직접 짚어낸다. 고객 노력을 줄이는 일은 명백히 눈으로 확인할 수 있다. 한 사람에게 먹힌 '감탄의 순간'이 다른 사람에게는 통하지 않을 수 있다. 고객을 기쁘게 만드는 전략은 충성도를 형성할 확률이 낮을뿐더러 워낙 모호해서 정의를 내리기 어렵다. 반면에 노력(반복되는 연락, 전환, 채널 전환) 측면은 매우 명백하다. 고객이 전화를 다시 하지 않는다. 다른 곳으로 전화가 돌려지지 않는다. 정보를 반복해서 제공받지 않는다. 양자 중 하나를 선택하므로 쉽게 측정된다. 아마 어떤 형식으로든 이미 서비스 담당 부서의 스프레드시트 깊은 곳 어딘가에서 측정 기준으로 활용하고 있을 가능성이 크다.

최전방 직원이 고객 노력이라는 기준을 어떻게 해석할지 생각해보자. 월요일 아침, 서비스팀에 고객을 기쁘게 해달라고 요청하면, 상담원들은 이를 어떻게 받아들일까? 고객이 기쁘도록 어떻게 하라고 정확히 말해주지 않았기 때문에(사실 고객마다 편차가 커서 어떻게 하라고 말해주기도 불가능하다), 당신은 값비싼 대가를 치러가며 위험한 게임을 하는 셈이다.

상담원들이 자기 자리로 돌아가 전화를 받기 시작하면 어떤 일이 일어날까? 직원 상당수는 고객을 기쁘게 하라는 요청에 크게 신경 쓰지 않는다. 관리자들이 늘 말하는 별 의미 없는 미사여구, 진부한 경영 용어 정도로 생각하기 때문이다. 사회에 찌들지 않은 소수 직원만이 당신의 말을 심각하게 받아들이고 고객을 기쁘게 하려 애쓴다.

하지만 도대체 어떻게 행동해야 할까? 고객을 기쁘게 하려는 목적을 위해 전략과 가이드를 문서로 작성해놓는 소수의 회사(리츠 칼튼, 노드스트롬, 자포스 등)가 아니라면, 대부분의 상담원은 '고객을 기쁘게 하라'라는 말을 '최대한 친절하고 이해심 많은 태도 등 소프트 스킬을 최대한 활용하라'라는 말로 이해한다. 어떤 상담원은 포인트 적립(Issuing a credit: 돈을 돌려주지는 않지만 고객 계정에 그에 해당하는 금액을 적립해줘서 후일 사용 가능하도록 조치하는 것)과 리펀드(Refund: 자금 반환)를 해주고 공짜 물품을 제공해서 분노한 고객을 진정시키기 위해 예외 사항을 만들어도 된다고 이해한다. '기쁨'이라는 기준 자체가 최전방 직원이 해석하기 나름이다(그래서 종종 수익을 감소시킨다).

만일 고객을 대면하는 상담원에게 '고객이 기뻐하도록 말하라'라고 하는 대신, '소소한 행동에 집중해서 고객의 어려움을 덜어주어라'라고 요청하면 어떻게 될까? 고객이 다시 전화를 걸어야 하는 상황, 상담원이 직접 문제를 해결할 수 있음에도 다른 부서로 전화를 돌리는 상황, 고객이 똑같은 이야기를 되풀이해야 하는 상황, 무표정하게 고객을 응대하는 상황 등을 피해달라고 요청한다면? 이는 상담원들이 할 수 있는 행동이다. 한 상담원은 이렇게 말했다. "내 상사가 '고객의 일을 쉽게 만들라'라고 요청하자 머릿속에 불이 번쩍 들어왔어요. 서비스란 타고난다고 생각했거든요. 하지만 '고객의 노력을 줄이라'라는 기준은 매우 구체적이죠. 쉽게 납득할 수 있어요."

고객 노력을 실제로 측정한다면 그 잠재력이 얼마나 클지 상상해보라. 고객 노력을 야기하는 콜센터 운영 요인을 측정할 수 있을 뿐 아니라 가장 중요한 것, 고객 충성도에 대해서도 더 정확히 예측할 수 있다. 고객 만족도를 묻는 질문에 만족이라고 응답한 고객의 20퍼센트가 회사에 대한 충성도가 감소한 사실을 기억하는가? 이는 엄청난 오차다. 고객 노력으로 평가하면 이런 오차는 발생하지 않는다. 6장에서는 고객 노력의 계량적 방법과 지표를 자세히 살펴보고, 연구 결과에서 도출된 새로운 개념인 고객 노력 지수(Customer Effort Score)를 살펴본다. 고객 노력 지수야말로 모든 고객 서비스 대시보드(Dashboard: 목표를 달성하는 데 관련된 필수적인 정보를 보여주는 시각적인 화면)에 들어가야 한다.

고객이 원하는 것은 그저 평온한 일상일 뿐

고객 서비스 부서는 물론 회사의 성과에서 가장 중요한 충성도를 진지하게 생각하는 사람이라면 서비스 전략을 세울 때 고객 노력을 줄이는 방법을 반드시 고려해야 한다.

고객 서비스 리더와 자주 이야기를 나눴던 주제가 '충성도 곡선의 이동(그림 1.9 참조)'이다. 고객 서비스 개념이 나온 이래 사람들은 고객 경험 점수의 분포를 오른쪽으로 옮기는 데 집중했다. 그러려면 불쾌한 커뮤니케이션을 없애야 하고, 무엇보다 전반적으로 계속해서 고객의 예상을 뛰어넘어야 한다. 그렇게 해야 고객 충성도를 높이는 전반적인 전환이 일어난다는 것이 통념적인 믿음이다.

1장을 읽었으니 이제 다음의 세 가지 이유로 인해 고객을 기쁘게 하는 전략은 통하지 않는다는 사실을 명심하자. 다른 나머지는 모두 잊어버리더라도 말이다.

- 고객을 기쁘게 하는 것은 극히 드물게 일어나는 일이므로 이 전략은 통하지 않는다. 설사 그런 경우가 발생하더라도, 고객의 기대치를 충족한 수준에 비해 더 많은 충성도를 형성하지 않는다.
- 고객의 서비스 커뮤니케이션이 충성도를 증가시키기는커녕 감소시킬 가능성이 4배나 높다. 따라서 이 전략은 통하지 않는다.
- 고객을 기쁘게 하는 쪽으로 조직을 최적화하면 고객 노력을 줄이는 데 필요한 자원, 투자, 성과 지표, 인센티브를 제대로 활용할 수 없다. 고객 노력이야말로 충성도를 떨어뜨리는데 말이다.

대조적으로 고객 노력 경감 전략은 고객에게 제공하는 기본적인 서비스를 제때 전달한다. "일이 잘못되면 우리가 고칩니다. 도움이 필요하다면 든든하게 서비스를 제공해서 도와드립니다."라는 식이다. 고객은 자신을 기쁘게 해줄지 아닐지 크게 상관하지 않는다. 일상으로 돌아가고 싶을 뿐이다. 그러니 평온한 일상으로 돌아가도록 장애물을 제거

그림 1.9 | **고객 서비스에서의 충성도 목표 비교**(일반적 경우 vs. 추천하는 경우) 출처: CEB, 2013

잘못된 충성도 목표: **"기대치를 넘어섰어요."**
예시

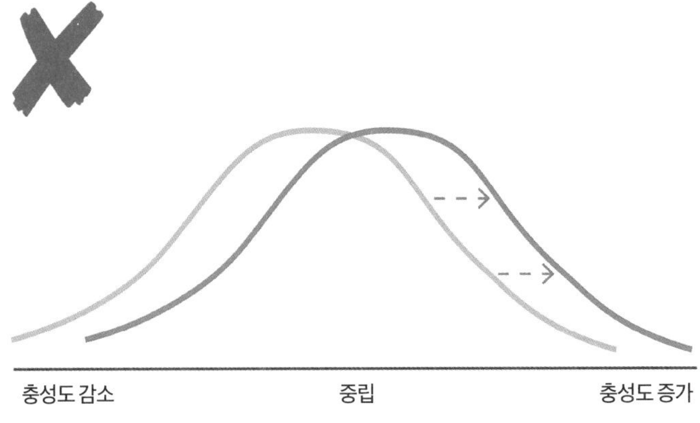

올바른 충성도 목표: **"당신 덕분에 일이 쉬워졌어요."**
예시

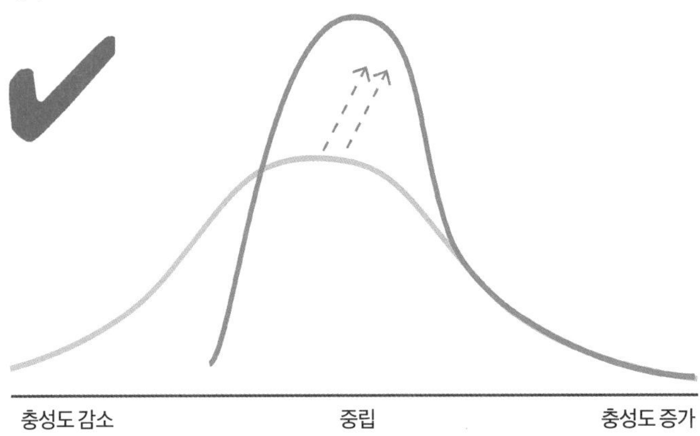

해주면 된다. 그것이 바로 우리의 일이다. 고객 전화는 우리에게 중요하지만, 정작 고객으로서는 사물의 전반적 측면에서 별일이 아니다. 고객의 문제를 빠르고 효율적으로 백 퍼센트 해결하여 고객이 일상으로 돌아가도록 한다. 그러면 고객 노력이 줄어든다.

고객 노력의 근원에 집중하면 부정적인 커뮤니케이션이 줄어들고 충성도가 낮은 고객이 중립 상태로 옮겨간다. "내 기대치를 넘어섰어요."라고 말하는 대신 "당신 덕분에 일이 쉬워졌어요."라는 말을 들어야 한다. 차이를 알겠는가? 충성도가 줄어드는 원인은 최소로 제공해야 하고, 그러려면 고객의 노력을 덜어주어야 한다.

문제의 큰 부분이 여전히 남아 있다. 어떻게 고객의 노력을 덜어줄 수 있을까?

고객 충성도가 높은 기업들의 네 가지 고객 서비스 원칙

대규모 설문조사 데이터를 바탕으로 CEB는 고객 노력의 여러 가지 원천(반복되는 연락, 채널 전환, 그저 그런 서비스, 노력 인지 등)에 대해 수년 동안 연구했다. 고객 노력의 본질을 캐내기 위한 정량적 연구도 추가했고, 고객 노력을 감소시킬 혁신적인 방안을 찾기 위해 서비스 담당 리더들과 인터뷰도 수백 번 진행했다.

앞으로 상세 내용을 다룰 테지만, 핵심은 다음의 네 가지 원칙이다. 고객 노력 경감의 중요성을 공감하는 조직은 모두 이 원칙을 갖추고 있다.

1. 고객이 셀프서비스 채널에 계속 머물도록 조정해서 채널 전환을 최소화한다. 고객은 한 번만 전화하면 된다. 실시간 서비스에서 셀프서비스로 고객 선호도가 최근 급격하게 변화했다는 점을 이 회사들은 잘 알고 있다. 또한 서비스 요청에 온갖 벨을 눌러가며 호들갑 떠는 태도보다 간단하고 직관적이며 안내가 충실한 셀프서비스를 제공해서 불필요하게 회사를 호출할 일이 없는 편이 고객의 욕구를 충족시킨다는 점도 잘 안다.

2. 고객이 어쩔 수 없이 전화를 건다면 직면한 문제 해결로 끝나지 않는다. 차후 문제 방지 방식을 사용해서 추가 통화가 일어나지 않도록 적정한 수단을 상담원의 손에 쥐어준다. 이들회사의 목표는 첫 통화 해결률이 아니다. 첫 통화 해결률은 고객 상황 변화에 근거하여 전체적인 해결책을 제시하기 위한 방향으로 향하는 단계에 불과하다.

3. 서비스 커뮤니케이션의 감정적 측면을 다루도록 상담원을 훈련시킨다. 소위 '소프트 스킬' 훈련이라고 알려진 친절하게 대하는 태도보다 선제적으로 경험을 빚어내는 기술을 확보해서 고객과의 커뮤니케이션을 적극 관리하도록 훈련한다. 이런 기술은 인간 심리학과 행동 경제학 원칙에 기반을 둔다.

4. 최전방 상담원이 고객 노력이 적게 들어가는 서비스를 제공하도록 권한을 부여한다. 이들 회사의 인센티브 시스템은 신속함과 효율성을 떠나서 서비스 품질을 중시한다. 조직에서 오랫동안 자리 잡은 '시간을 측정하는 스톱워치'와 '효율성을 판단하는 체크리스트'를 버리고 상담원 스스로 상당한 판단을 내리고 결정하도록 권한과 기회를 제공한다.

즉, 이들 회사는 상담원이 제공하는 경험의 품질에 대해 스스로 권한을 행사하려면 서비스를 제공하는 상담원에게 권한을 부여해야 한다는 사실을 충분히 이해한다.

고객 노력이 적게 드는 회사는 위 네 가지 원칙을 실천한다. 이 원칙은 정략적·정성적 연구로 도출되었다. 앞으로 각각의 원칙을 깊숙이 파헤쳐 뒤에 숨어 있는 데이터를 가감 없이 밝힌다. 동시에 이런 일을 제대로 해내는 회사의 사례를 소개하고, 당신 역시 활용할 수 있는 도구와 템플릿도 공유한다. 이를 활용하면 고객 노력이 적게 드는 서비스를 제공하기 위한 실질적이고 측정 가능한 방식을 빠르게 익힐 수 있다. 일을 제대로 해내면 고객 충성도가 감소하지 않는다. 고객 서비스 조직 운영의 가장 중요한 소임을 완수한 셈이다. 그러면 제대로 선택을 내리고, 고객 충성도를 획득하는 방향이 명확하게 보인다.

KEY POINT

- 서비스 채널을 통해 고객을 기쁘게 하겠다는 전략은 보상받지 못한다. 기대치를 뛰어넘는 서비스를 제공받은 고객은 기대치가 충족된 고객보다 살짝 더 충성도가 높은 수준에 그친다.

- 고객 서비스는 충성도 증가를 불러오지 않고 감소를 불러온다. 서비스 커뮤니케이션을 통해 고객의 충성도가 감소할 확률은 증가할 확률보다 4배나 높다.

- 충성도 감소를 방지할 가장 확실한 방법은 고객 노력을 줄이는 것이다. 문제를 해결하는 데 고객이 들이는 노력을 줄이려면 서비스가 수월히 진행되는 데 집중해야 한다. 고객을 기쁘게 하는 데 집중하면 안 된다. 고객 노력을 줄이려면 정보를 반복해서 말하거나 여러 번 회사에 연락하거나 서비스 채널이 바뀌거나 다른 사람에게 전화가 돌려지거나 그저 그런 서비스로 응대하는 일이 일어나지 않아야 한다.

CHAPTER 2

고객은 고객센터에 전화하고 싶지 않다

오늘날 소비자라면 누구나 한 번쯤 셀프서비스를 이용해본 적이 있을 것이다. 공항에 도착해서 체크인 카운터에 대기 줄이 없는데도 굳이 셀프서비스 키오스크로 향한다. 자리를 바꾸거나 특별 서비스나 업그레이드를 요청하거나 보딩 패스를 출력하는 일을 셀프서비스로 해결하려 한다. 또 은행 창구가 비어 있음을 알면서도 굳이 ATM 앞에 줄을 선다. 셀프서비스를 선택하는 사례는 끝도 없이 발생한다.

지난 10여 년간 고객이 서비스를 제공받고 회사와 연락하는 방식이 크게 바뀌었다. 하지만 서비스 전략은 고객의 행동 변화를 따라오지 못해서, 운용비용이 증가했을 뿐 아니라 고객 충성도마저 감소해 이중으로 타격을 받고 있다.

셀프서비스의 매력이 강해진 데에는 여러 가지 이유가 있다. 우선 효율성이 높다. 키오스크는 체크인 카운트의 항공사 직원보다 신속하다. 스마트폰을 쓰면 되는데 서비스 상담원과 이야기하는 것은 촌스러운 일이라 여겨질 만큼 고객 인식이 변화했다. 공항에서 줄 서는 일이 창

피할 정도다. 해외여행 초보자처럼 촌스럽게 줄 서고 싶을까?

하지만 서비스 담당 임원에게 '요즘 고객이 당신 회사와 어떻게 커뮤니케이션을 하는지' 물어보면, 틀림없이 요즘 고객은 전화하는 편을 좋아한다고 대답한다. 서비스 리더는 이런 생각을 고집하도록 짜 맞춘 것 같다. 왜 그런지 이해하기란 어렵지 않다. 실시간 전화 상담은 운영비의 가장 큰 부분을 차지한다. 회사가 관리하는 채널 중 가장 눈에 띄고, 거래 관계를 끊겠다며 올라오는 유튜브나 고객 편지의 주요 타깃이다. 서비스 리더 대부분이 처음 경력을 시작한 분야이기도 하다. 그들은 콜센터에서 자리 잡고 승진해서 지금의 자리까지 왔다.

고객이 실제로 원하는 서비스 방식과 회사가 고객이 원한다고 생각하는 서비스 방식에 차이가 있기 때문에, 고객 노력을 몰고 오는 절대적이지만 은밀한 원인이 가려진다. 주범은 바로 채널 전환이다. 문제를 해결하기 위해 셀프서비스를 선택했는데, 결국에는 전화를 걸어야 한다. 이는 서비스 리더가 깨닫는 수준 이상으로 고객 경험을 망쳐버린다. 채널 전환은 서비스 커뮤니케이션에서 왕왕 일어난다. 그 빈도는 회사가 상상하는 수준을 훨씬 뛰어넘는다. 채널 전환이 일어날 때마다 심각한 수준으로 고객 충성도에 부정적인 영향을 끼친다.

채널 전환 문제를 회사가 반드시 짚고 넘어가야 한다는 말에 누구나 공감하지만, 실제 회사는 이를 간과한다. 일단 회사는 고객 경험을 근시안적으로 접근한다. 한 채널만 사용하는 고객의 흔적을 쫓는 데는 다들 뛰어나지만, 다양한 서비스 채널에 걸쳐 고객의 흔적을 쫓는 회사는 거의 없다. 회사는 고객을 '인터넷 고객' 혹은 '전화 고객'으로만 분류하고, 복수의 서비스 채널을 통해 서비스 커뮤니케이션이 일어난 고객은 별도로 분류하지 않는다. 채널 전환을 눈치채지 못하는 것도 무리가 아니다.

서비스 리더에게 "셀프서비스에서 가장 어려운 점이 뭔가요?"라고 물어보면 "셀프서비스 사용을 권유하는 일이 어렵다."라고 입을 모아 말한다. 표면적인 대답은 달라도 결론은 다 비슷하다. 셀프서비스를 통한 비용 절감 가능성에는 모두 공감한다. "전화 횟수가 너무 높아요. 고객이 셀프서비스를 활용하면 비용이 엄청나게 절감되겠죠. 어떻게 해야 할까요?"라고 말이다. 하지만 전화 고객 중 상당수가 이미 셀프서비스를 시도해봤다는 사실을 서비스 리더는 종종 놓친다. 사실 전화 통화량의 58퍼센트가 처음 웹사이트 접속을 시도해봤다가 이런저런 이유로 콜센터에 전화한 고객이다. 또한 상담원과 통화 중인 고객의 1/3이 동시에 회사 웹사이트에 접속 중이다(그림 2.1).

그림 2.1 | **고객 채널 전환** 출처: CEB, 2013

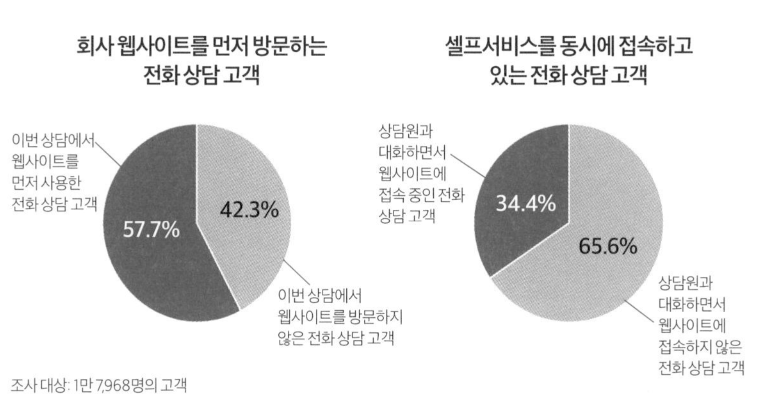

조사 대상: 1만 7,968명의 고객

고객이 셀프서비스를 먼저 시도한 다음에 전화한다는 사실은 대부분의 회사에 있어 불편한 진실이다. 비유하자면, 자신의 집 어디에서 냉난방비가 빠져나가는지 알아보려고, 절연 효율성, 문, 창문을 살펴봤는데 냉난방에 들인 상당한 비용이 창문을 통해 빠져나간다는 사실을 깨달은 셈이다. 애초에 전화할 의도가 없던 고객으로부터 불필요한 전화를 받느라 상당한 비용이 발생하는 상황이다.

고객 경험은 어떻겠는가? 채널 전환이 얼마나 괴로웠겠는가? 셀프서비스를 시도했지만 어쩔 수 없이 전화한 고객은 자신이 선택한 첫 번째 채널에서 문제를 해결한 고객보다 10퍼센트만큼 충성도가 감소한다(그림 2.2). 사소한 채널 전환조차도 큰 영향을 끼친다.

상당한 비중의 고객(인터넷에서 전화로 채널을 전환한 고객의 58퍼센트)

그림 2.2 | 채널 전환이 충성도에 미치는 영향 출처: CEB, 2013

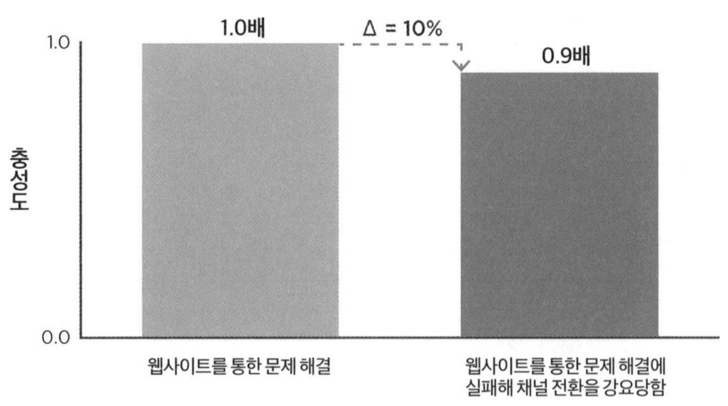

조사 대상: 1만 7,968명의 고객

이 '실패-실패' 시나리오 범주에 들어간다. 회사 비용을 추가로 들여 이들을 상대하는데 충성도는 더 떨어진다. 이 데이터를 본 CEO는 "요점으로 들어가죠. 지금 우리가 고객 충성도를 떨어뜨리는 데 돈을 쏟아붓고 있다는 이야기인가요?"라고 물었다. 어떤 면에서 대답은 "YES."다.

고객이 셀프서비스를 시도하는 게 문제가 아니다. 셀프서비스를 시도한 고객이 실시간 전화 서비스로 채널을 전환하지 않도록 하는 게 도전과제다. 그래야 채널 전환에서 발생하는 비용과 충성도 감소를 막는다. 셀프서비스의 관건은 고객에게 이를 사용하게 알리는 것이 아니라 고객이 셀프서비스를 계속 사용하도록 하는 데 있다.

고객 충성도를 떨어뜨리는 데 돈을 쏟아붓는 기업들

선호 채널 변화와 채널 전환이 자주 일어나는 사실에 대해 더 파헤치고자 세 가지 채널을 각각 연구하고 2만 명이 넘는 고객을 대상으로 설문조사를 진행했다. 여기에는 B2C는 물론 B2B 커뮤니케이션도 포함되었다. 또한 북미, 유럽, 아프리카, 아시아, 호주에 걸쳐 주요 산업의 다양한 고객을 대상으로 설문조사를 진행했다.

설문조사로 그들의 경험에 대해 '웹챗, 전화, 온라인 셀프서비스 혹은 중복 채널 중 어떤 서비스 채널을 사용했는가?', '채널을 어떤 순서로 방문했는가?', '문제가 해결되었는가? 해결되지 못했는가?', '커뮤니케이션이 쉬웠는가? 어려웠는가?' 등의 질문을 던졌다. 수천 개에 달하는 서비스 커뮤니케이션을 살펴보고, 고객 서비스 전반에 걸쳐 어떤 일이 일어났는지 정확히 파악하려고 했다.

또한 채널 선호도에 대해 정확히 파악하기 위해 적당한 방법을 찾아내려고 고민했다. '자신이 사용하는 각기 다른 서비스 채널에 대해 고객이 어떻게 가치를 평가하는가?'를 알아보려 웹 셀프서비스, IVR(Interactive Voice Response: 대화형 음성 응답), 웹챗, 이메일 등 다양한 서비스 채널을 테스트했다. 이를 통해 실시간 서비스와 셀프서비스 채널에 대해 고객이 부과하는 가치를 파악하려고 했다. 이 설문조사는 컨조인트 분석(Conjoint Analysis: 상품 자체를 평가함으로써 상품이 가지고 있는 속성 하나하나에 고객 효용을 추정하여 고객이 선택할 상품을 예측하는 기법)이라고 알려진 강력한 통계 방식에 크게 의존했다. 이 방식은 고객에게 반복해서 선택 결정을 요구하여 고객 선호도를 추출한다(그림 2.3 참조).

그림 2.3 | 고객의 서비스 선호도를 조사하는 컨조인트 분석법

속성	E 패키지	F 패키지

속성	C 패키지	D 패키지

속성	A 패키지	B 패키지
회사 연락 수단	실시간 상담원 전화	회사 웹사이트에 기재된 정보 읽기(예: FAQs, 기사, 기본 정보 등)
문제 해결 시도 횟수	2	1
실시간 상담원에게 도달하기까지 걸린 시간	15초	산정 불가
고객 상담 가능 시간	평일, 정상 영업시간에만 가능	산정 불가
상담원 위치	해당 국가 내	산정 불가
하나 선택	○	○

고객이 상담원 목소리를 직접 듣고 싶어 한다는 착각

일반적인 회사의 서비스 전략에서 웹이 얼마나 중요할까? "실시간 전화 상담만큼 중요하지는 않아요."라는 답변이 우위를 점한다. 통상적으로 서비스 리더는 고객이 실시간 전화 상담을 온라인 셀프서비스보다 2.5배 더 선호한다고 믿는다. 그들은 고객이 회사와 좀 더 개인적인 관계를 맺고 싶어 한다고 믿기 때문이다.

문제 해결을 해야 할 때 고객이 웹을 더 선호하는 시점은 언제 도래할까? 서비스 리더의 대다수는 이런 현상이 최소한 몇 년은 지나야 발생하리라 믿는다(그림 2.4 참조).

그러다 보니 우리와 대화를 나눈 회사의 1/3만이 셀프서비스 관련 프로젝트를 최근 시작했다는 사실이 전혀 놀랍지 않다. 많은 회사에 있어

그림 2.4 | **고객이 웹을 더 선호하는 데까지 서비스 리더가 예측한 시간** 출처: CEB, 2013

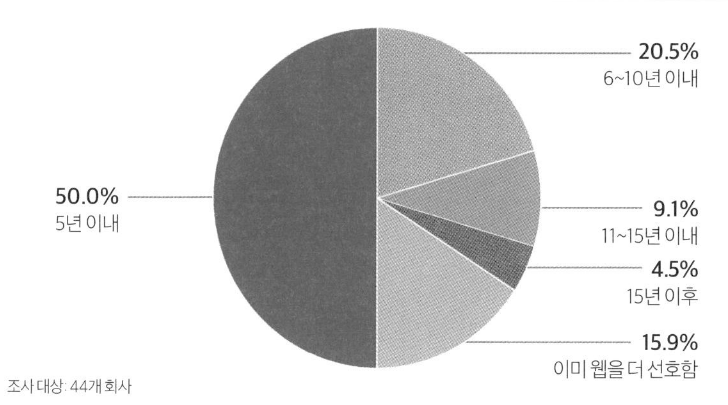

셀프서비스는 당면 과제가 아니다. 고객이 웹에서 전화로 채널을 자주 전환한다는 사실은 아예 인지조차 하지 못한다.

서비스 리더와 대화하다 보면 그들 머릿속에 깊게 박힌 가정을 맞닥뜨리게 된다. 이 가정 때문에 이들은 색안경을 끼고 셀프서비스를 바라본다.

가정 1 | 고객은 더 손쉬운 이슈에 대해서만 셀프서비스를 선택한다. 예를 들어 잔액 확인, 주문 상태 확인, 대금 지불 등 문제가 복잡하거나 급박한 경우에는 실시간 전화 서비스를 원한다.

가정 2 | MZ세대만 셀프서비스를 좋아하고 그 윗세대는 셀프서비스를 좋아하지 않는다. 셀프서비스를 실시간 상담보다 선호하게 되는 티핑 포인트(Tipping Point: 어떠한 현상이 서서히 진행되다가 작은 요인으로 한순간 폭발하는 시점)는 아직 멀었다.

가정 3 | 셀프서비스를 개선하려면 상당한 투자가 필요하다. 현재의 서비스 웹사이트는 셀프서비스에 활용하기에는 부족한 점이 많아서 현재보다 훨씬 많은 자본을 투자해 개선해야 고객 대다수에게 제공할 만한 셀프서비스 수준을 갖출 수 있다.

한 임원은 "셀프서비스가 주는 기회란 아서왕의 엑스칼리버예요!"라고 분통을 터뜨렸다. 비용 절감 측면은 뻔히 보이지만 셀프서비스의 한계가 너무 크고 시기가 아직 이른 감이 있다. 이 새로운 분야를 활용하기에는 그 자신은 물론 고객도 준비되어 있지 않다. 그뿐만이 아니다.

대부분의 서비스 리더가 비슷한 절망감을 겪는다. 그 결과, 그들의 전략은 전화 채널에 집중하고 셀프서비스에는 상대적으로 소홀한 경향을 보인다.

어르신도 고객센터 애플리케이션으로 문의하는 시대

회사가 철석같이 믿고 있는 위의 세 가지 가정은 전혀 사실이 아니다. 오히려 깨버려야 할 신화에 가깝다. 고객은 전화 못지않게 웹에도 이미 똑같은 가치를 부여한다. 이는 B2C는 물론 B2B에서도 적용된다(그림 2.5 참조). 기업 고객은 개인 고객보다 고객 서비스 커뮤니케이션을 크게 중요시하지 않는다는 점이 B2B와 B2C 고객 선호도의 차이점이 된다. 기업 고객 서비스 커뮤니케이션에는 개인 손해 득실이 상대적으로 적게 개입되기 때문에 가치도 크게 부여되지 않는다.

선호도 차이 비율은 임원이 기대했던 2.5가 아니라 1의 비율로, 회사의 예측과 매우 다르다. 전화와 셀프서비스 선호도가 예측과 빗나갔다는 것은 손에서 모래처럼 빠져나가는 기회를 놓쳤다는 의미다. 셀프서비스에 대한 욕구는 급증하고 전화 선호도는 같은 속도로 감소한다. 티핑포인트는 이미 도래했다.

전화와 셀프서비스 웹사이트 중 선택한다는 생각조차 떠올리지 못하는 고객도 있다. 이들의 사고 프로세스에 전화라는 단어가 진입조차 하지 못한다. 대학생에게 파티용 피자를 주문하기 위해 어느 피자 식당에 '전화'하냐고 물어보라. 당신의 머리가 세 개라도 되는 것처럼 쳐다볼 것이다. "피자를 주문하는데 전화를 왜 해요? 온라인 주문을 해야죠. 굳이 누구랑 통화해야 해요?" 셀프서비스를 먼저 생각하는 시대다.

앞서 언급한, 잔액 확인이나 주문 상태처럼 간단한 이슈를 위해서만 셀프서비스를 사용한다는 가정을 떠올려보자. 이 말이 사실이라면, 고객은 자신이 사용하는 채널에 대해 크게 관심이 없어야 한다. 이 가정을 테스트하기 위해 데이터를 더 깊이 파고들어 어렵고 복잡한 이슈를

그림 2.5 | 셀프서비스와 실시간 통화 서비스의 가치(서비스 리더의 인지 vs. 실제 고객 선호도)

출처: CEB, 2013

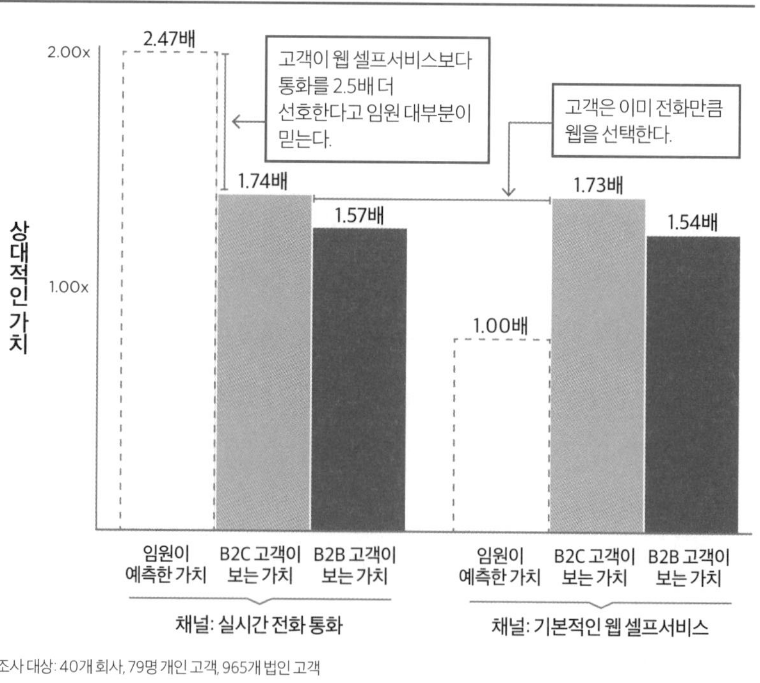

조사 대상: 40개 회사, 79명 개인 고객, 965개 법인 고객

가진 고객을 솎아냈다.

확실히 전화 서비스로 선호도가 살짝 기울기는 했지만, 서비스 리더가 기대한 만큼 큰 차이는 없었다. 고객은 우리가 생각하는 것 이상으로 기꺼이 셀프서비스를 먼저 선택한다. 문제가 복잡하면, 종국에는 상담원과 전화를 해야 하는 경우가 발생한다. 하지만 이런 경우는 극히 드물다.

다음 시나리오를 생각해보자. 어느 늦은 저녁, 아이에게 붉은 반점과 발열이 나타났다. 아이의 몸에 이상 신호가 온 게 틀림없다. 의문의 여지가 없다. 당신은 주치의나 당직 간호사에게 전화하거나 24시간 운영하는 병원이나 응급실을 선택할 수 있다. 그러나 이런 상황에서 부모들이 자주 하는 일이 있다. 그들은 WebMD(미국의 최대 의학 정보 검색 사이트) 같은 온라인 자료를 검색한다. 사람들은 이런 사이트를 신뢰하고, 사이트의 정보를 바탕으로 해석을 내리는 본인의 능력을 신뢰한다. 이런 일은 10년 전만 해도 일어나지 않았다.

고객은 웹 셀프서비스를 신뢰한다. 많은 고객이 상담원과 이야기하는 수준으로 능숙하게 셀프서비스를 처리한다. 셀프서비스는 고객에게 통제권을 준다. 특히 교환 정보가 비밀에 부치고 싶은 내용이거나 남이 알면 당황스러운 내용일 때 더욱 셀프서비스를 선호하는 성향을 보인다. 따라서 까다로운 서비스 상황에서 통화가 그 무엇보다 가치 있는 옵션이란 생각은 이제 맞지 않는다. 확실히 예전만큼은 아니다.

서비스 선호도에서 연령대가 어떤 영향을 미칠까? 앞서 언급한 또 다른 가정, 즉 셀프서비스에 대한 선호도는 젊은 세대에 국한된다는 이야기를 떠올려보라. 연령대별로 채널 선호도에 차이가 있다고 생각하기 쉽다. 연령대가 높을수록 새로운 기술에 쉽게 적응하지 못한다. 이들은 어렸을 때 스마트폰, PC, 인터넷을 접하지 못했다. 고객이 회사와 커뮤니케이션하는 방식에도 이 사실이 영향을 미친다고 예측한다. 어느 정도까지는 맞지만, 우리가 예상했던 정도까지는 아니다(그림 2.6 참조).

60대 심지어는 70대 중에도 문제나 질문이 생겼을 때 홈페이지부터 찾는 이들이 있다. 전화를 선호하는 비율은 연령대가 높은 그룹에서도 60:40을 보인다. 서비스 리더는 90:10 혹은 80:20을 흔히 예상한다. 셀프서비스를 가장 늦게 선택할 것이라 믿은 그룹조차 서비스 리더가 예상한 수준을 한참 앞섰다.

51세가 되면 선호도가 다른 쪽으로 돌아선다. 회사 대부분의 예상과 다르다. 베이비붐 세대(1946년~1966년생을 말하며 2013년 책이 쓰일 당시 만 48세~68세. - 옮긴이)는 편안히 웹을 통해 고객 서비스를 받는다. 그 결과 해당 연령대의 고객은 가장 폭발적인 온라인 사용 증가세를 보인다. 예를 들어 페이스북은 65세 이상의 연령대가 가장 큰 성장세를 보였다고 발표했다.

현실과 회사의 생각이 얼마나 큰 간격을 보이는지 우려스러울 정도다. 임원들이 처음 예측한 2.5 대 1의 비율로 전화를 선호하는 연령대는 딱 한 구간이다. 77세 이상의 구간이다. 회사가 타깃으로 하는 연령대와는 동떨어진 결과다. 웹 사용 선호 움직임에 대해 회사가 아무 생각이 없지는 않다. 고객의 웹 사용 선호에 대한 변화가 회사가 예측한 속도보다 더 빨리 일어난 것으로 보는 편이 적정하다.

그림 2.6 | 고객 연령대별 웹과 전화 선호도 출처: CEB, 2013

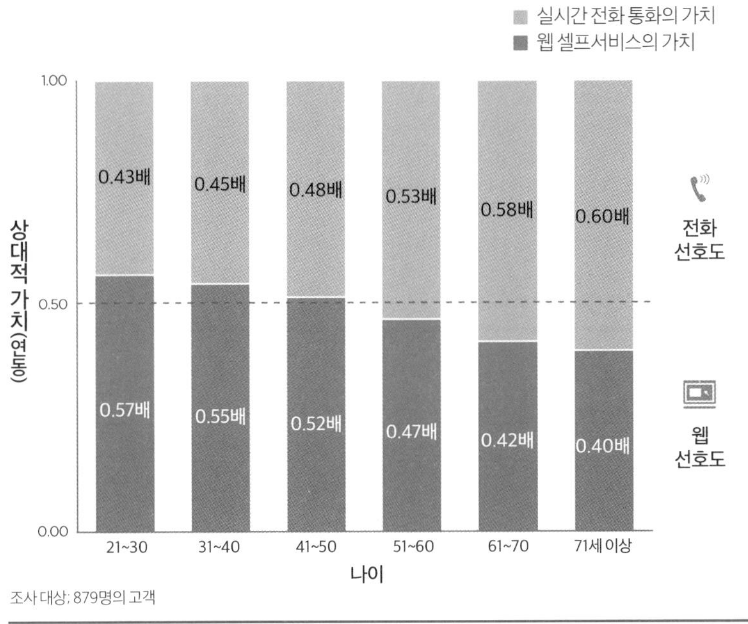

조사 대상: 879명의 고객

고객이 어쩔 수 없이 전화기를 드는 이유

고객 선호도 이동은 꽤 최근의 일이다. 5년 전만 해도 67퍼센트의 고객이 전화를 주로 사용한다고 응답했다. 2013년 현재 29퍼센트 고객만이 전화를 주로 사용한다고 답한다. 많은 회사가 미처 쫓아오지 못한 급격한 변화다. 서비스 리더가 현실과 동떨어져 있다는 사실 하나만으로 끝난다면 아주 끔찍하지는 않다. 고객은 셀프서비스를 원한다. 회사가 5년 혹은 10년 후에나 일어난다고 생각한 일이 이미 일어나버렸다.

그렇다면 전화 통화량이 급격하게 떨어져야 앞뒤가 맞다. 하지만 그런 일은 일어나지 않았다. 단 한 곳의 회사도 그런 일은 일어나지 않았다. 확실히 전체 통화량은 줄어들었지만, 그 속도는 돌이 떨어지는 속도라기보다는 깃털이 떨어지는 속도에 가까웠다(실제로 4~5퍼센트만 감소했다). 설문조사를 보면 실제 어떤 일이 일어나고 있는지 가늠된다. 그들의 응답 몇 개를 옮겨본다.

> "전화하고 싶지는 않지만, 전화할 수밖에 없었어요. 다른 회사는 전화해야 할 필요가 없었어요. 웹사이트로 충분하거든요."
>
> "웹사이트를 보면 전화를 하라고 강요해요. 전화할 거였으면 애초에 했죠."
>
> "상담원은 친절하고 전화할 때마다 항상 만족스러워요. 하지만 항상 전화하고 싶지는 않아요."

잠시 생각해보자. 당신은 고객 전화 상담원이고 서비스 문제로 연락해온 고객을 응대하고 있다. 이 고객은 방금 웹사이트를 방문했는데, 셀프서비스로 끝날 수 있었던 것이 어떤 이유에서인지 전화를 들 수밖에 없었음을 알게 되었다. 셀프서비스를 원했을 뿐만 아니라 실제로 시도까지 한 고객과 실시간 통화를 하면서 고객은 물론 회사까지 소중한 시간을 허비한다는 생각이 들지 않는가?

이런 생각을 떠올린 임원 한 명은 이렇게 응수한다. "고객을 보통 '전화 통화자' 혹은 '웹 사용자'로 분리해왔죠. 하지만 고객이 둘 다 사용한다는 사실을 이제야 깨달았어요." 이런 지적은 간단하고 매우 분명하다. 하지만 이와 같은 생각으로 고객을 바라보는 회사는 거의 없다.

회사는 고객을 셀프서비스로 유도하려고 노력할 것이 아니라 고객이 셀프서비스에 머무르도록 관심을 기울여야 한다. 2005년만 해도 회사 웹사이트에 셀프서비스 기능이 있으니 문제 해결을 위해 셀프서비스를 이용하라고 고객에게 알리는 데 집중했다. 당시 우리 팀은 이 주제에 관한 연구 결과를 '셀프서비스 사용 촉진을 위하여(Achieving Breakout Use of Self-Service)'라는 제목으로 발표했다. 그때의 연구 결과를 지금 보면 화석처럼 느껴진다. 그 시기는 이미 지나갔다. 그러니 굳이 이를 위해 애쓸 필요가 없다.

오늘날 전화 통화를 선호하는 그룹은 극소수에 불과하다(그마저 줄어드는 중이다). 채널을 전환하는 이들은 윈윈 구간으로 향한다. 회사 비용은 물론 고객 노력도 감소한다. 근사하게도 채널 전환을 제대로 관리하기 위한 기회는 차고 넘친다.

가장 쉽고도 빠른 '윈윈 전략'

분명히 짚고 넘어가자. 채널 전환의 일정 비중은 서비스 제공 조직의 통제권 밖이다. 웹에서 전화로 채널을 바꾼 58퍼센트의 고객 중 11퍼센트는 채널 전환을 막기 어렵다(그림 2.7 참조). 예를 들어 셀프서비스로는 문제 해결이 어려운 이슈, 웹 사이트상의 기술적 문제, 고객이 전화하도록 촉발하는 문제 등이 있다. 회사가 공을 들이면 이런 문제를 막을

그림 2.7 | 채널 전환의 근본적 원인

출처: CEB, 2013

웹에서 전화로 전환하는 이유
(각 경험별 고객 비중)

서비스 조직이 즉각 대응할 수 있는 범위 외		
	B2C 서비스 조직	B2B 서비스 조직
문제가 너무 복잡함	4.5%	4.7%
기술적 문제 발생	1.6%	2.1%
전화하라는 안내를 받음	4.6%	3.0%
총계	**10.7%**	**9.8%**

서비스 조직이 즉각 대응할 수 있는 범위 내		
	B2C 서비스 조직	B2B 서비스 조직
해답을 찾을 수 없음	8.7%	15.6%
찾아낸 정보가 불분명함	5.8%	6.3%
연락처만 찾음	32.5%	14.8%
총계	**47.0%**	**36.6%**

조사 대상: 44개 기업

수는 있지만, 차라리 다른 분야에서의 채널 전환을 막는 편이 쉽다.

채널 전환 사유 중 통제 가능한 이슈(B2C의 경우 47퍼센트, B2B의 경우 37퍼센트)는 크게 세 그룹으로 묶을 수 있다.

1. 필요한 정보를 찾을 수 없는 고객
2. 불분명한 정보를 찾아낸 고객
3. 회사 전화번호를 찾을 목적으로 웹을 사용하는 고객

앞으로 채널 전환 최소화에 도움이 되는 실행 방법을 상세히 열거한다. 값비싼 최첨단 기술에 의존하지 않고, 단기적으로 해낼 수 있으며, 비용도 적게 들고, 쉽게 실천할 수 있다. 그런데도 크나큰 효과를 가져

다준다. 조직으로서는 희망적인 소식이 아닐 수 없다. 웹사이트에 정보를 선보일 때는 단순함이 최선이다. 많은 고객이 혼란스럽거나 자신감을 잃었을 때 채널을 전환한다. 웹사이트가 엉망이라 원하는 답을 제공해주지 않아서가 아니다. 그런 일이 일어나기도 하지만 회사 서비스 웹사이트의 어조나 레이아웃에 당황하는 경우가 더 많다.

웹사이트를 단순하게 만든다고 채널 전환을 다 막을 수 있을까? 그런 일은 일어나지 않는다. 하지만 채널을 전환하는 고객 10명 중 2명이 동일 채널에 머무르도록 하는 일은 충분히 할 만하다. 잘 빠진 인터페이스와 기능성을 더하기 위해 자본 투자를 늘리면 더 나은 성과를 거둘 수 있다.

그렇지만 '10명 중 2명'은 변화를 처음 시도해볼 만큼 가치 있고 현실적인 목표다. 웹사이트를 단순하게 만드는 일만으로도 충분히 달성할 수 있기 때문이다. 20퍼센트라는 목표가 별 볼 일 없어 보인다면, 이 점을 생각해보라. 매년 백만 통의 전화를 소화하고, 전화 1통당 8달러의 비용이 발생한다면, 20퍼센트의 절감은 대략 56만 4,000달러(비용 절감에 대해서는 그림 2.8 참조)를 절약한다는 의미가 된다. 게다가 10명 중 2명에 해당하는 고객 충성도 감소도 막을 수 있다. 고객 노력이 적게 들어갔기 때문이다. 이는 어떤 서비스 조직도 누릴 수 있는 단기적이고 가장 쉬운 윈윈 상황이다.

개선을 위해 어떤 일을 한다고 나서기에 앞서, 다른 회사에서 발생하는 채널 전환 사례를 살펴봐야 한다. 금융 서비스 회사인 피델리티(Fidelity)로부터 배운 방법을 참고하면 쉽게 진행할 수 있다.

그림 2.8 | 20%의 고객이 웹서비스에 머물렀을 때 예상되는 비용 절감 출처: CEB, 2013

연간 통화량

통화당 비용(USD)*	500,000	1,000,000	5,000,000	10,000,000
$2	$ 70,500	$ 141,000	$ 705,000	$ 1,410,000
$4	$ 141,000	$ 282,000	$ 1,410,000	$ 2,820,000
$6	$ 211,500	$ 423,000	$ 2,115,000	$ 4,230,000
$8	$ 282,000	$ 564,000	$ 2,820,000	$ 5,640,000
$12	$ 423,000	$ 846,000	$ 4,230,000	$ 8,460,000

* 이 계산은 고객 75%가 웹에 접속한다고 가정한다.

효율성을 7배 끌어올린 피델리티 콜센터의 방식

CRM(Customer Relationship Management, 고객 관계 관리), 웹사이트, 전화 연결 데이터 등을 샅샅이 훑어서 채널 전환 기회를 진단할 수 있다. 하지만 피델리티는 똑같은 일을 위해 직관적인 방식을 채택했다. 피델리티 콜센터 상담원은 고객 전화를 받을 때마다 간단한 질문 트리를 사용한다. 이를 통해 상담원은 어느 고객이 웹에서 전화로 채널을 전환했는지 쉽게 파악한다. 채널을 전환한 고객은 두 개의 질문을 받는데 피델리티는 이를 통해 무엇 때문에 채널 전환이 일어났는지 찾아낸다(그림 2.9 참조). 채널 전환에 대한 정보를 잡아낼 뿐 아니라 고객 선호도가 어떻게 움직이는지 알아낼 수 있기에 가치 높은 정보가 도출된다.

또한 고객이 셀프서비스 옵션을 얼마나 인지하는지도 알아낸다.

피델리티는 다음과 같은 방식으로 대화를 진행한다. 고객에게 온라인으로 시도해봤는지를 먼저 물어본다. 이 질문에 "YES."라고 대답한 고객에게 어떤 일이 일어났는지 듣는다. '왜 전화해야 했는가?', '기술적 문제였나?', '무엇인가 혼란을 가져왔나?', '웹사이트에서 어디를 클릭해야 할지 전혀 감이 오지 않는가?' 등의 질문에 채널을 전환한 당사자가 정확히 무엇 때문에 채널을 전환했는지 피델리티에게 말해준다. 이 데이터를 얻어내는 것만으로도 큰 소득이다.

하지만 피델리티는 여기에서 만족하지 않는다. 셀프서비스를 선택

그림 2.9 | 채널 전환 고객의 목소리를 청취하는 피델리티 방식 출처: CEB, 2013

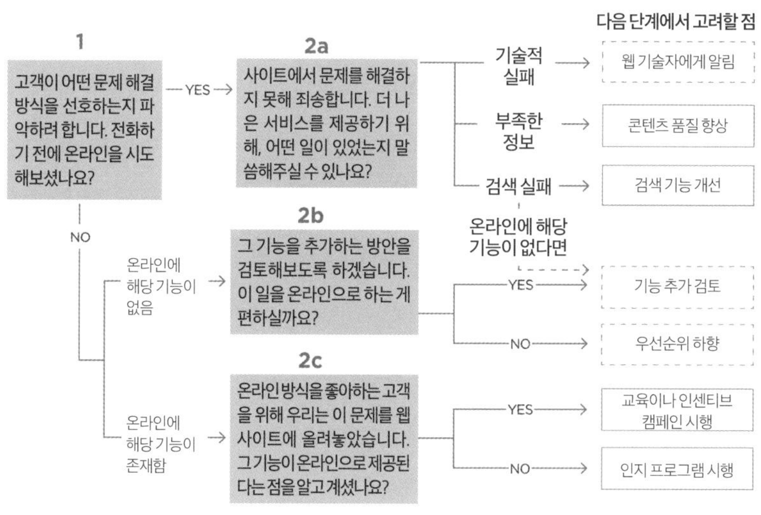

조사 대상 : 1,600명의 소비자

하지 않은 고객에게 그 기능이 웹사이트에 존재하는지 알고 있냐고 질문을 던진다(어디까지나 그 기능이 존재할 때의 이야기다). 그 기능이 존재하지 않는 경우, 만일 그 기능이 웹사이트에 존재한다면 이를 이용하겠냐고 고객에게 물어본다. 모든 질문이 셀프서비스에 대한 미래 투자를 결정할 때 도움이 되는 시장 조사 질문에 해당한다.

피델리티 상담원은 고객이 웹사이트에 대한 이해를 높이는 학습 수단으로써 질문을 던진다. 설문조사라는 꼬리표를 달지도 않았고, 이를 통해 고객을 웹으로 몰아가려는 노력도 하지 않는다. 고객 현황을 파악하겠다는 꼬리표를 달면 많은 고객이 기꺼이 정보를 내준다. 게다가 피델리티 상담원에게 자신의 온라인 경험을 이야기하면서 상담원이 자신의 이야기에 귀를 기울여준다고 생각한다. 일방향의 설문조사와 비교하면 크나큰 차이다.

콜센터 상담원의 각기 다른 그룹이 이 실시간 설문조사를 분기별로 일주일씩 진행한다. 이를 통해 피델리티는 의사결정에 필요한 데이터를 얻으면서 비용을 적절히 조정한다. 상담원은 수집한 정보를 마케팅팀, 프로세스 구축팀, IT팀 등에 전달한다. 각 팀은 데이터를 분류해서 셀프서비스를 개선하거나 웹사이트에서 사용하는 용어를 다듬거나 웹사이트 구조를 바꾸는 등 우선순위를 따져 조치를 취하며 웹사이트 기능 개선을 위한 비즈니스 케이스 자료를 수집한다.

무난한 질문을 몇 개 던지는 것만으로 고객 경험이 개선되고 채널 전환이 줄어들며 통화 횟수가 감소한다. 예를 들어 피델리티는 온라인 비밀번호 변경 프로세스를 간소화했다. 그저 연결 링크의 위치를 조정하고 웹사이트 용어를 다듬어 비밀번호 변경을 위해 걸리는 시간을 단축했다. 그 결과 온라인으로 비밀번호를 변경하는 사람이 29퍼센트 증가하고 비밀번호 변경 전화량이 8퍼센트 감소했다. 이 프로젝트 하나만으로 ROI의 7.25배에 해당하는 수익이 늘었다.

피델리티의 방식으로 많은 회사가 괄목할 만한 성공을 거두었다. 심지어 겨우 며칠간의 데이터 수집으로 패턴을 발견하기도 한다. 서비스를 담당하는 부사장 한 명은 이렇게 말했다. "이렇게 물어본 것만으로도 콜센터 기능이 향상되다니, 눈앞에 있는 과실을 손만 뻗어 손쉽게 딴 느낌이에요. 금광을 발견한 것과 같아요."

피델리티의 방식을 사용하면 어떤 유형의 채널 전환이 회사와 고객에게 큰 해악을 끼치는지 재빨리 파악할 수 있다. 다음의 세 가지 채널 전환 사유를 자세히 살펴보자.

고객이 웹사이트에서 방황하지 않도록 하려면

소비자가 필요한 정보를 찾지 못한다

'소비자가 필요한 정보를 찾지 못해서' 잦은 채널 전환이 이루어진 회사가 상당하다. 고객이 회사와 커뮤니케이션할 때 더 많은 선택을 원한다는 잘못된 믿음에서 이런 사례가 나온다. 이런 회사는 웹사이트에 선택 가능한 옵션을 끝도 없이 늘어놓는다. 커뮤니케이션하는 웹챗, 채팅을 위한 클릭, 지식 모음, 단계별 가이드, 이메일, 전화를 위한 클릭, 대화형 가상 콜센터, 온라인 지원 게시판 등등. 다다익선이라는 생각 때문일까?

설문조사를 진행한 회사의 80퍼센트가 기존 채널에 새로운 셀프서비스 옵션을 더 하거나 아예 신규 채널을 추가했다(그림 2.10 참조). 설문조사에 참여한 모든 회사는 이런 새로운 시도를 긍정적으로 평가했다. 이는 완전히 잘못된 가정이다.

결과적으로 이런 결정은 비용을 증가시키고 충성도는 감소시킨다. 고객 서비스 웹사이트는 문제 해결을 시작하기도 전에 평균적으로 25개에서 50개까지 선택을 내려야 한다(FAQs, 전화 옵션, 채팅 옵션, 옵션 내에서 내려야 하는 선택). 그리고 대부분 이 숫자는 증가하는 추세를 보인다.

온라인 문제 해결을 위해 이렇게 다양한 선택지를 제공하는데도 고

그림 2.10 | 고객 채널 선호도 변화에 따른 기업 대응책 출처: CEB, 2013

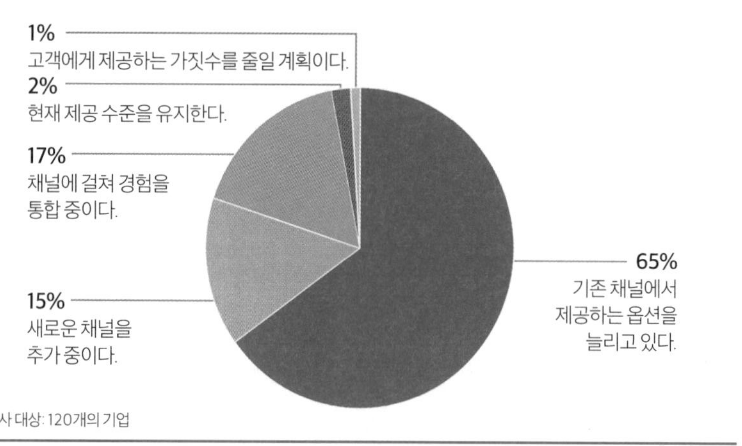
1%
고객에게 제공하는 가짓수를 줄일 계획이다.
2%
현재 제공 수준을 유지한다.
17%
채널에 걸쳐 경험을 통합 중이다.
15%
새로운 채널을 추가 중이다.
65%
기존 채널에서 제공하는 옵션을 늘리고 있다.

조사 대상: 120개의 기업

객이 필요한 정보를 찾지 못하는 이유를 이해하기 위해 상당히 깊이 이 문제를 파고들었다. 분석을 위해 최근 온라인 커뮤니케이션을 경험한 고객과 포커스 그룹 인터뷰(Focus Group Interview: 5~10명 그룹을 대상으로 진행하는 인터뷰)를 진행했다. 이들에게 셀프서비스 웹사이트의 경험을 묘사해달라고 요청하자, 전혀 예상치 못한 발언이 나왔다. 아래 발언은 그들의 말을 그대로 옮긴 것이다.

"원하는 대답을 찾으려면 웹사이트 여러 곳을 둘러봐야 할 것 같더군요. 종국에는 어디를 찾아야 할지 잘 모르겠어요."

"옵션 전체를 읽는 데만 2분이 걸렸어요. 혼란스러웠죠."

"어디에서 시작해야 할지 잘 모르겠어요."

"웹사이트가 너무 복잡하고 정보로 가득 차 있어요. 압도적이었죠."

고객 경험 개선 의도에서 더해졌을 테지만, 문제 해결을 위해 다양한 옵션을 제공하는 것 자체가 방해 요소로 작용한다. 선택의 역설이라 불릴 만하다. 의사결정을 위한 선택지가 많을수록 오히려 제대로 된 의사결정을 내리기가 어려워진다.

스탠퍼드 대학교 연구원이 수행한 연구가 다양한 선택지가 미치는 영향을 극명하게 보여준다. 피실험자들에게 다양한 맛의 잼을 선보였다. 선택지가 늘어날수록 사람들이 어떤 선택을 내리는지 살펴보는 것이 실험의 목적이었다. 거의 모든 경우, 잼의 종류가 늘어날수록 전체 판매량이 줄어들었다.

선택 가짓수가 줄어들자 매출이 증가했다. 소비재를 생산하는 대기업 P&G가 비듬용 샴푸 헤드&숄더즈 브랜드 상품 수를 절반으로 줄이자 총매출 10퍼센트가 즉각 증가했다. 교훈은 분명하다. 선택지가 늘어날수록 의사결정에 드는 고객 노력은 많아진다. 고객은 물론 회사에도 나쁜 결과가 도출된다.

고객을 위해 회사가 고객 앞에 놓아준 선택지들은 채널 전환 문제를 낳는다. 이는 포커스 그룹에만 한정된 이야기가 아니다. 이후에 진행된 설문조사 결과 역시 고객이 원하는 것은 너무 많은 선택과 옵션이 아니라 안내가 잘 갖춰진 경험임을 보여준다. 문제 해결에 적은 수고가 들어가는 채널이 선택지로 주어질 때 고객은 뛰어난 서비스를 받았다고 느낀다. 설사 그 채널이 처음 고객이 선택한 채널이 아니어도 결과는 달라지지 않는다(그림 2.11 참조).

설문조사에 따르면, 적은 노력이 채널 선택을 압도적으로 좌우한다. 무려 84퍼센트에 달하는 고객이 최대한 빨리, 손쉽게 문제가 해결되길 바란다. 그리고 이를 위해 최선의 선택을 기꺼이 안내받으려 한다. 훨씬 작은 비중의 고객(16퍼센트)만이 특정 서비스 옵션을 원한다. 즉, 고객 대부분은 빨리, 쉽게 문제가 해결된다고 확신할 수만 한다면 그 어떤 셀프서비스 옵션이나 채널도 선택할 의사가 있다.

'안내가 잘 갖춰진 경험'이란 개념은 포커스 그룹에서 계속 언급된다. 포커스 그룹의 한 참가자는 "간단하게 해결해주세요. 내가 무엇을 해야 할지 회사가 말해주면 좋겠어요. 시간을 허비하고 싶지 않아요."라고 말했다.

그림 2.11 | **고객의 문제 해결 선호도(손쉬운 해결 vs. 채널 선택권)** 출처: CEB, 2013

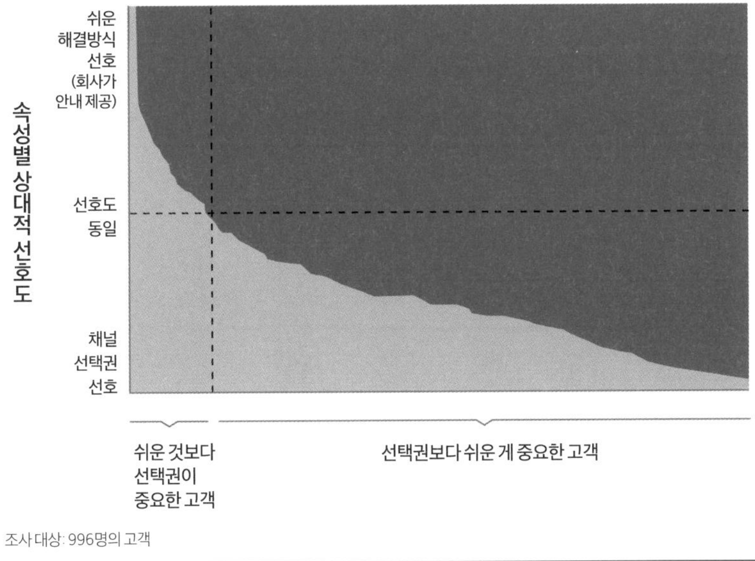

조사 대상: 996명의 고객

물론 아무리 고객이 안내를 원한다고 해도 커뮤니케이션하면서 이래라저래라 말하라는 뜻은 아니다. 사람들은 자신이 선택권을 쥐는 것을 좋아한다. 선택권은 기본적인 인권이나 다름없다. 하지만 선호도에 대해서만큼은 사람들의 유형이 극명하게 둘로 갈린다. 우리는 이런 구분을 'P(대문자) 선호'와 'p(소문자) 선호'로 구분한다. P 선호는 고객의 최종적인 선호로, 다른 선호도보다 기꺼이 우선시하는 기준이다. 지금 이 경우 P 선호는 '문제 해결'이다. p 선호는 여러 선택지 중 하나를 선택하라는 요청을 받았을 때 고객이 선호한다고 '말하는' 선택이다.

차이를 좀 더 설명해보자. 설문조사 참여자에게 어떤 고객 서비스 채널을 가장 선호하는지 묻자, 한 사람이 "나는 채팅을 좋아해요. 상담원과 온라인으로 채팅하는 기능을 제공해주는 게 좋죠."라고 재빨리 답한다. 하지만 고객 서비스에 대해 무엇을 가장 중시하냐고 똑같은 사람에게 물으면 그는 "빠르고 쉬운 서비스죠."라고 단호하게 말한다. 즉, 빠르고 쉬운 서비스가 P 선호가 되고 온라인 채팅 기능은 p 선호가 된다. 문제를 해결할 뛰어난 방법(빠르고 쉬운 해결)이 있으면, 채팅이 아닌 다른 채널도 문제가 없다. 채팅을 가장 좋아한다고 말했어도 말이다.

문제 해결 서비스에 대해 84퍼센트의 고객이 완전히 문제가 사라지길 바랄 뿐이라고 응답했다. 문제가 완전히 사라지는 것이 그들의 P 선호다. 하지만 동시에 그 결과를 얻기까지 자신에게 어느 정도의 통제권이 있길 원한다고 말한다. 이는 선호다.

고객이 가장 손쉬운 선택지를 안내받고 싶어한다는 사실은 설문조사 결과와 어떻게 맞물릴까? 고객을 안내하는 것과 지시하는 것에는 미묘하지만 주요한 차이가 있다. 다음 시나리오를 생각해보자.

처음 방문한 도시가 있다. 근사한 해산물로 저녁을 먹고 싶어진 당신은 호텔 콘시어지(Concierge: 호텔 안내는 물론, 여행과 쇼핑까지 투숙객의 다양한 요구를 들어주는 서비스를 담당하는 사람)에게 추천을 요청한다. 콘시어지의 답변이 다음과 같이 각각 달랐다고 하자. 어느 쪽이 가장 근사하게 들리는가?

- "물론이죠. 완벽한 장소가 하나 있어요. 자, 이럴 게 아니라 택시를 타시죠. 지금 당장 보내드릴게요."

- “해산물 레스토랑이 여섯 곳 있는데, 각각에 대한 정보가 여기 있습니다. 질문 있으면 말씀하세요.”
- “기꺼이 도와드려야죠. 그런데 어떤 식사 자리인지 여쭤봐도 될까요? 가족 식사인가요, 업무상 저녁인가요? 아, 그렇다면 레스토랑 두 곳을 추천해드리고 싶습니다. 개인적으로는 첫 번째 레스토랑이 더 좋아 보여요.”

큰 편차 없이 사람들은 세 번째 답안을 선택할 것이다. 세 번째 답안은 당신의 개인적인 상황을 고려하면서도, 여전히 당신의 의견을 우선으로 한다.

발생한 문제를 해결하기 위해 고객에게 주어지는 선택지(전화, 웹, 이메일, 채팅, FAQs) 중 지금 당면한 문제에 어느 것이 가장 적합할지, 노력이 적게 들지 알 수 있을까? 어떤 문제는 웹 셀프서비스를 통해 빠르고 쉽게 해결된다. 어떤 문제는 너무 복잡해서 적은 노력을 들이려면 콜센터 상담원과 실시간 통화하는 편이 낫다. 모든 이슈에 항상 적합한 채널은 존재하지 않는다.

하지만 너무 많은 회사가 선택은 고객이 알아서 하라며 그들의 손에 선택지를 쥐여준다. 그리고 중요한 것은 적게 들어가는 경험이 아니라 다양한 선택지를 쥐여주는 것이라고 믿는다. 고객 테크놀로지 대기업의 고객 서비스 리더는 “고객은 자신의 방식으로 문제를 해결하려 들어요. 그래서 최대한 많은 옵션과 채널을 마련해두고, 고객이 최선책을 고르도록 합니다. 서비스 조직은 일이 더 힘들어지긴 하지만, 고객에게 권한을 넘겨주는 것이 오늘날 고객 서비스의 현실이에요.”라고 말한다.

이는 완전히 잘못된 생각이다.

84퍼센트에 달하는 고객이 문제 해결만을 원했다. 어떤 채널을 선택하는지는 크게 중요하지 않다. 골칫거리가 사라지기만을 바란다. 어떤 채널을 선호하냐고 물어보면 온라인 채팅, 이메일, 기타 웹에서 제공하는 서비스를 좋아한다고 대답할지 모른다. 하지만 눈앞에 놓인 특정한 문제를 해결하는 데 전화가 빠르고 쉽다고 파악하는 순간, 그들은 기꺼이 전화를 건다. 즉, 이때도 셀프서비스 사용은 p 선호가 되고 빠르지만 손쉬운 문제 해결은, 채널이 어디인가에 상관없이 P 선호가 된다. 이는 고객 대다수에게 적용된다.

선택권은 예상했던 것보다 강력한 힘을 발휘하지 못한다. 대신에 고객이 들이는 노력이 최소화되는 방향으로 안내하는 편이 충성도 감소를 최소화하면서 최고의 경험을 형성한다. 고객을 안내하는 방법은 여러 가지가 있다. 그중 가장 많이 쓰이고 효과적인 네 가지 방식을 테스트해보았다.

1. 회사가 문제별로 분류한 가이드 | 회사가 문제별로 분류한 방식으로 선택지가 주어진다. 계좌 정보, 청구서 요청, 주문 상태, 회수 등의 주제로 분류된다. 회사 관점에서 각기 다른 부서에 할당되는 식으로 문제를 구분한다.

2. 채널에 근거한 가이드 | 고객이 사용하길 원하는 서비스 채널이나 온라인 툴별로 선택지가 주어진다.

3. 피어 그룹(Peer Group)에 근거한 가이드 | 비슷한 요청을 하는 고객별

로 선택지가 주어진다.

4. 고객 업무별 가이드 | 고객의 의향이나 필요에 따라 선택지가 구분된다. 고객 관점에 따라 선택지가 포지셔닝 된다. 예를 들어, "이러이러한 문제가 있으면 이메일을 보내주기를 바랍니다."라고 안내한다.

네 가지 방법 중 고객 업무별 가이드를 제공받은 고객이 가장 노력이 적게 드는 해결 방법을 선택할 가능성은 66퍼센트에 달했다. 반면 어느 형태의 가이드도 제공받지 못한 고객이 노력이 적게 드는 방법을 선택할 가능성은 20퍼센트였다(그림 2.12 참조).

그림 2.12 | **채널 가이드 전략의 상대적 효율성** 출처: CEB, 2013

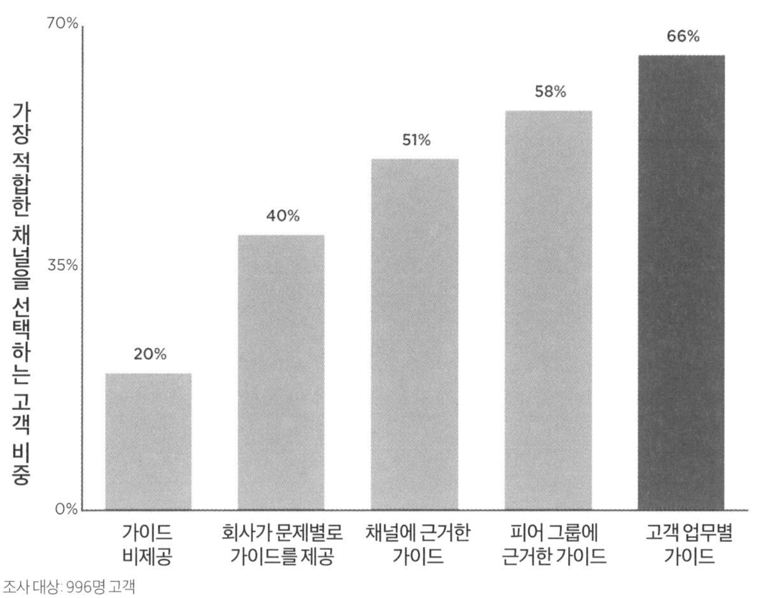

조사 대상: 996명 고객

마스터카드 사례

마스터카드는 여태까지 본 웹사이트 중에 가장 뛰어난 고객 업무별 가이드를 제공한다. 마스터카드의 고객 지원 웹사이트는 의사결정을 간소화하는 방향으로 디자인되었다. 수많은 선택지를 제공하는 대신, 제한된 숫자의 선택지를 제공하고 몇 개만 눈에 띄게 한다.

마스터카드의 지원 웹사이트는 '가상 콘시어지'처럼 운영된다. 당신이 무엇을 요청하느냐에 따라 노력이 가장 적게 드는 방향으로 가이드를 얻는다(그림 2.13 참조).

고객은 우선 자신이 마스터카드와 어떤 관계에 있는지 질문을 받는다. 카드를 발급받은 사람인지, 기관인지, 사업자인지를 선택하면 몇 가지 문제들이 드롭다운 메뉴(Dropdown Menu: 컴퓨터 다이얼로그 박스에 표시된 주메뉴를 선택하면 주메뉴에 들어 있는 하위 메뉴들이 아래로 나란히 배열되어 나타나는 형태의 메뉴 표시 방식) 형식으로 보이는데 이때 메뉴의 용어는 고객 중심 시각에서 업무 위주로 쓰여 있다. 특정 메뉴를 선택하면 시스템은 다시 고객의 문제를 좁히기 위해 범위를 한정 짓는 질문을 던진다. 그리고 고객 노력이 가장 적게 드는 방향으로 고객을 안내한다. 그 선택은 때로는 상담원과 채팅하는 옵션이 된다. 때로는 기본적인 FAQs로도 문제가 해결된다. 때로는 상담원에게 전화하라는 권유를 받는다. 채널이 문제가 아니라 고객의 문제가 핵심이라는 사실을 마스터카드는 학습을 통해 깨달았다.

이 새로운 인터페이스를 활용해서 마스터카드는 고객의 노력을 상당히 덜어주었다. 그 덕에 이메일을 받는 횟수가 30퍼센트 감소했으며, 전화 상담으로 해결되는 단순 상담과 복잡한 상담의 형태가 크게 달라졌다. 또한 채널 전환을 시도하는 고객 수가 줄었다. 상담원의 실시간 도움이 필요한 고객은 이를 쉽게 얻었고, 셀프서비스를 원하는 고객 역시 온라인에서 원하는 바를 쉽게 찾았다.

그림 2.13 | 마스터카드 고객 지원 사이트 출처: 마스터카드, CEB, 2013

마스터카드 고객 지원 사이트 1

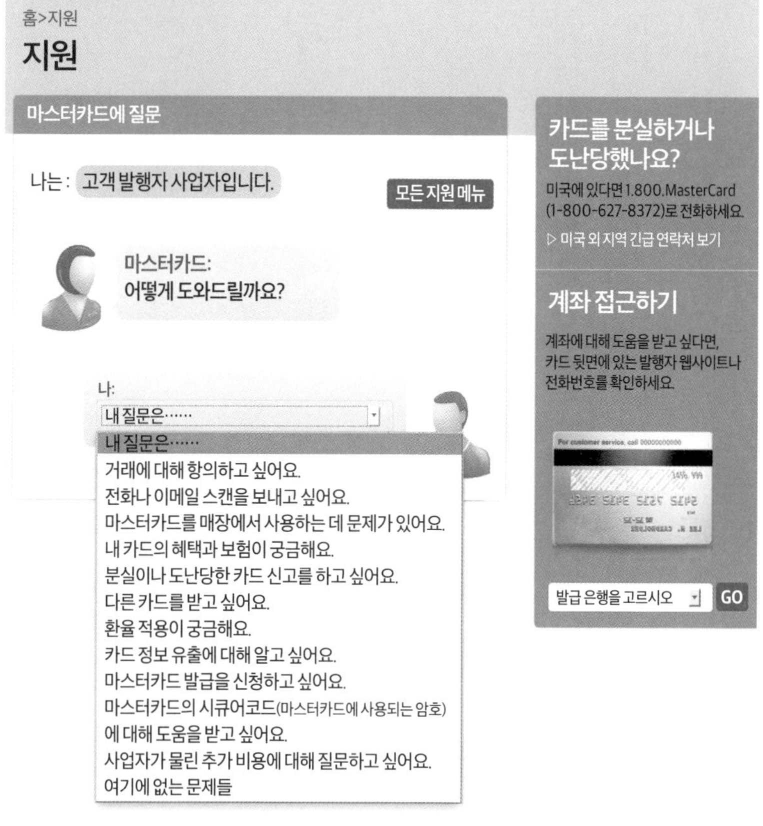

마스터카드 고객 지원 사이트 2

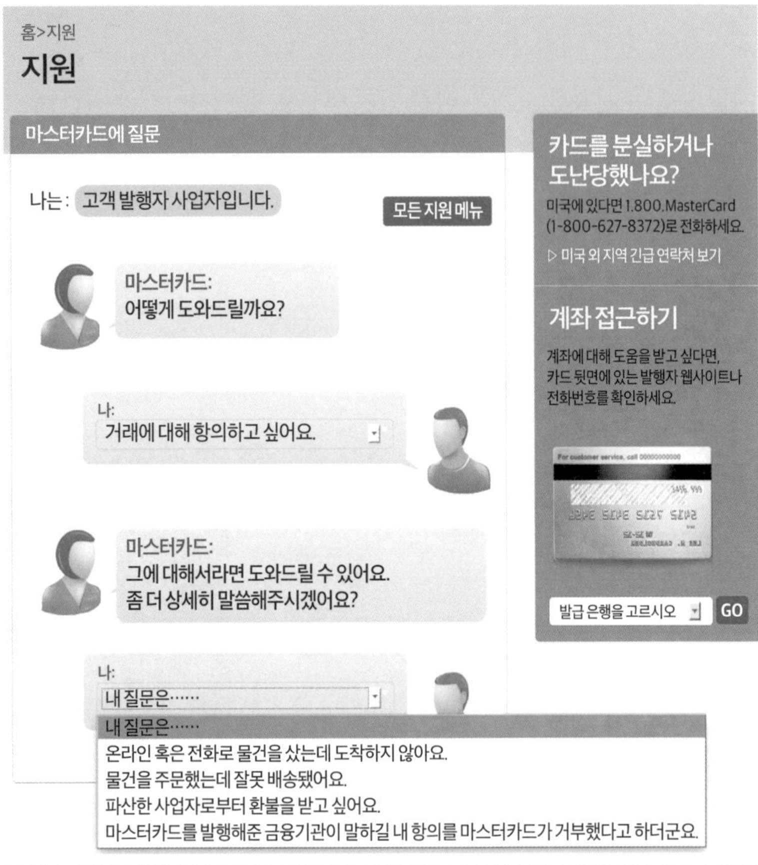

지극히 기초적인 HTML을 통해서 이런 성과를 거뒀다는 점이 주목할 만하다. 화려한 기능으로 가득 찬 인터페이스도 아니고, 고객을 안내하기 위해 거금을 투자하거나 기막힌 검색 기능을 더하지도 않았다. 회사가 제공하는 각종 사양, 옵션, 선택지를 잘 엮어서 고객이 당면한 문제를 해결하는 가장 빠르고 쉬운 길을 안내해줄 뿐이다. '회사가 상당한 돈을 투자하지 않고 10명의 고객 중 2명의 채널 전환 방지하기'라는 목표를 생각하면 마스터카드 사례가 왜 적절한 사례인지 알 것이다.

아마존 사례

아마존은 마스터카드 사례에서 한 걸음 더 나아가 서비스 커뮤니케이션을 통해 고객에게 가이드를 제공한다. 아마존의 접근 방법이 마스터카드 사례와 다르다고 하는 이유는 문제에 대해 추천을 제공하면서도, 여전히 고객에게 선택의 여지를 남겨준다는 점 때문이다.

저녁 장소를 추천해주는 콘시어지 이야기를 다시 떠올려보자. 아마존의 접근 방법은 이와 매우 유사하다. 문제가 되는 주제를 고르면, 고객은 마스터카드와 같은 드롭다운 메뉴에서 구체적인 문제를 선택한다. 고객이 선택한 주제에 따라 서비스 옵션은 물론 추천 메뉴가 함께 보인다(그림 2.14 참조).

셀프서비스 옵션이 제공되면, 그 옵션은 항상 페이지에 보인다. 채널 전환을 줄이려는 조치다. 하지만 아마존이 생각하기에 이 문제가 온라인으로 해결하기 어렵고 복잡하다면, 아마존은 콜센터 연락이나 채팅, 이메일을 추천해준다. 그러면 고객의 노력이 현격히 줄어든다.

전화나 채팅을 권유한다는 점에서 아마존이 실제 채널 전환을 부추긴다고 말하는 사람도 있다. 하지만 전화를 하기 전에 셀프서비스로 이것저것 헛된 노력을 하지 않으면 고객은 큰 노력을 들였다고 느끼지 않는다.

온라인 포털이 "당신이 말해준 것을 참작할 때, 문제가 꽤 복잡하네

그림 2.14 | **아마존 고객 지원 사이트** 출처: Amazon.com, CEB, CEB 고객 센터 리더십 위원회, 2013

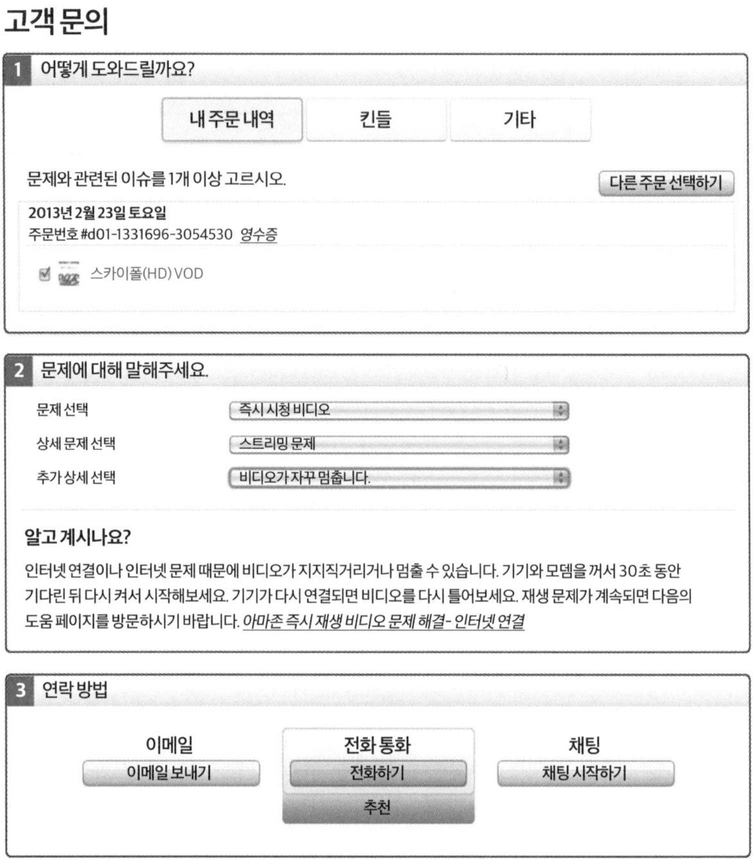

고객 문의

1 어떻게 도와드릴까요?

내 주문 내역 | 킨들 | 기타

문제와 관련된 이슈를 1개 이상 고르시오. 다른 주문 선택하기

2013년 2월 23일 토요일
주문번호 #d01-1331696-3054530 *영수증*

스카이폴(HD) VOD

2 문제에 대해 말해주세요.

문제 선택 즉시 시청 비디오
상세 문제 선택 스트리밍 문제
추가 상세 선택 비디오가 자꾸 멈춥니다.

알고 계시나요?
인터넷 연결이나 인터넷 문제 때문에 비디오가 지지직거리거나 멈출 수 있습니다. 기기와 모뎀을 꺼서 30초 동안 기다린 뒤 다시 켜서 시작해보세요. 기기가 다시 연결되면 비디오를 다시 틀어보세요. 재생 문제가 계속되면 다음의 도움 페이지를 방문하시기 바랍니다. *아마존 즉시 재생 비디오 문제 해결- 인터넷 연결*

3 연락 방법

이메일 / 이메일 보내기
전화 통화 / 전화하기 / 추천
채팅 / 채팅 시작하기

요. 차라리 전화를 걸어주면 당신이나 회사 모두에 편할 거예요."라고 알려주는 것으로, 이는 고객 선택이 가미된 적절한 안내다.

아마존의 추천 방식은 각기 다른 문제 유형별로 어떤 채널이 가장 적합한지를 상기시켜준다. 다른 회사와 달리 아마존은 고객을 위해 이를 최전방 중앙에 놓고 바라본다.

어떤 문제를 셀프서비스로 풀어야 할지 검토하려는 회사를 위해 문제와 채널 매핑 도구를 실었다(부록 A 참조). 가장 흔히 일어나는 문제와 이에 적합한 채널을 매핑해주는 도구다.

서비스 리더, 매니저, 숙련된 상담원을 대상으로 이 도구를 로드맵으로 사용해 워크숍을 진행하면 고객을 어떻게 안내할지 길이 보인다. 한마디 덧붙이자면, 어떤 문제에 대해 최적의 채널을 찾기란 쉽지 않다. 대신에 흔히 발생하는 문제에 대해 최악의 채널이 무엇인지 파악하라. 그리고 그 방식으로 고객을 안내하지 않으면 된다. 중요한 것은 채널 선택이 아니라 고객 문제 해결이다.

링크시스 사례

링크시스(Linksys, 미국 가전 회사 벨킨(Belkin)의 자회사)도 이런 채널 진단 방식을 채택했다. 비슷한 분석을 진행한 뒤 과감하게도 이메일 지원을 싹 없애버렸다. 그 어떤 문제에 대해서도 이메일 응대가 비효율적이며, 문제를 해결하려면 여러 번 이메일을 보내야 한다는 사실을 깨달았기 때문이다.

CEB의 데이터도 이를 뒷받침해준다. 이메일로 문제를 해결하려면 평균 2.14번의 연락이 필요하고, 전화는 1.55번의 연락이 필요하다(그림 2.15 참조). 즉, 이메일보다 전화로 고객에게 서비스를 제공하는 편이 저렴하다.

링크시스는 극소수의 고객만이 이메일 서비스를 선호하며, 문제 해결에 있어 이메일이 최악의 선택임을 깨달았다. 그래서 과감하게 이메

그림 2.15 | 진정한 문제 해결 비용(이메일 vs. 전화) 출처: CEB, 2013

이메일로 해결할 때 평균 B2B 비용	
인건비	$2.19
IT/자본	$1.39
간접비	$2.63
문제가 해결되는 평균 연락 횟수	2.53
이메일 해결 총비용	**$15.72**

전화로 해결할 때 평균 B2B 비용	
인건비	$1.66
IT/자본	$1.39
간접비	$2.63
통화비	$0.26
문제가 해결되는 평균 연락 횟수	1.50
전화 해결 총비용	**$8.91**

문제를 해결하는 데 필요한 연락 횟수가
가장 큰 비용 변수로, 이메일 비용이 평균 76% 높다.

일 서비스를 폐기한 뒤 앞으로 나아갔다.

링크시스의 사례는 고객 가이드를 위해 꼭 필요한 사례는 아니다. 단지 고객에게 바람직하지 않은 선택지를 없애기 위해 역동적으로 결정을 내린 바람직한 사례에 해당한다. 초기에는 고객으로부터 부정적인 피드백을 받았지만, 이내 그런 불평이 사라졌다(이메일 선호 고객이 재빨리 만족스러운 대안 채널을 익혔기 때문이다). 이런 링크시스의 결정은 윈윈 결정이었다.

고객은 더 나은 지원 경험을 찾았고(그림 2.16 참조) 최종적으로 더 나은 문제 해결 방식을 경험했다. 링크시스는 가장 값비싼 서비스 채널을 없앴다.

그림 2.16 | 링크시스의 점진적 이메일 폐지 프로세스 출처 CEB, 2013

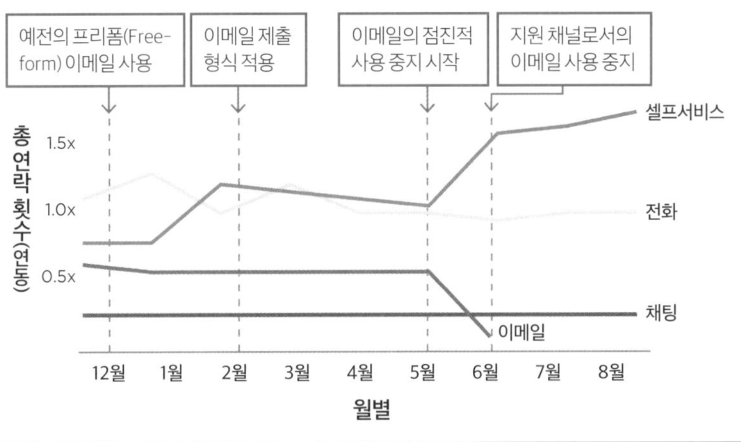

고객이 정보를 찾았으나 내용이 불분명하다

채널 전환이 일어나는 두 번째 주요 이유는 '그럴듯해 보이는 정보를 찾기는 했으나 도무지 이해하지 못하는 것'이다. 이는 골치가 아픈 문제이지만 쉽게 수정할 수 있다.

이런 경우 웹사이트에서 사용되는 말이 회사 용어나 특정 회사나 산업에서만 통용되는 전문 용어인 것이 대부분이다. 어려운 용어로 가득 차 있어서 고객이 이해할 수 없는 것이다. 문제를 해결하고 싶어 웹사이트에 방문했는데 쓰여 있는 말을 이해하지 못하면, 고객은 이내 '고객 문의' 버튼을 눌러 전화하게 된다.

당신이 서비스 리더라면, 이런 질문을 던져보자. '팀원이 회의하면서 말하는 이야기, 회사 부서들, 이와 관련된 어조 등을 회사 웹사이트가 잘 반영하는가?', '보통의 고객이나 충성심 높은 고객이 아니라 처음 거래한 고객, 회사 자체나 제품 및 서비스를 막 알게 된 고객은 잘 반영하고 있는가?', '신규 고객 시각에서 웹사이트에서 말하는 용어가 명확한가?', '몇 번 클릭해야 들어가지는 웹페이지(그래서 사람들이 잘 보지 않는)도 명확하게 뜻을 전달하는가?' 등이다. 웹사이트 용어는 외부 고객이 아니라 내부 사용자에게 더 익숙한 용어일 가능성이 크다.

어떤 말을 하고 있는지 구체적인 사례를 들어보자. 1950년대 소개된 거닝 포그 지수(Gunning Fog Index)는 언어 단순도를 측정한다. 이 지수은 만들어진 지 60여 년이 지났지만, 아직도 언어 단순도를 측정하는 효과적인 벤치마크로 사용된다. 이는 쓰여진 문장을 이해하기 위해 몇 년의 교육이 필요한지 측정한다. 알파벳이 많고 문장이 길수록 지수가 높아진다. 과거 미국 재무부 장관이었던 티모시 가이트너(Timothy Geithner)가 미국 의회에서 규제를 바꾸고자 한 연설을 살펴보자.

> "주요 기관, 중요한 자금 지불과 결제 시스템 및 활동을 위해 구조적 안정성을 제공하는 책무를 담당하는 정부 기관을 세우는……."

위 문장은 거닝 포그 지수 24점에 해당한다. 즉, 그의 말을 이해하려면 24년의 교육이 필요하다. 반면에 가이트너가 다음과 같이 말했다고 해보자.

> "은행이 안정적으로 유지되고 법을 준수하도록 만드는 기관을 세운다."

위 문장은 거닝 포그 지수가 8.5점으로 뚝 떨어진다.

트래블로시티(Travelocity)는 여행 및 레저 서비스를 인터넷으로 제공하는 미국 기업으로, 셀프서비스 사이트에서 고객에게 친근한 언어를 구사하기 위해 열정적으로 임한다. 트래블로시티 웹사이트의 FAQs와 다른 페이지에는 수년에 걸쳐 회사의 다양한 부서와 임직원들이 제작한 지원 콘텐츠가 차곡차곡 쌓여 있다.

트래블로시티가 전화 통화량을 줄이고 인터넷 경험을 개선하기로 마음먹었을 때, 트래블로시티는 상당수의 전화 고객이 원하는 정보가 웹사이트나 FAQs에 올라와 있음을 깨달았다. 문제는 이들 정보가 고객이 이해하기 어렵게 쓰여 있다는 점이다.

자주 여행하는 사람이라면 '경유 비행(forced connection 직항편이 없어서 한 곳에 들러 비행기를 바꿔 타는 일)'이나 '오버부킹(비행기 표 예약이 좌석 수보다 초과한 경우)'이라는 용어를 들어봤을 테지만, 보통사람에게는 낯선 용어다. 트래블로시티는 웹사이트를 개선하기로 마음먹고, 서비스 프로세스 중에 고객이 인터넷에 계속 머무르도록 10개의 규칙을 수립한다. 10가지 규칙 중 몇 개를 소개한다.

규칙 1. 언어를 단순하게 구사하라

트래블로시티는 모든 고객 서비스 지원 페이지에 사용된 문장이 거닝 포그 지수 8~9점에 해당하도록 바꾸겠다는 목표를 잡았다. 이 정도 수준이면 거의 모든 고객이 쉽게 알아듣는 수준이다. 말을 지나치게 단순화하는 게 아니라 인터넷을 사용하는 고객의 스타일에 맞춰 눈에 쏙 쏙 들어오고 읽기 쉽게 정보를 고치는 것이다. 지나치게 긴 단어를 피하고 문장을 짧게 하는 편집도 이에 포함된다.

규칙 2. 결과 없는 검색어를 제거하라

결과 없는 검색어(어떤 응답도 나오지 않지만 사람들이 흔하게 찾는 검색어)를 없애는 것은 손쉽게 가산점을 얻을 수 있는 조치다. 트래블로시티는 결과가 나오지 않는 검색어를 체크하고, 상관도가 낮은 결과도 살펴봤다. 그러자 고객이 쓰는 용어가 회사 용어와 다르다는 사실을 발견할 수 있었다.

예를 들어, 크루즈에 몇 개의 트렁크를 가져갈 수 있는지 궁금해서 '트렁크'를 치면 아무런 대답을 받지 못한다. 이렇게 검색한 고객은 트래블로시티의 셀프서비스가 형편없으며, 고객 센터로 전화해야 한다고 느낀다. 반면 여행업계에서 흔히 쓰이는 '수화물'을 치면 제대로 된 결과가 나온다. 고객이 사용하는 검색 용어를 맞추기 위해 검색 결과를 조정하고 코딩하는 것만으로도 검색 결과가 없어서 전화하는 고객의 숫자를 줄일 수 있다.

규칙3. 관련성 있는 정보를 묶어라

여기서 '묶다'는 '관련된 정보를 압축해 한 무리로 분리한다'라는 뜻이다. 이렇게 되면 고객이 해당 정보를 쉽게 훑어본다. 과거 트래블로시티의 웹페이지나 FAQs는 글자가 빡빡했다. 그 결과 고객 혼란이 가중되고 채널 전환이 일어났다. 글자 사이에 널찍하게 공간을 두어 가독성을 높이고 적절히 정보를 구획해 관심을 유도한다.

규칙 4. 전문 용어 차단하라

트래블로시티는 고객이 가장 많이 방문하는 웹페이지와 FAQs에 사내 용어, 항공업계과 숙박업계의 전문 용어, 기타 고객에게 혼란을 가져오는 단어가 있는지 살폈다. 여러 곳에 머무는 여행을 검색하고 싶은 고객이 '오픈조 여행일정표(Open-Jaw Itinerary: 또는 출발지와 기착지가 다른 여행 일정표)'라는 용어를 알기 어렵다. 이런 단어가 나오면 고객은 실시간 상담 전화를 걸어서 물어볼 수밖에 없다. 참고로 이런 전문 용어를 찾는 일은 막 회사에 들어온 신입에게 맡기면 딱 좋다. 사내 용어를 잘 모르기 때문이다.

규칙 5. 능동적인 어조를 사용하라

트래블로시티는 능동적인 어조가 온라인상의 가독성을 높인다는 점도 발견했다. 간단한 실험을 하나 해보자. 다음 중 어떤 문장이 더 읽기 수월한가?

"항공사는 사전 좌석 지정에 관한 정책이 서로 다를 수 있습니다."

"사전 좌석 지정은 항공사마다 다릅니다."

두 문장 다 말하는 바는 똑같지만, 후자가 더 적극적이다. 주요 주제가 주어로 나서기 때문이다(수동적인 어조는 주요 주제가 조치 대상이 된다). 위의 경우 '사전 좌석 지정'이 주요 주제다. 글을 훑을 때 능동적인 어조가 이해하기 쉽다.

이런 규칙을 함께 적용하면 고객은 단순하고 직관적인 온라인 이용을 할 수 있다. 트래블로시티가 적용한 규칙 그 어느 것도 웹 콘텐츠를 관리하는 혁신적인 방안은 아니다. 하지만 이런 원칙을 서비스 사이트에 신경 써서 적용하는 회사도 거의 없다. 트래블로시티 웹사이트는 근사하지는 않아도 단순하고 깔끔하며 명료하다. 이렇게 공들인 결과, 웹 콘텐츠가 개선되면서 통화량이 5퍼센트 감소했다.

위의 다섯 가지 규칙을 염두에 두고 우리 회사의 웹사이트를 살펴보면서 점수를 매겨보자. 인터넷을 조금만 찾아봐도 공짜로 쉽게 사용할 수 있는 거닝 포그 지수 계산법이 나온다. 이를 활용해 웹사이트를 검수해보자. 고객이 가장 많이 방문하는 자사 홈페이지부터 시작해보라. 고쳐야 할 점이 틀림없이 여기저기 보일 것이다.

전화번호만 필요한 고객

전화번호만 알고 싶어서 홈페이지를 찾는 32퍼센트의 고객은 어떻게 해야 할까? 이들 고객에게 웹사이트는 전화번호 책자나 다름없다. '전화번호만 필요해서' 채널 전환을 하는 고객 수는 가장 축소하기 어렵다. 하지만 전화번호를 찾기 위해 웹사이트를 방문하는 고객과 좀 더 생산적으로 연락하여 불필요한 고객 노력을 없애는 방도도 있다.

방도라고 하면 대개는 "서비스 웹사이트에 전화번호를 구석에 몰아넣거나 없애버릴까요?" 하고 묻는다. 홈페이지에서 전화번호를 없애거나 다른 위치에 놓기만 해도 고객은 셀프서비스 커뮤니케이션에 계속 머물게 된다.

셀프서비스 사용에 인센티브를 제공하는 것이 공공연하게 실시간 서비스 사용을 막는 것보다 낫다. 이유는 간단하다. 회사는 대부분 '고객을 안내하고 용어를 명확히 하는 원칙'을 충실히 따르지 않았다. 애초에 채널 전환을 가져오는 원인조차 제대로 이해하지 못한다. 이런 상태에서 전화번호를 웹페이지에서 없애면 고객 노력만 늘어날 뿐이다.

게다가 실제로 전화번호를 삭제해본 회사들은 그런 조치가 불필요하다고 입을 모은다. 고객 노력이 적게 들어가는 셀프서비스 경험을 제공한다면, 전화 채널에서 끝날 문제는 전화 채널에서 끝난다. 고객의 괴로움이 발생하지 않아도 된다.

어떤 일이든 전화하겠다고 마음먹은 고객은 데이터에 따르면(혹은 상식적으로 생각해도) 전화를 고집한다. 하지만 이들 상당수는 전화하는 순간, 이미 웹사이트에 접속해 있다.

그러므로 이들 중 몇 명이라도 온라인을 사용하도록 유도해볼 만하다. 2장의 도입부에서 세운 목표를 상기해보라. 10명 중 2명의 채널 전환만 막아보자고 하지 않았는가.

가장 자주 하는 질문은 눈에 확 띄는 링크를 걸어두는 것이 제일 간단한 해결책이다. 링크를 걸어 주요 서비스 사이트 페이지에 떡 하니 올려놓거나 콜센터 연락 번호 바로 옆에 둔다. 이 조치만으로 얼마나 많은 고객이 셀프서비스로 문제 해결을 하는지 놀라게 될 것이다.

같은 맥락에서 '고객 문의' 링크를 홈페이지 오른쪽 상단에서 오른쪽

하단(구분선 아래)으로 옮겨도 좋다. 포커스 그룹 인터뷰에 따르면, 사람들은 하단 공간을 '광고를 위한 공간'으로 인지하기 때문에 전화번호를 적극적으로 찾지 않는 한 그쪽을 유심히 쳐다보지 않는다.

앞에서 언급한 링크시스는 셀프서비스로 고객을 유도하기 위해 기발한 일을 해냈다. 링크시스는 세심하게 언어를 선별해서 전화 고객을 셀프서비스 옵션으로 유도했다. 링크시스의 태도는 수동적인 편으로, 마스터카드나 아마존처럼 적극적으로 고객에게 가이드를 제공하지 않았다. 하지만 고객이 전화하는 대신 셀프서비스를 사용하도록 권유하는 전략을 구사했다.

수년에 걸쳐 링크시스는 지식 기반 셀프서비스 기술부터 온라인포럼이나 대화형 가이드까지 다양한 셀프서비스 기술에 투자해왔다. 아이러니하게도 이런 기술 중 어떤 것도 전화 통화량 감소를 가져오지 못했는데, 채널 전환이 주원인이었다. "만들면 사용한다."라는 격언이 통하지 않는 듯 보였다.

현명하게도 링크시스는 고객 베이스의 특정 부문, 회사가 애정을 붙여 '뉴비즈(Newbies)'라고 부르는 신규 고객이 셀프서비스를 포기하고 지원센터로 전화할 가능성이 가장 큰 그룹이라는 사실을 파악한다. 링크시스는 뉴비즈에 해당하는 고객은 제품 지식이 거의 없으므로 상당한 수준의 안내가 필요하다고 보았다.

고객은 전화를 먼저 떠올린다. 하지만 링크시스가 봤을 때 이들 고객의 제품에 대한 이해도를 높여야 했다. 이런 경우 지식 베이스 셀프서비스가 이들 고객을 안내하기에 적정했다. 간단한 단계별 안내를 제공하고 'TIP'으로 무장해 뉴비즈를 셀프서비스 채널로 유도했다.

이런 방식은 다른 사용자 그룹인 '전문가'에게도 확산된다. 이들 전문가는 다른 전문가와 교류하고 싶은 수준 높은 사용자들이다. 링크시스는 '연결하다', '배우다', '또 다른 경험' 등의 언어를 이용해 전문가 그룹을 사용자 포럼으로 이끌었다. 뉴비즈와 매한가지로 용어를 살짝 바꿔서 채널 전환을 막았다.

이런 단순한 변화가 효과가 있었을까? 링크시스는 확연한 효과가 나타났다. 3년 만에 셀프서비스로 해결되는 문제 비중을 20퍼센트에서 85퍼센트로 훅 끌어올렸다. 게다가 고객이 지원 사이트에 머무르는 시간이 평균 30초에서 6분으로 증가했다. 고객들이 채널에 머무른다는 또 하나의 확실한 증표다.

물론 위에서 말한 몇 가지 조치만으로 이런 결과가 이루어지지는 않았다. 하지만 링크시스가 채널 전환을 막기 위해 얼마나 많은 시간과 에너지를 쏟아부었는지는 확실히 알 수 있다.

전화번호를 구석에 몰거나 없애야 하느냐는 회사의 질문은 잘못됐다. 이번 장에서 서술한 개선을 갖춘 다음에 더 과감한 시도를 해야 한다. 이번 장에서 다룬 중요한 요점을 다시 짚어보자. 웹사이트에 처음 방문한 고객이나 전화하기로 마음먹은 고객은 어쩔 수 없어서 전화기를 든다. 상당한 자본 투자나 프로세스 전체를 뒤집는 일 없이도 20퍼센트에 달하는 채널 전환을 막으면서 고객 노력과 운용비를 절감할 수 있다. 이는 고객 역시 바라는 바다.

그래도 고객이 전화하면 어떤 일이 일어날까? 뛰어난 회사들은 어떻게 실시간 채널에서 고객 노력을 줄일까? 고객 노력을 줄이기 위해 회사가 손쉽게, 단기적으로 실행 가능한 해결방안을 제공해주겠다는 처음 약속을 상기하며 다음 장으로 넘어가자.

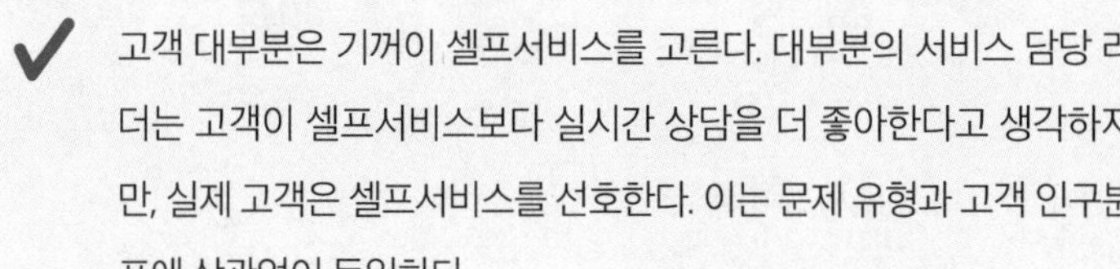

KEY POINT

✔ 고객 대부분은 기꺼이 셀프서비스를 고른다. 대부분의 서비스 담당 리더는 고객이 셀프서비스보다 실시간 상담을 더 좋아한다고 생각하지만, 실제 고객은 셀프서비스를 선호한다. 이는 문제 유형과 고객 인구분포에 상관없이 동일하다.

✔ 셀프서비스를 이용하도록 유도하는 게 어려운 게 아니라, 계속 셀프서비스로 머무르도록 만드는 일이 중요하다. 전화 고객 중 58퍼센트는 웹사이트를 방문 중이고, 많은 경우 문제 해결에 실패한 사람들이다.

✔ 셀프서비스 경험 단순화가 채널 전환 감소의 핵심이다. 웹사이트가 제대로 기능하지 못하거나 콘텐츠가 부족해서 셀프서비스가 실패하지는 않는다. 오히려 너무 많은 기능과 콘텐츠를 담아서 실패한다. 뛰어난 회사는 웹사이트를 적극적으로 단순화하고 셀프서비스 채널로 고객을 유도하며, 고객에게 많은 선택지를 제공하는 것이 아니라 문제를 제대로 짚어낸다.

CHAPTER 3

캐나다 텔레콤 회사의 똑똑한 '고객 분석법'

"문제가 다 해결되셨나요?" 고객 서비스 통화가 끝날 무렵 흔히 듣는 질문이다. 상담원은 이 질문을 던지라고 훈련받고, QA(Quality Assurance: 품질보증) 매니저는 고객이 말한 응답에 귀를 기울이며, 콜센터 곳곳에는 고객 문제를 온전히 해결하라는 플래카드가 붙어 있다. 하지만 이는 최악의 고객 서비스 질문에 해당한다.

질문 자체에는 죄가 없다. 그에 따라오는 본능적인 반응이 문제다. "네, 그런 것 같아요."라는 답을 들은 상담원은 통화를 마무리하고 다음 대기 고객에게 재빨리 넘어간다. 하지만 첫 통화하고 며칠이 지나면 고객 대부분이 다시 전화한다. 문제가 전혀 해결되지 않았기 때문이다. 다음과 같은 경험에 누구나 공감할 것이다.

"상담원이 어제 말해준 대로 했을 땐 에러 메시지가 사라졌거든요? 그런데 다시 또 다른 에러 메시지가 떴어요."

"청구서를 막 열어봤는데요, 지난주에 포인트 적립을 요청했고 접수되었다고 해서 그런 줄 알았는데……. 접수가 된 게 맞는지 모르겠네요."

"곧 환불받을 수 있다고 들었는데, 전화한 지 사흘이 지났는데 아직 안 왔어요. 다시 한번 확인하고 싶어서 전화했어요."

고객은 자신이 무엇을 모르는지 모른다. 한편 회사는 자신이 해결하는 문제에 대해 고객보다 더 많이 안다. 고객에게 문제가 다 해결됐냐고 묻는 일이 얼마나 불공평한지 보이는가? 고객이 어떻게 아냐고! 전화를 걸게 한 표면상 문제는 해결된 듯 보이지만, 관련 문제, 다음 문제, 파급되는 기타 문제는 종종 해결되지 않는다. 고객은 숨어 있는 문제를 알아낼 방도가 없어서 결국 다시 전화한다. 회사가 생각하는 이상으로 이런 상황이 자주 발생한다.

반복되는 전화는 가장 심각한 고객 노력에 해당한다. 문제가 해결되지 않아서 또다시 전화하는 상황만큼 고객 경험을 망가뜨리는 일도 없다. 그리고 비용 부담도 크다.

서비스 리더 아무에게나 물어보라. 리더 대부분이 '한 번으로 끝나는 서비스'에 심각하게 집중한다. 조바심 내며 "왜 처음 전화할 때 문제를 잘 해결하지 못하는 거야?"라고 묻는다. 서비스 조직 대부분은 특정 잣대에 지나칠 정도로 집착한다. 바로 첫 통화 해결률이다. 첫 통화 해결률은 성과를 측정하는 데 있어 꽤 직관적인 개념이다. 상담원이 고객의 문제를 해결했는지를 체크하고, 해결했다면 그 통화는 잘 끝난 업무로 보고, 첫 통화 해결률로 계산된다.

회사들은 자사의 첫 통화 해결률이 70~80퍼센트 혹은 그 이상이라며 자랑한다. 그다지 나쁘지 않아 보인다. 고작 20~30퍼센트에 해당하는 전화만 한 번 이상 연락한 경우라면 회사는 서비스 성적이 나쁘지 않다고 할 수 있다. 하지만 실제 고객에게 회사에 대한 의견을 물어보면, 완전히 다른 대답이 나온다. 고객은 오직 40퍼센트의 문제만 첫 번째 통화로 해결됐다고 응답한다(그림 3.1 참조). 즉, 첫 번째 통화로 문제가 해결됐다는 회사 평가에 동의하지 못하는 고객 비중이 30~40퍼센트나 된다는 말이다.

어떤 상황에 이런 일이 일어날까? 상상해보라. 고객이 다시 전화한다. 고객 대부분은 짜증이 잔뜩 나 있다. 이런 결과는 고객 노력이 많이 들어가는 커뮤니케이션이다. 회사 또한 불필요한 비용이 발생해 좋지 않다. 충성도도 낮아지며, 페이스북이나 트위터 등에서 부정적인 경험이나 의견을 소리높여 내는 일도 일어난다.

회사의 추적(Tracking: 수치의 변화를 좇는 일) 결과와 고객 경험 결과

그림 3.1 | 문제 해결률(회사 자료 vs. 고객 응답) 출처: CEB, 2013

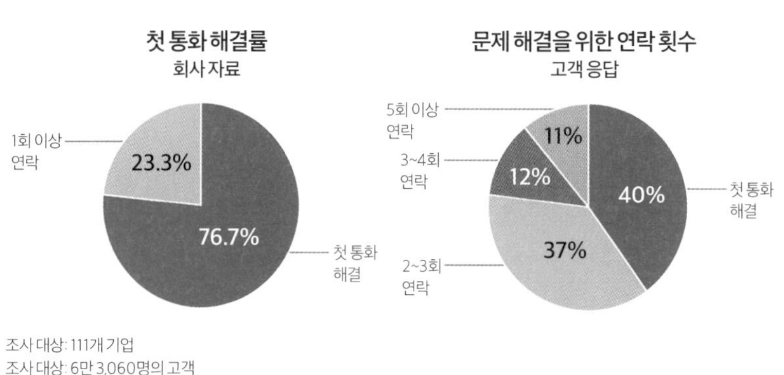

가 불일치한다는 사실을 처음 듣는 서비스 리더는 충격을 받는다. "우리 대시보드는 그렇게 말하지 않아요! 이걸 어떻게 평가한 건가요? 이건 분명한 실수예요."

하지만 리서치에 근거해서 알게 된 사실이 하나 있다. 서비스 조직이 100퍼센트에 달하는 첫 통화 해결률을 확보해도, 상담 반복을 없애는 전투에서 절반의 성공밖에 거두지 못한다. 이는 데이터가 잘못된 게 아니라 회사의 문제 해결에 대한 생각이 고객의 생각과 차이가 있기 때문이다.

"왜 첫 통화에 문제를 해결하지 못할까?"를 고민하느라 상당수의 서비스 리더가 잠을 설친다. 하지만 정말 고민할 문제는 "전화를 다시 하게 만드는 요인이 무엇일까?"여야 한다. 간단한 뉘앙스 차이처럼 보이지만 중대한 차이가 있다. 앞 질문은 고객이 분명하게 언급한 문제를 해결하지 못하는 이유에 집중한다. 뒤의 질문은 같은 이유에도 집중하지만, 전화를 다시 걸게 한 다른 이유에 대해서도 살핀다.

첫 통화 해결률은 전화를 다시 하도록 만드는 다른 관련 이슈를 제대로 짚어내지 못한다. 고객이 제대로 된 소프트웨어 패치를 적용하면 그 순간은 문제가 사라진 듯 보인다. 회사는 상황이 종료됐다고 판단한다. 하지만 하루 뒤 로그인한 고객이 관련 에러 메시지를 보게 된다면? 고객 계좌에 포인트가 적립되어서 문제가 해결되었다고 결론을 지었다. 하지만 일주일 뒤 고객이 다시 전화해서 '안분비례된 포인트(Prorated Credit: 문제가 된 매출 일부에 대해서만 포인트를 적립해준 경우)'가 무슨 뜻이냐고 물어본다면? 두 사례에서 회사는 물론 고객도 커뮤니케이션을 끝내면서 문제가 해결되었다고 생각했다. 하지만 며칠이 지나서 고객은 다시 전화했다.

회사 대부분은 표면적인 해결만 본다. 고객이 언급한 문제가 해결되었는지만 생각한다. 뒤에 숨어 있는 문제는 거의 인지조차 하지 않는다. 관련된 문제, 접점이 존재하는(그래서 후일 문제 해결로 인해 파급되는) 문제, 파생된 문제는 종종 더 심각한 영향을 끼친다. 하지만 이런 문제들은 후일이 되어서야 모습을 드러낸다.

결국 "문제가 다 해결되셨나요?"라는 질문에 고객은 "몰라요, 내가 당신에게 물어야 할 다른 일이 있나요? 앞으로 일어난다고 당신이 예상해 지금 알려줄 만한 일은 없나요? 전화를 끊기 전 미리 알려주면 사흘이내 내가 다시 전화하지 않아도 되는 그런 사항 말이에요?"라고 되묻는 편이 낫다.

눈앞의 문제를 해결했다고 끝난 게 아니다

고객이 다시 전화하는 일이 자주 발생하는 원인을 파악하고자 분석을 진행했다. 각기 다른 50개 기업의 콜센터에서 추출한 전화 데이터를 살펴보자, 표면적 문제와 잠재적 문제가 반복되는 고객 연락에 어떤 영향을 끼치는지 알 수 있었다(그림 3.2. 참조).

그림 3.2 | 계속되는 고객 연락의 원인 출처: CEB, 2013

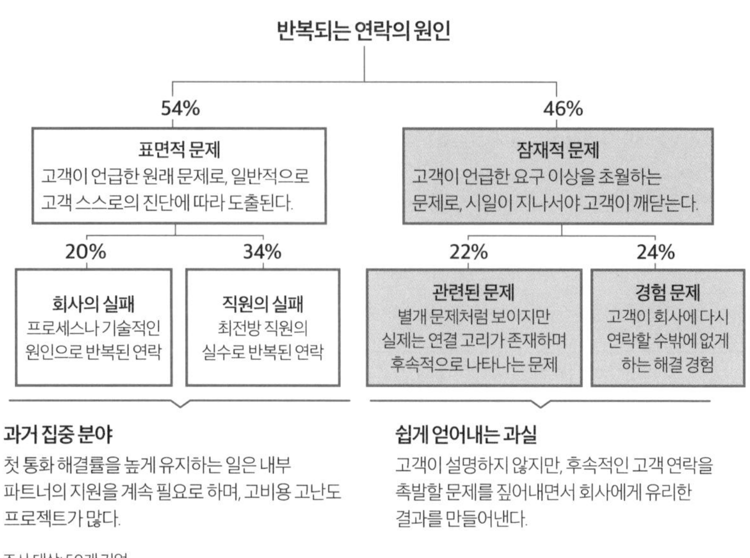
반복되는 연락의 원인
54%
46%
표면적 문제
고객이 언급한 원래 문제로, 일반적으로 고객 스스로의 진단에 따라 도출된다.
잠재적 문제
고객이 언급한 요구 이상을 초월하는 문제로, 시일이 지나서야 고객이 깨닫는다.
20%
34%
22%
24%
회사의 실패
프로세스나 기술적인 원인으로 반복된 연락
직원의 실패
최전방 직원의 실수로 반복된 연락
관련된 문제
별개 문제처럼 보이지만 실제는 연결 고리가 존재하며 후속적으로 나타나는 문제
경험 문제
고객이 회사에 다시 연락할 수밖에 없게 하는 해결 경험
과거 집중 분야
첫 통화 해결률을 높게 유지하는 일은 내부 파트너의 지원을 계속 필요로 하며, 고비용 고난도 프로젝트가 많다.
쉽게 얻어내는 과실
고객이 설명하지 않지만, 후속적인 고객 연락을 촉발할 문제를 짚어내면서 회사에게 유리한 결과를 만들어낸다.
조사 대상: 50개 기업

표면적 문제

표면적 문제는 고객이 언급한 문제다. 이를 '고객에게 보이는 문제 형태'라고 생각해보자. 비정상적인 비용 청구나 기기 사용법이 여기에 해당한다. 회사가 그 문제를 제대로 해결하지 못하면 표면적 문제에 대한 연락이 반복된다. 분석 결과에 따르면 표면적 문제의 해결 실패가 재통화의 54퍼센트를 가져온다.

여기에는 두 가지 원인이 존재한다. 고객 문제가 해결되지 않아 재통화하는 원인 첫 번째는 시스템 에러로 반복 연락의 20퍼센트를 차지한다. 예를 들어 청구 시스템이 고객 계정에 포인트를 추가하지 못하거

나 고객이 전화했을 때 시스템이 다운되는 것이다(혹은 포인트를 부여한다는 상담원의 포스트잇 메모가 사라졌을 수도 있다). 표면적인 문제가 해결되지 않으면 고객이 다시 전화한다. 고객 문제가 해결되지 않아 재통화하는 원인 두 번째는 사람의 실수로 반복 연락의 34퍼센트를 차지한다. 예를 들어 상담원이 잘못된 정보를 입력하거나 고객에게 잘못된 정보를 제공하는 것이다. 다시 말하지만, 반복 연락의 절반은 고객이 말한 문제를 회사가 해결하지 못해서 발생한다.

표면적인 문제는 긍정적인 고객 경험을 쌓을 크나큰 기회처럼 보인다. 하지만 회사들은 표면적 문제 해결 실패를 방지하려고 수십 년 동안 노력했다. 더 나은 시스템에 투자하고, 상담원을 지원하는 더 나은 기술을 도입했으며, 실수를 줄이도록 상담원을 훈련하고, 실수가 일어나지 않도록 품질을 관리했다. 표면적 문제로 인한 반복 연락을 더 줄일 수는 있다. 하지만 고객 서비스 산업 측면에서 성과를 내기까지 그 과정이 쉽지 않다. 프로세스 리엔지니어링(Process Reengineering: 공정을 재정비하는 일)을 진행하거나 식스 시그마(Six Sigma: 품질 혁신 운동) 동기를 부여하거나 컨설턴트 고용, 시스템 업그레이드 훈련 등의 투자를 통해 회사들은 반복되는 연락을 줄여왔다.

잠재적 문제

잠재적 문제는 고객이 명시한 요구사항 이상을 넘어서는 문제다. 이 경우 반복되는 연락은 두 가지 주요 원인으로 인해 발생한다. 첫 번째 주요 원인은 '관련된 문제'로, 반복 연락의 22퍼센트를 차지한다. 처음 봐서는 관련이 없어 보이지만 종국에는 고객이 전화한 문제와 관련되는 후속 문제다.

이런 관련된 문제는 사례를 살펴봐야 좀 더 명확히 보인다. 한 보험회사의 고객이 자동차 보험료를 낮추기 위해 전화한다. 보험료를 낮추는 한 가지 방법은 공제액(공제액 기준을 넘어가는 피해액만 보상받을 수 있다)을 500달러에서 1,000달러로 늘리는 방법이다. 그러면 해당 문제는 담당 상담원에 의해 '해결'이라는 꼬리표를 달게 된다. 하지만 몇 주 후 고객은 다시 전화한다. 자동차를 담보로 대출해준 은행에서 공제액을 500달러밖에 허용하지 않기 때문이다. 결국 보험사는 모든 것을 원래 상태로 돌려놔야 한다. 누구 잘못인지는 논쟁의 여지가 있지만, "공제액을 바꾸면 대출 조건이 바뀐다는 것을 왜 미리 말해주지 않는 거야? 이런 문제를 겪는 게 내가 처음은 아닐 텐데."라며 고객이 보험사와 교섭하는 일을 씨름이라고 인지한다는 데 문제가 있다. 보험사 입장에서는 바람직한 결과가 아니다.

또 다른 사례도 있다. 고화질 TV를 주문한 고객의 집으로 별문제 없이 제때 배달된다. 첫 통화에 해결했다고 말하는 것은 성급한 결론이다. 케이블 회사를 연락하거나 특수 HD 컨버터를 주문해야 한다는 사실을 고객은 전혀 모른다. 비록 다른 회사이지만 추가 연락이 필요해진다. 케이블 설치업자가 컨버터에서 나오는 신호를 TV가 수신하려면 특수 케이블이 필요하다고 말한다. 이번에 고객은 처음 TV를 주문한 회사로 또 연락해야 한다. 회사 입장은 첫 통화가 각각 세 번 일어난 상황이다. 하지만 고객 입장은 완전히 다르다. 고화질 TV 시청이라는 문제를 해결하기 위해 세 번이나 연락해야 했다. 고객 노력이 많이 들어가고, 고객 충성도는 현격히 떨어진다.

회사가 온전히 '고객 입장'으로 책임지는 게 불공평하지 않은가? 물론 그럴 수 있다. 하지만 자신이 경험한 것, 자신의 느낌에만 관심 있는 까다로운 고객에게 그렇게 설명할 수 있을까? 서비스 리더 대부분은 충성도를 위협하는 자기 회사의 사례, 주기적으로 일어나는 골칫거리 사례 한두 개를 금방 떠올릴 수 있을 것이다.

잠재되었던 문제로 반복적 연락이 일어나는 두 번째 주요 원인은 '경험 문제'로, 24퍼센트의 비중을 차지한다. 주로 감정적인 측면에서 발생하는데, 고객이 주어진 대답을 추측하거나 다른 해답이 정말 없는지 두 번 확인하게 한다. 자신이 원하는 정보를 온전하게 얻었다는 느낌을 받지 않는 경우도 포함한다. 고객은 "애초에 이 문제가 왜 발생한 거야? 이런 문제가 다시 발생하지 않도록 회사가 움직여야 하지 않나? 다른 고객에게는 영향이 없나?"라는 물음에 답을 듣기 위해 다시 연락한다. 혹은 대답에 만족하지 못하는 경우도 포함된다. 고객 경험의 감정적인 측면은 중요하지만 심각하게 잘못 이해되고 있다. 이는 그저 단순히 반복된 연락의 횟수 문제가 아니다. 잠재적 문제는 워낙 많이 발생하기 때문에 3장에서 자세히 다루고 여기서는 가볍게 짚고 넘어간다.

고객이 다시 전화하지 않게 만드는 비결

고객의 표면적 문제는 물론 잠재적 문제까지 해결하겠다는 생각을 차후 문제 방지(Next Issue Avoidance)라고 부른다. 이 개념은 여러 가지 중차대한 관점에서 기존의 첫 통화 해결률 이상을 함축한다.

전통적인 첫 통화 해결률 방식은 '한 번으로' 끝난다. 즉 고객의 요청이 들어오면 이를 최대한 빨리 해결하고 다음 고객으로 넘어간다. 일반적 방식으로 훈련받은 상담원은 '이 고객의 문제를 어떻게 해결할까?' 하고 고민한다. 회사는 문제 해결 성과를 높이기 위해 상담원이 마주치는 프로세스상 장애물을 제거하고, 빨리 정보를 전달하고 문제를 해결하도록 각종 해결책을 제공한다. 이런 시스템에서의 평가 잣대는 '해당 커뮤니케이션을 통해 고객이 열거한 문제를 해결했는지' 여부다. 서비스 조직 대부분은 이런 업무처리 방식을 어떤 식으로든 반영한다.

차후 문제 방지는 이와 크게 다르다. 완전히 다른 마음가짐으로 시작한다. 훈련과 코칭을 받은 상담원은 '어떻게 해야 이 고객이 다시 전화하지 않을까?' 하고 고민한다(그림 3.3 참조). 여기에서 한 가지 짚고 넘어가자. 차후 문제 방지 방식이 꼭 첫 통화 해결률 기준을 대체하란 법은 없다. 오히려 첫 통화 해결률 외의 부가적인 잣대로 보는 편이 맞다.

차후 문제 방지 방식을 채택하면, 상담원은 고객이 말한 문제 해결에 그치지 않는다. 고객이 말하지는 않았지만, 전화를 끊은 뒤 겪게 될 문제(관련된 문제와 경험 문제)를 모두 해결해준다. 상담원에게 알아서 차후 문제 방지 방식으로 문제를 해결하라고 하는 것은 옳지 않다. 회사

그림 3.3 | 첫 통화 해결률 vs. 차후 문제 방지 출처: CEB, 2013

구분	표면적 문제	잠재적 문제
전략	**첫 통화 해결률** 고객이 전화한 문제를 고객이 말하는 대로 짚는다.	**차후 문제 방지** 고객이 말하지 않은 문제를 짚는다.
문제 해결 개선	**전화 방식 효율성 높이기** 프로세스 장애물을 제거한다. 정보를 빠르게 전달하기 위해 새로운 도구와 기술에 투자한다.	**진단 기회 만들기** 최전방 상담원이 관련 문제를 해결할 수 있도록 지원한다.
평가 방식	**한 번으로 끝내기** 고객이 언급한 문제만을 해결하는 능력으로 성공을 평가한다.	**원치 않는 콜백 방지** 원치 않는 이유로 발생한 콜백이 없는지로 성공을 평가한다.
마무리 발언	오늘 당신 문제를 완전히 해결해드렸나요?	전화를 끊기 전에, 짚고 넘어가야 할 것이 몇 가지 있습니다.

는 상담원에게 똑똑한 진단 기술과 도구를 마련해주어서 고객에게 닥칠 문제를 '미리 내다보고' 해결하도록 무장시켜야 한다.

차후 문제 방지 방식은 180도 다른 마음가짐은 물론 다른 평가 기준도 필요하다. 첫 통화 해결률뿐만이 아니라 차후 문제 방지까지 평가하려는 회사는 콜백(Callback: 첫 번째 상담 이후 다시 들어오는 전화)이 일정 기간 내에 어떤 이유로 발생하는지 추적해야 한다. 이에 대해서는 3장 후반에서 다룬다. 그 전에 자신은 물론 고객에게도 이로운 차후 문제 방지 전략을 실행한 회사를 살펴보자.

캐나다 텔레콤 회사의 똑똑한 '고객 분석법'

캐나다의 한 텔레콤 회사는 차후 문제 방지를 서비스 조직의 운영 방식에 매끄럽게 짜 맞추는 요령을 알려주었다. 우리는 이 텔레콤 회사의 서비스팀과 대화하면서 최고의 상담원이 '문제'를 어떻게 다루는지를 물어보았는데, 그들은 '문제'라는 단어를 최대한 사용하지 않는다며 "우리는 이를 고객의 '이벤트'라고 봅니다. 문제가 아니라요."라고 설명했다.

이 텔레콤 회사에 매일 들어오는 전화 유형을 살펴보자. 고객이 새로운 스마트폰과 요금제를 신청한다. 상담원이 전화를 응대하고 주문서를 작성하면 요청이 해결된다. 하지만 5일 후 처음 보이스메일을 사용하려던 고객은 접근 방법도, 서비스를 신청하면서 정했던 비밀번호도 기억나지 않는다. 다시 전화한 고객에게 다른 상담원이 요청받은 정보를 알려준다. 이 새로운 이슈는 첫 통화로 문제가 해결된 것 같다. 하지만 한 주가 지나고 처음 신청했던 요금제보다 더 많은 기능이 필요하다는 걸 깨달은 고객은 요금제를 업그레이드하기 위해 전화를 건다. 몇 주가 지난 뒤 청구서를 받은 고객은 업그레이드 서비스에 대해 일자별로 청구된 내역이 정확한지 의문이 생긴다. 광고에서 봤던 것보다 비싼 금액이 청구되었기 때문이다. 설명을 듣기 위해 고객은 다시 전화한다.

고객 이벤트(고객 필요에 따라 스마트폰 서비스를 주문하는 일)를 기준으로는 총 네 번의 전화가 발생한 셈이다. 회사로서는 첫 통화가 네 번 일어난 것이지만 말이다. 이벤트 기준으로 봤을 때 문제가 해결되려면 보통 2.5번의 통화가 소요된다. 고객 문제를 이벤트 기준으로 바라보는 방식은 회사에 큰 도움이 된다.

하지만 회사는 고객 문제에 대해 상담원이 미리 문제 발생을 방지하도록 지원하고 싶어 한다. 앞서 말한 상황에서 상담원이 새로운 스마트폰 주문과 요금제 책정을 맡았다고 생각해보자. 앞으로 발생할 상황을 모두 미리 해결하려면 어떤 일이 일어날까?

고객이 전화하고 상담원이 주문을 생성한다. 상담원은 보이스메일에 접속하는 방법을 알려주려 한다. 이때 고객은 상담원의 말을 받아 적는다. 대화가 계속되면서 상담원은 이 고객에게는 업그레이드된 요금제가 더 적정하다고 판단한다. 상담원이 다른 요금제에 대해 첫 번째 청구 내역을 설명할 즈음이면 고객은 기진맥진 상태가 된다. 커뮤니케이션 전반이 엉망이 된다. 고객 요청을 처리하는 시간이 너무 길어졌다. 고객 혼란만 가중되고 결국 고객은 주문을 취소한다. 고객은 이 텔레콤 회사와 계약하는 게 맞나 싶다. 고객 노력이 너무 많이 들어갔다. 상황이 이렇게 되면 회사로서는 위험 부담이 크다. 상담원의 생산성은 물론 고객 경험에도 해를 끼치지 않으면서 미래에 발생할 문제를 해결하는 간단한 방법을 알고 싶을 뿐이다.

캐나다 텔레콤 회사는 흔히 일어나는 문제를 분석해서 향후 문제나 관련 문제를 해결할 기회를 모색했다. 분석 첫 단계로 가장 흔한 문제를 근접 문제와 연결 짓기로 했고, 회사는 이를 위해 문제를 분류했다. 분석 담당자 3명이 8개월 동안 전화 기록, QA 기록, IVR(대화형 음성 응답), 전화 회선 등에서 나온 정보를 모아서 문제 해결 판단 지도를 만들어낸다.

이런 조사를 진행하려면 시간과 노력을 들여야 해서 회사 활동이 일부 중단되지만, 그렇게 해서 얻는 결과는 투입한 자원만큼의 값을 톡톡히 해낸다. 당장 투입할 분석가가 없다면, 문제를 매핑할 수 있는 좀 더 간편하지만 충분한 방법이 존재한다. 우리는 이를 '피자와 맥주 방법'이라고 부르는데, 피자와 맥주만 있으면 충분하기 때문이다. 능숙한 서비스 상담원과 매니저 그룹에 고객 상담 시간이 끝난 뒤 자신만의 문제 분류를 만들어달라고 요청하면 된다.

가장 흔하게 걸려오는 전화 주제 10개를 솎아내고 '당신의 경험상 이 문제로 전화한 고객이 콜백하는 주요 이유가 무엇인가요?'라는 질문을 던진다. 이때 관련 문제만을 생각하도록 유도해야 한다. "마지막 상담원이 망쳤어요.", "대답으로 만족하지 않아서 이것저것 알아보고 싶었던 거죠."로 분류되어선 안 된다. 조사대상 그룹에 반복되는 연락의 흔한 유형 10개를 선별하라고 요청한다. "다른 상담원과 이 문제에 대해 며칠 전에 이야기했는데요."라고 시작되는 상담은 솎아낸다. 리스트를 만들면 '마지막 상담원이 어떤 일을 했더라면 그다음 전화가 일어나지 않았을까요?'라는 질문을 던진다. 이렇게 나온 결과가 모든 문제를 다뤄주지는 않지만, 차후 문제 방지의 영향력과 필요성에 대해 팀 내 공감대를 형성하는 든든한 시작점이 된다.

이 텔레콤 회사는 문제 분류를 만드는 동시에 관련 문제가 얼마나 자주 일어나는지 평가했다. 예를 들어 5퍼센트의 확률로 일어나는 관련 문제는 미래 문제 해결 방지에 큰 영향을 끼치지 않는다. 하지만 20퍼센트의 확률로 콜백이 일어나는 관련 문제는 주시해야 한다.

이렇게 분류해놓으면 거의 발생하지 않을 미래 문제를 해결하느라 시간을 허비하지 않고 쉽게 딸 수 있는 과실에만 집중한다. 이런 분석을 통해 회사는 최전방 상담원이 활용할 수 있는 향후 문제 해결 판단 지도를 만들 수 있다.

앞에서 언급한 서비스 주문으로 회사가 어떻게 분석해서 차후 문제 방지라는 개념을 실제 행동으로 옮겼는지 살펴보자(그림 3.4 참조). 이

그림 3.4 | 캐나다 텔레콤 회사가 파악한 반복되는 전화의 분류 지도(예시)

출처: 캐나다 텔레콤 회사, CEB, 2013

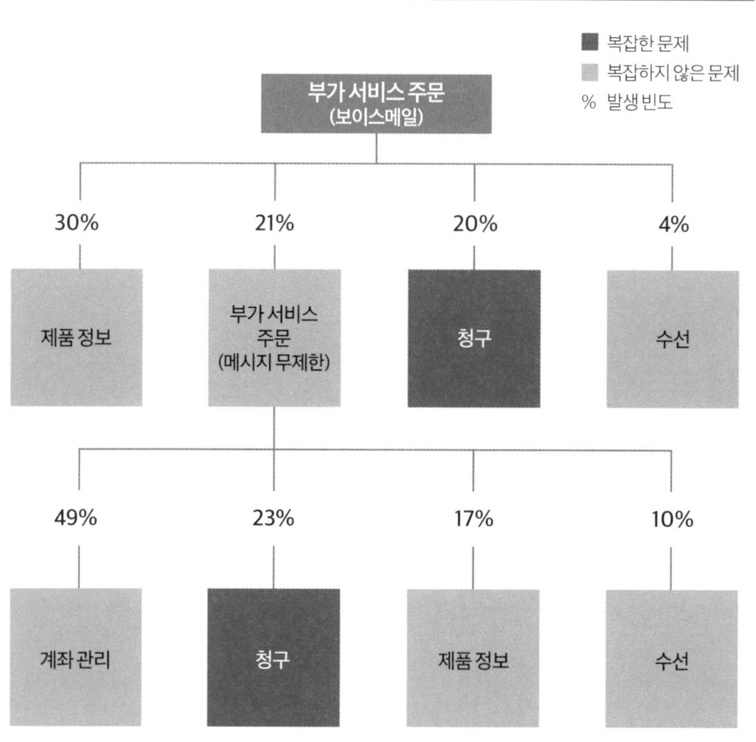

그림에서 회사는 신규 스마트폰 주문 고객 75퍼센트가 그 이벤트로 인해 콜백할 가능성이 있다고 분석했다. 이 75퍼센트는 4개의 관련 문제로 이루어진다. 첫 번째는 '내 요금제에서 데이터가 얼마나 되나요?', '이 요금제에서 국제 전화는 분당 얼마인가요?'와 같은 제품 정보에 대한 추가 질문이 30퍼센트를 차지한다. 요금제 업그레이드는 21퍼센트를, 비용 청구와 관련된 전화는 20퍼센트를, 서비스에 대한 수선이나 보완이 나머지 4퍼센트를 차지한다. 이렇게 유형을 분류해놓은 지도를 마련하면 회사 시스템에 대한 유용한 정보를 확보하고, 상담원이 사례에 따른 정보를 채워서 더욱더 미래 지향적 해결책을 손에 쥘 수 있다.

관련 이슈가 얼마나 자주 일어나는지 파악하는 것만으로도 효과가 있다. 하지만 이 텔레콤 회사는 똑똑한 규칙을 추가해 미래에 발생 가능한 문제를 효과적이면서 단순하게 해결하고, 관련된 문제가 고객에게 안겨줄 혼란을 최대한 피했다. 규칙은 다음과 같다.

1. 두 번이 아니라 한 번의 전화만 줄인다. 미래에 걸려올 전화가 2~3회는 되리라 예상되더라도 두 단계 이상을 뛰어넘는 행동은 위험이 크다. 예를 들어 새로운 요금제에 가입하면 무제한 메시지 같은 사양을 위해 전화를 다시 할 테고, 이와 관련해서 계정 관리 질문이 생길 것이라고 예상되더라도 한꺼번에 다루지 않는다. 고객을 질리게 하기 때문이다. 직접적으로 연결된 관련 문제만 다루는 것으로 만족한다.

2. 발생 가능성이 큰 문제에 집중한다. 일어날 가능성이 큰 관련 문제만 살펴본다. 미래에 발생할 문제에 대해 상담을 진행하려면, 그 관련 문

제가 적어도 전체 통화의 20퍼센트 이상을 차지해야 한다. 20퍼센트에 미치지 못한다면 일단 업무를 진행하고 문제가 발생하는 경우만 처리한다. 그렇게 진행하는 편이 모든 고객에게 통화 시간을 늘리는 편보다 바람직하다(해당 고객의 혼란도 줄어든다).

3. 미래에 발생할 문제가 복잡하다면 전화로 풀지 않는다. 복잡한 문제, 예를 들어 청구 문제에 대해서는 고객이 무엇을 볼지 설명하기 어렵다. 통화를 통해 혼란을 가중하는 대신 상담원은 청구서에 들어갈 상세 내용을 간단한 이메일로 보내주겠다고 안내한다.

실전에 적용하면 어떻게 일이 진행될지 두 가지 가상의 커뮤니케이션으로 설명해본다. 첫 번째는 주소 정정이라는 분명하고 단순한 요청을 위해 전화한 고객이다. 상담원은 요청을 반영한다. 주소 정정과 관련된 다른 문제가 발생할 가능성이 작아서 통화가 이내 종료된다. 즉 어떤 이슈는 '한 번으로 끝나는' 내용이 된다.

두 번째는 새로운 서비스를 시작하기 위해 전화한 고객이다. 상담원은 우선 표면적 문제, 즉 새로운 서비스 약정을 처리한다. 해당 요청이 처리되면 통화가 종료되기 전 상담원이 짚어야 할 관련 문제가 남아 있다고 시스템이 알려준다. 상담원은 회사 홈페이지에서 기본적인 요금제 정보와 FAQs를 찾을 수 있다고 안내한다. 그다음에는 다른 신규 고객이 콜백을 자주 하는 이유, 업그레이드된 요금제에 대한 정보를 제공한다. 마지막으로는 이메일 주소를 받아서 청구서에 대한 추가 내용을 받으라고 알려한다. 이 통화는 "고객의 문제가 완전히 해결되었나요?"로 끝나지 않는다. 상담원은 주도적인 태도로 "혹시 시간이 되시나요?

지금은 고객께서 고민하지 않지만, 이후에 시간과 수고를 줄일 수 있도록 몇 가지 이야기 가능하세요?"라고 물어본다. 고객과의 커뮤니케이션이 다른 형태로 이루어진다.

특히 캐나다 텔레콤은 복잡한 문제(사용액 청구 등)에 대해 회사가 고객에게 보내는 이메일이 기발하다(그림 3.5 참조). 차후 문제 방지를 위해 보내는 이메일에는 세 가지 간단한 기준이 적용된다. 첫째, 이메일이 짧아야 한다. 중요한 정보만이 들어가야 한다. 둘째, 셀프서비스 이용을 권한다. 고객이 더 많은 정보를 원하면 지식을 제공하는 글이나 상세한 FAQs를 찾으면 된다. 셋째, 이메일이 전달되는 시기를 조정해서 효과를 극대화한다. 대개 그 시기는 전화가 막 종료된 시점이다. 하

그림 3.5 | 캐나다 텔레콤 회사의 주도적인 청구 이메일(예시) 출처: 캐나다 텔레콤 회사, CEB, 2013

[고객 성함] 님께,

우리 회사 전화 응답 서비스에 만족하셨길 바랍니다. 스마트폰 요금제가 제공하는 사양을 좀 더 알려드리려 합니다.

다른 요금제와 마찬가지로, 이 사양은 사용하기 한 달 전 요금이 청구됩니다. 다음 청구서에는 사양을 사용하신 시점과 청구 기준일, 앞으로 한 달에 대한 요금이 함께 합산되어 청구됩니다.

보이스메일 매니저를 사용하면 서비스의 기능이 향상된다는 사실을 알고 계십니까?
상세한 내용을 알아보세요!

** 신청한 서비스가 마음에 들지 않으시면, 웹사이트를 방문해주세요. 앞으로 30일 이내에 간단하게 취소할 수 있습니다.

뉴스레터 구독 | 법적 안내 | 보안과 프라이버시 | 고객 문의

지만 다른 문제에 대해서는 좀 더 시간이 지난 뒤 이메일을 보낸다(예를 들어 청구서에 대한 안내 메일은 청구서가 도착하기 며칠 전에 도착한다).

차후 문제 방지 방식은 회사에 크나큰 성공을 안겨준다. 통제된 파일럿(Pilot: 프로그램을 실제로 운용하기 전에 오류 또는 부족한 점을 찾기 위하여 실제 상황과 유사한 조건에서 시험 가동하는 행위) 그룹을 진행한 덕에 미래 문제를 해결하는 방식의 영향, 고객 비용은 물론 회사 비용에 끼친 영향을 수월하게 알아챌 수 있었다. 파일럿 그룹에 따르면 고객 이벤트별로 16퍼센트에 달하는 통화가 감소했다. 그것만으로도 회사는 6개월 만에 초기 투자비용을 회수할 수 있다. 고객을 도울 수 있어 좋았다며 상담원 피드백도 긍정적이었다. 쉬운 해결 덕분에 성난 고객이 전화하는 일이 줄어들면서 상담원이 진땀 빼는 일도 감소했다.

차후 문제 방지 방식은 서비스를 제공해 매출을 올리는 분야(Service-to-Sales)나 인바운드 세일즈(Inbound Sales: 고객에게 걸려온 전화, 방문을 통해 매출을 올리는 것)에도 잘 먹힐 잠재력이 있다. 이런 분야에서 마땅한 해결책은 서비스 업그레이드를 권하는 것이다. 업셀링(Upselling: 고객이 원하는 것 이상으로 고가의 상품을 판매하는 일)이나 크로스셀링(Crossselling: 기존 고객에게 다른 상품도 판매하는 일)은 종종 '이번 주 제안'이라는 형태로 전화하는 모든 고객에게 권유가 들어간다. 이때 전화한 고객에게 어떤 추가 제품이나 서비스가 도움이 될지 정확히 알고 있다면 제공하는 서비스를 온전히 활용하면서도 콜백이 발생할 상황이 줄어들 것이다. 또한 업셀링을 위한 대화가 원활할 것이다. 그렇다면 어떻게 접근해야 좀 더 많은 매출을 올릴까? 새로운 스마트폰 구입 고객에게 스마트폰 케어 서비스 기간 연장을 제시하는 다음의 사례를 살펴보자.

사례 1. "제조 결함을 2년까지 보장하도록 스마트폰 케어 서비스를 연장하시겠어요?"
사례 2. "스마트폰을 교체하는 건 정말 번거롭지요. 시간과 품을 줄이기 위해 보호 기간을 연장하는 건 어떠세요? 과거 스마트폰에서 발생한 스피커 문제, 기타 제조 결함이 향후 2년 내 발생한다면, 발생 시점에서 가장 최신식 스마트폰으로 교체해드리거나 비슷한 가격의 스마트폰을 고르실 수 있도록 해드려요."

고객의 시간과 품을 줄이는 방식으로 차후 문제 방지를 시도하면 세일즈 상황에서조차도 고객 노력이 줄어들고 매출까지 올라간다. 다음 장에서는 고객 노력의 감정적 측면을 살펴본다. 콜백을 하고 다른 관련 문제를 해결하는 데 들어가는 시간을 줄이기 위해 회사가 노력한다고 알리기만 해도 이야기는 완전히 달라진다. 차후 문제 방지에는 분명 인간적인 요소가 포함된다.

텔레콤 회사가 수행한 모든 분석을 잠깐 되짚어보자. 데이터상 분명한 패턴이 보였기 때문에 회사는 미래에 발생할 고객 문제를 방지하도록 상담원에게 적절한 수단을 제공했다. 차후 문제 방지는 어느 수준까지는 자동화된다. 특히 셀프서비스 측면에서는 그런 특성이 더욱 두드러진다.

피델리티 인베스트먼트는 온라인 서비스 채널에 차후 문제 방지 방식을 적용한 또 다른 회사다. 피델리티는 앞에서 언급한 '피자와 맥주' 방법과 유사한데, 서비스팀의 브레인스토밍(Brainstorming: 어떤 문제의 해결책을 찾기 위해 여러 사람이 생각나는 대로 마구 아이디어를 쏟아내는 방법)을 진행해 가장 흔한 온라인 문제의 해결책을 추천받았다.

예를 들어 셀프서비스로 해결되는 가장 흔한 주제는 주소 정정이다. 회사 대부분의 웹사이트는 투입 내용을 확인하고 고객에게 감사 인사를 한다. 하지만 피델리티는 주소 정정이 고객에게 다른 영향을 끼친다는 사실을 깨달았다. 주소 정정이 일어나면 고객은 보통 세 가지 추가 행동을 취한다. 이 중 둘은 서비스와 관련되고 하나는 판매와 관련된다. 서비스 측면에서 고객은 새로운 수표를 발행하고 온라인 자동이체를 업데이트한다. 피델리티는 이를 흔히 일어나는 관련 문제라고 파악했다. 매출 측면에서 보자면, 주택 보험이나 전세 보험이 궁금해진 고객은 피델리티의 파트너 금융 기관에서 이 문제를 검색할 수 있다. 완벽한 크로스셀링 기회가 아닌가!

또 다른 사례는 퇴직 연금 계좌를 개설하는 경우다. 계좌를 개설하면 돈을 이체하고 다른 계좌를 연장하고 뮤추얼 펀드 수수료를 검색한다. 피델리티가 이런 연관 활동에 집중한 결과, 피델리티 셀프서비스 커뮤니케이션의 1/4이 다른 셀프서비스 커뮤니케이션에서 촉발된다. 피델리티 사이트에서 다른 방향의 셀프서비스 이동이 쉬워지자 가구별 전화가 5퍼센트 감소했다.

일주일이라는 콜백 골든타임

"평가하면 일이 돌아간다."라는 속담이 있다. 콜센터는 운영 효율성 측면에 집중하기 때문에 거의 모든 것이 평가된다. 문제 해결 성공 평가 역시 다르지 않다. 하지만 전통적으로 평가에 사용해온 첫 통화 해결률은 심각한 결함이 있다. 고객이 통화 중이나 통화 후 설문조사에서 문제가 해결되었다고 응답해야 첫 통화 해결률이 평가된다. 고객은 항상 옳다. 첫 통화 해결률을 평가하는 회사의 60퍼센트가 고객의 응답에 따라 점수를 매긴다는 사실은 전혀 놀랍지 않다. 하지만 고객은 자신이 통화 이후 잠재되었던 또 다른 문제로 콜백할지 모르는 경우가 많다.

차후 문제 방지가 가장 뛰어나다는 믿음을 논하기 전에, 문제 해결률을 평가하는 기본 철학을 짚어보자. 사실 왕도는 없다. 첫 통화 해결률이나 차후 문제 방지를 평가하는 완벽한 방법은 존재하지 않는다. 문제 해결 성공을 평가하는 모든 방법은 조금씩 결함이 존재한다. 완벽한 평가 방식을 찾거나 현재 방식의 문제점을 논하려고 애쓰지 말고 꾸준하게 평가해야 한다. 문제 해결 평가에는 알고 싶지 않은 비밀이 있다. 서비스 윤리, 문화, 성과 관리를 통해 평가를 강화하는 회사는 평가 방식이 무엇이든 단순한 립서비스를 제공하는 회사보다 4.9퍼센트 문제 해결에 강하다.

그럼 차후 문제 방지를 추적하는 가장 뛰어난 평가 방법이 무엇일까? 우리는 각각 다른 평가 방법의 장단점을 이해하기 위해 다양한 회사와 일해왔다. 사실 여태까지 배운 것을 쏟아 넣고 각기 다른 기술적 한계, 프로세스적 한계, 서비스 및 지원 조직의 환경 요소 등을 고려해서 문제 해결 도구를 하나 만들었다(부록B 참조).

우리가 관찰한 회사 중 미국 홈 모기지 회사가 가장 진취적인 모습을 보였다. 이 회사는 놀라울 정도로 간단한 평가 기준을 따른다. 일주일 이내 들어오는 콜백 숫자만 본다. 이를 회사 전체 기준으로 따질 뿐 아니라 상담원 개별 기준으로도 살펴본다.

이 회사가 일주일이라는 기준을 채택한 데에는 여러 가지 이유가 있다. 첫째, 그들의 분석에 따르면 다시 걸려오는 전화의 상당수가 처음 전화로부터 5일 이내 발생한다. 그보다는 적지만 상당한 수의 콜백이 7일 이후까지 발생한다. 둘째, 코칭을 효과적으로 진행하려면 상담원이 해당 상담 내역을 기억해야 한다. 7일이 지나면 상담원은 당시 상황을 잘 기억하지 못한다. 과거에는 30일을 기준으로 채택했는데, 이때 상담원이 고객 상황을 기억하지 못해서 코칭이 제대로 진행되지 않았다. 흥미롭게도 회사는 30일 기준 평가를 회사 전체 기준으로는 아직도 추적하지만 상담원 기준으로는 추적하지 않는다. 7일로 기준을 단축함으로써 회사는 팀별로 표준화된 보고서를 만들고, 팀 성과와 시간별 개선 상황을 살펴볼 수 있었다.

회사는 7일이 지나면 콜백이 거의 일어나지 않는다는 점을 알아냈다. 다른 산업에 속하는 기업도 비슷한 사실을 발견했기 때문에, 콜백 추적 기간으로는 7~14일이 적합한 기준인 것 같다(측정 기간이 길수록 문제 해결률은 낮아진 것처럼 보인다). 회사가 말하는 바와 같이 추적 기간이 길어질수록 코칭 상담 효과가 낮아진다는 점을 염두에 두자. 상담원이 고객 간 커뮤니케이션의 상세 내용을 잊어버리기 때문이다.

이 회사의 방식을 이야기할 때마다 상담원별로 수치를 추적하면 불공평하다는 반대를 종종 듣는다. 물론 상담원 개개인이 통제할 수 없는 다양한 이유로 콜백이 발생한다. 필요한 정보를 적지 않았을 수도 있고, 무언가 고객이 실수를 저질렀을 수도 있고, 상담 중에 이해하지 못했는데 질문하지 않았을 수도 있다. 도움을 주려던 상담원 입장에서는 억울하다. 하지만 이런 통제 불가능한 상황에 노출되는 건 모든 상담원이 똑같다. 몇 주간 많은 통화를 소화하다 보면 어떤 상담원이 콜백을 촉발하고 어떤 상담원은 추후 문제를 방지하는지 명백해진다.

시간이 흐르면서 이 회사는 반복되는 전화에 대한 평균 성과 최저 기준을 세우게 된다. 이를 통해 어떤 상담원이 높은 성과를 올리는지 파악하고, 이들의 업무처리 방식을 배우고, 어떤 상담원에게 코칭이 필요한지 파악한다(그림 3.6 참조).

이 방식을 적용한 다른 회사는 형평성을 위해 간단한 조치를 취했다. 성과에 대한 원시 자료를 공개하지 않는다. 자신에게 발생한 평균 혹은 주당 콜백 수를 상담원이 꼭 알아야 할 필요는 없다. 대신에 '전체 성과 기준과 비교해서 평균을 따라오지 못하는지, 따라잡고 있는지, 뛰어난 성과를 거두고 있는지' 자신의 성향을 이해해야 한다. 그러면 어떤 통화가 자신의 통제권을 벗어났는지 여부를 시시콜콜히 따지지 않아도 된다.

다른 기준이 미처 하지 못했던 문제에 집중한다는 점에서 이 새로운 기준에 주목할 만하다. 새로운 평가 방식이 소개될 때마다 상담원은 시

그림 3.6 | 미국 모지기 회사의 상담원별 콜백 비율(예시) 출처: 미국 모기지 회사, CEB, 2013

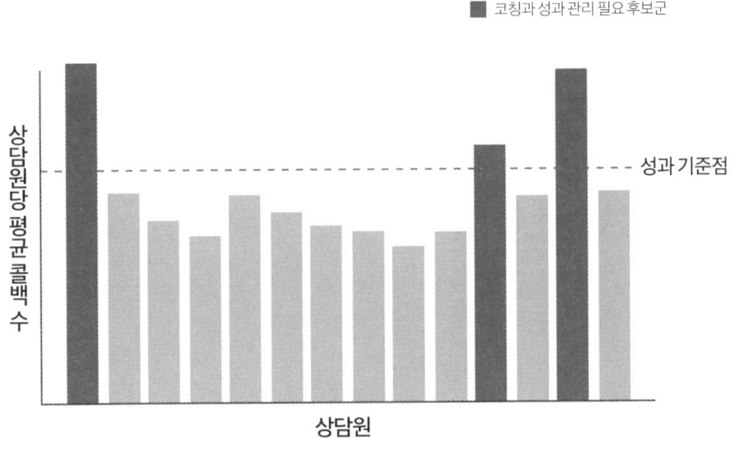

스템의 허점을 이용하려고 한다. QA팀은 나쁜 습관이 정착되지 않도록 신경을 곤두세운다(조금이라도 복잡한 문제는 다른 상담원에게 전가하려는 행동 등). 하지만 콜백을 평가하는 회사의 이야기를 들어보면, 반복되는 전화를 줄이려고 회사 정책과 프로세스에 대한 개선책을 자진해서 제시하는 뛰어난 성과 사례가 존재한다. "그렇게 나쁜 회사 정책은 억지로 따르지 않겠어요. 문제가 있고, 고객이 콜백하도록 만든다고 팀리더에게 말할래요."라는 태도는 고객 경험의 감정적 측면에서도 개선을 가져온다. 고객 편에 서서 고객에게 불필요한 전화를 만들지 않겠다고 상담원이 마음먹는다. 문제가 모두 해결되어 고객이 평온한 일상으로 돌아갈 수 있게 도우려는 상담원의 태도를 상대방도 느낀다.

3장 서두에서 다룬 '감정적 이유로 반복되는 전화'를 상기해보자. 고객은 문제가 정말 해결되었는지 확인하기 위해서, 전달받은 답변이 만족스럽지 않아서 다시 전화한다. 뛰어난 상담원은 고객 경험의 감정적 측면 역시 중요하다는 점을 간파하고, 태도를 재빨리 조정한다. 특히 반복되는 연락과 고객 노력 측면에서 중요하다. 문제를 해결하려는 고객의 적극성을 북돋고, 이에 들어가는 노력이 크지 않다고 고객이 느끼는 방향으로 상담원이 고객과 커뮤니케이션하도록 가르칠 수 있다. 4장 전체를 할애해서 모든 회사가 적용할 수 있고, 적용해야 하는 구체적인 방법론을 이야기한다.

KEY POINT

✔ 일반적인 회사는 다시 걸려온 전화의 절반 이상을 눈치채지 못한다. 전화 한 번으로 문제를 해결했던 고객은 원래 문제와 관련된 문제로 다시 연락한다. 콜백의 가장 흔한 주제는 관련 문제(원래 문제와 연결된 후속 문제)와 경험 문제(고객이 제공받은 답변을 좋아하지 않는 경우 등 고객과 상담원 간 감정적 괴리)다.

✔ 현재 문제 해결에 만족하지 말고 차후 문제를 봐야 한다. 뛰어난 회사는 문제를 하나의 이벤트로 보고, 일시성으로 보지 않는다. 고객이 시일이 지나서 깨닫게 될 문제를 해결할 수 있도록 상담원에게 차후 문제 방지를 가르친다.

✔ 첫 통화 해결률이 아니라 콜백을 평가해야 한다. 첫 통화 해결률은 고객이 언급한 문제 해결에만 급급하고, 관련된 후속 문제를 놓치는 결함이 있다. 뛰어난 회사는 일정 기간 발생한 콜백을 평가한다. 이를 통해 명시된 고객 문제뿐만 아니라 관련 문제와 경험과 관련된 후속 문제 발생을 방지한다.

CHAPTER 4

오스람이 'NO'를 말하는 법

The Effortless Experience

아침 7시 30분이다. 당신은 9시 비행기를 타기 위해 막 공항에 도착했다. 하지만 항공편을 보여주는 모니터에 따르면 당신이 탈 비행기가 지연되었다. 당신은 깊게 숨을 들이시고 마음을 진정시킨 뒤, 항공사에 전화해서 다음 편 비행기를 예약할 수 있는지 물어본다.

연결된 예약 담당 상담원에게 "비행기가 지연되는 바람에 불편을 끼쳐 죄송합니다. 오늘 밤 9시 비행기로 다시 예약해드릴 수 있습니다."라고 안내를 받았다. 어떤 느낌을 받았는가? 특히 공항 모니터에 저녁 9시보다 이른 시각에 출발하는 같은 항공사의 항공편이 여러 개 떠 있다면? 기분이 썩 좋지 않을 것이다.

상담원이 이렇게 말한다면 어떨까? "비행기가 지연되는 바람에 불편을 끼쳐 죄송합니다. 내일 아침 9시에 똑같은 항공편을 잡아드릴 수 있어요. 하지만 오늘 다른 자리가 있는지 알아보죠." 잠시 통화 대기 상태에 머물렀다 상담원이 돌아온다. "괜찮은 소식이 있어요. 9시에 자리를 하나 잡았습니다. 좀 기다려야 하겠지만, 오늘 내로 도착할 수는 있습니다."

결과는 완전히 똑같지만(저녁 9시 항공편 재예약), 두 번째 응대가 첫 번째보다 기분이 좋다. 왜 그럴까?

이는 주의 깊게 정돈한 언어로 대화를 이끌어 고객이 방금 들은 내용을 해석하는 방식을 개선하는 '경험 엔지니어링'이라는 개념과 관계있다. 4장에서는 경험 엔지니어링이 어떻게 작동하는지 이해한다. 그리고 조직에서 실제로 경험 엔지니어링을 어떻게 사용하는지 살펴본다.

1장에서 노력이 많이 들어갔다는 고객의 인지 자체가 구체적인 고객 노력 원인(반복되는 연락, 채널 전환, 다른 사람에게 돌려지는 일, 정보의 반복 제공 등)에 맞먹는다는 사실을 발견했다. 이런 인지가 상당히 중요하다. 처음 시작한 연구에 따르면 이런 '소프트한' 노력은 어느 정도 중요하다고 결론이 났다.

하지만 다시 한번 파고들어보자, 노력에 대한 고객 인지도는 전반적인 '노력 방정식'의 2/3를 차지한다는 충격적인 결론을 마주하게 된다. 달리 말하자면, 커뮤니케이션에 대해 고객이 '느끼는' 바가 실제 커뮤니케이션에서 고객이 '행한' 일보다 2배 이상 중요하다. 이는 매우 중요한 발견이며 4장에서 심도 있게 다룬다.

역설적으로 노력의 '감정적' 측면(인지적 측면)이 전반적 노력 방정식에서 큰 비중을 차지하는데도 회사 대부분은 거의 관심을 기울이지 않는다. 그보다는 노력의 '물리적' 측면에 집중한다. 전 세계 고객 서비스 리더에게 "고객 노력을 줄이기 위해 구체적으로 어떤 조치를 취하고 있습니까?"라고 질문을 던져보았다. 대부분 프로세스를 간소화하고 커뮤니케이션을 단순히 하며, 고객의 일이 쉽도록 만드는 방향의 '전반적인 프로세스 개선(그림 4.1 참조)' 카테고리에 해당하는 조치였다.

조금만 생각해보면 납득이 간다. 고객 노력을 줄이는 논리적인 접근은 고객이 밟아야 하는 단계를 줄이는 조치가 된다. 사실 설문조사 대상 회사의 3/4이 고객 노력을 줄이기 위해 눈에 보이는 물질적 노력을 줄인다고 답했다. 물론 문제를 해결하기 위해 고객이 실제로 해야 하는 일이 곧 노력이 된다면, 해야 하는 일과 노력은 완벽한 상관관계를 이루어야 한다. 하지만 우리의 발견은 이 결론과 다르다.

고객 4,500명 이상의 서비스 커뮤니케이션을 분석하고 그들이 취한 조치(문제를 해결하기 위해 고객이 실제로 한 일)를 살펴보았다. 문제 해결을 위한 커뮤니케이션의 횟수, 한 상담원에서 다른 상담원으로 넘어가

그림 4.1 | 고객 노력을 줄이기 위해 집중하는 분야(회사 주장) 출처: CEB, 2013

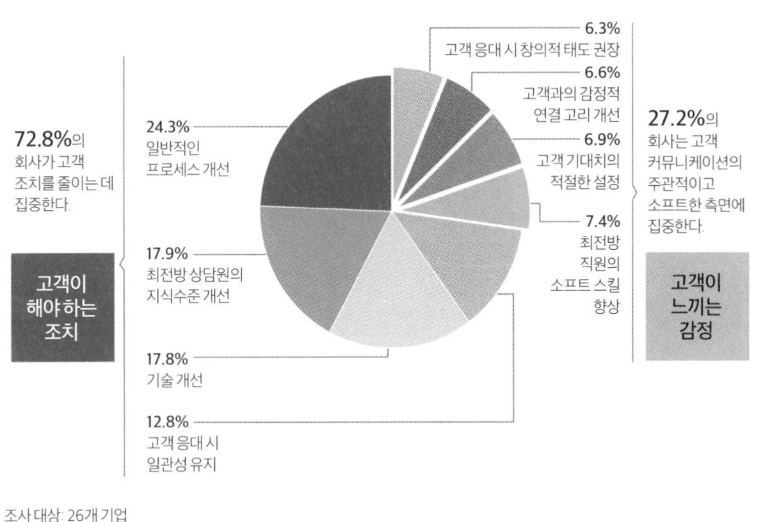

조사 대상: 26개 기업

는 횟수, 채널 전환 발생 여부, 정보를 반복 제공하는 빈도 등이 고객이 실제로 한 일에 해당한다.

4,500명의 고객에게 자신이 한 조치에 대한 평가를 요청하자, 정규 분포 곡선이 나왔다. 예측한 대로 어떤 고객은 거의 아무런 조치를 취하지 않고(가령 콜백하지 않고, 채널 전환도 하지 않으며, 다시 연락하지도 않음) 어떤 고객은 많은 공을 들인다. 하지만 일반적으로 평균 수준의 조치를 취한다(그림 4.2 참조). 질문을 고객이 들인 노력으로 바꾸자(여기서는 고객 노력 지수를 기준으로 했는데, 이에 대해서는 6장에서 다룬다), 그

그림 4.2 | 고객이 취한 조치 vs. 고객이 말하는 고객 노력 출처: CEB, 2013

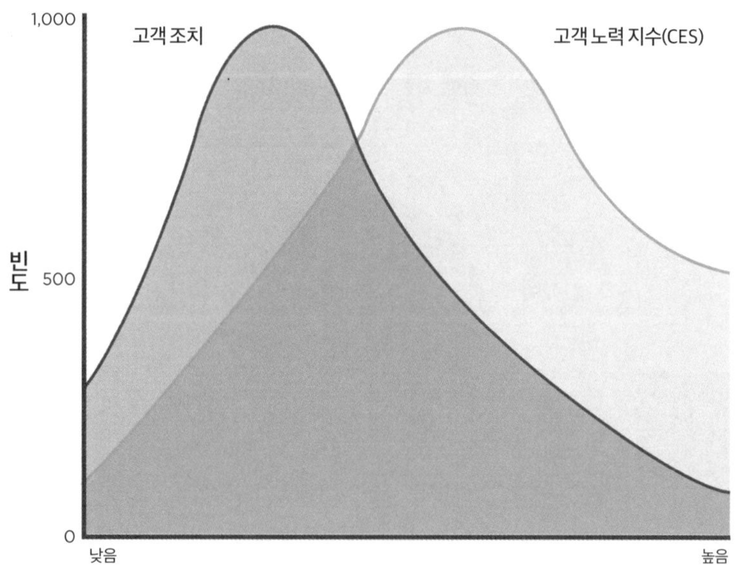

조사 대상: 4,589명의 고객

결과는 거의 겹치지 않았다.

고객이 취한 조치 곡선은 그 고점이 낮은 쪽에 머물렀다. 다시 말해 서비스 커뮤니케이션의 대부분은 문제를 해결하기 위해 표면상으로는 고객에게 많은 노력을 요구하지 않는다. 하지만 고객 노력 곡선을 그리자, 이는 고점이 높은 쪽으로 쏠리는 모습을 보인다.

다른 회사와 마찬가지로 조치와 노력은 똑같다고 생각했기에 이런 결과에 눈이 번쩍 떠졌다. 자신들이 취한 조치(문제를 해결하기 위해 자신이 행한 행동의 숫자, 그런 일의 난이도)에 근거해서 노력을 들었다고 여기면 이 두 곡선(고객 조치 곡선과 고객 노력 지수 곡선)은 완전히 겹쳐야 한다. 하지만 둘은 거의 겹치지 않았다. 이로써 두 가지 결론이 도출된다.

첫째, 취한 조치가 많지 않아도 고객 노력을 크게 들였다고 여기는 커뮤니케이션이 많다. 실제 취한 조치가 낮은 수준임에도 많은 커뮤니케이션이 고객 노력 측면에서는 높은 점수를 얻었다. 이는 고객 서비스 리더에게는 달갑지 않다. 많은 조치 없이 문제를 해결했지만 여전히 "품이 너무 들었어."라며 떠나버리는 고객이 많아서 충성도를 얻지 못해 회사에게도 좋지 않다. 서비스 조직이 '손쉬운' 상황을 너무 자주 잘못된 방향으로 끌고 가는 셈이다.

둘째, 고객 노력을 줄이기 위해 회사가 구사하는 전략은 완벽하지 않다. 사실 고객 노력을 줄이기 위해 애쓰는 회사는 정작 고객 노력을 야기하는 주요 원인(고객이 스스로 노력을 인지하는 것)을 전혀 눈치채지 못하고 관심도 기울이지 않는다(그림 4.3 참조).

그림 4.3 | 고객 노력의 회귀 원인 출처: CEB, 2013

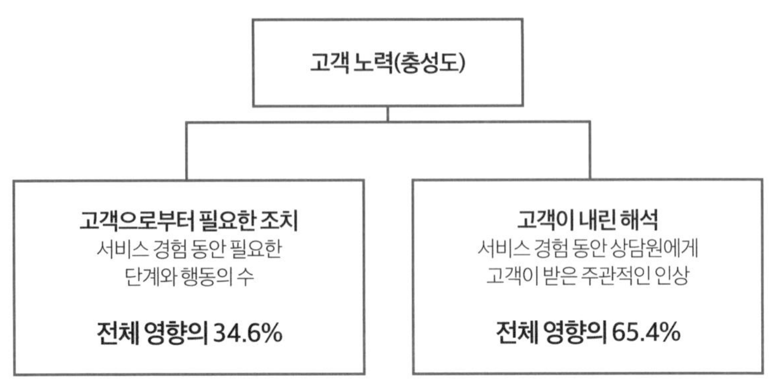

조사 대상: 4,589명 고객

연구 결과에 따르면 고객 노력은 단순히 고객이 행한 조치와 크게 관련이 없다. 고객이 행한 조치는 고객 노력 과정에 큰 부분을 차지하기는 하지만, 고객 노력 자체는 대부분 고객이 느끼는 바와 밀접한 관련이 있다. 고객 노력 지수에서 고객이 행한 조치가 차지하는 비중은 34.6퍼센트에 불과하다. 고객이 내린 해석(인간의 감정과 반응에 온전히 의존하는 주관적이고 대인적인 요소)은 전체 고객 노력 지수에서 65.4퍼센트를 차지한다.

요약하자면, 고객 노력을 평가할 때 고객에게 가장 중요한 요소는 문제를 해결하고자 자신이 행한 일이 아니다. 커뮤니케이션에서 자신이 느낀 감정이 가장 중요하다. 고객 노력에서 '행동'이 1/3을, '감정'이 2/3를 차지하는 셈이다.

부정적인 고객 경험을 빠르고 효과적으로 개선하려면, 고객 노력을 줄이기 위해 다른 회사들이 본능적으로 생각하는 방향과 반대로 움직여야 한다. 물리적 행동도 중요하지만, 서비스 경험의 물리적 측면 개선에 과잉 투자를 해서는 안 된다. 고객 노력의 감정적 측면을 해석하는 데 노력을 기울여야 한다. 물론 이에 대해 회사는 대부분 판에 박은 듯 '소프트 스킬'을 2배로 강조할 테지만, 뛰어난 회사는 굉장히 다른 분야에 중점을 둔다.

두 상담원이 동일한 이야기를 하는데 고객 반응은 왜 천지차일까?

전통적인 고객 서비스 소프트 스킬은 상담원이 고객에게 예의 바르고 따뜻하게 감정 이입하도록 훈련한다. 이는 대부분의 회사에 잘 반영되어 있다. 하지만 고객 노력을 줄이려면, 그저 친절한 태도만으로는 큰 효과가 없다.

우리가 조사 분석한 데이터를 보면 그 증거는 확실하게 나타난다. 전통적인 소프트 스킬과 관련된 여섯 가지 변수는 거의 영향이 없거나 미미한 수준에 그쳤다.

고객 노력에 미미하게 영향을 미치는 변수(5퍼센트 이하)

- 명확하게 의사소통하는 상담원
- 자신감을 보이는 상담원

고객 노력에 거의 영향을 미치지 못하는 변수

- 우려를 표시하는 상담원
- 정해진 원고를 읽지 않는 상담원
- 고객을 이해하는 상담원
- 주의 깊게 듣는 상담원

위에서 열거한 네 요소는 고객 노력을 줄이는 데 효과가 전혀 없더라도 실시간 상담에 있어 필수로 갖춰야 한다. 무례하거나 완강한 태도는 상담을 순식간에 망쳐버린다. 데이터에 따라 확신컨대, 이런 기술로는 고객 노력을 쥐꼬리만큼도 줄일 수 없다. 세계 최고 수준으로 이 모든 여섯 가지 요소를 갖추었더라도 고객 노력 경감 측면에서 일인자가 되지 못한다. 소프트 스킬에 명운을 건다면 고객 충성도에 관한 싸움만큼은 패배할 확률이 높다.

고객 노력의 감정적 측면이 친절한 상담원에 관한 이야기가 아니라면, 도대체 무엇일까? 대략적인 감을 잡기 위해, 서비스 경험의 감정적 측면에 상당한 투자를 감행한 몇몇 회사와 대화를 나누어봤다. 다음은 이들 회사의 고객 서비스 리더가 한 말을 그대로 옮긴 것이다.

> "가장 뛰어난 상담원은 대화를 주도적으로 끌어갑니다. 고객이 부정적 반응을 보일 시기를 예측하고, 이보다 앞서 나가기 위해 최선을 다하죠."
>
> "고객이 원하는 바를 그대로 제공하지 못하는 때가 많이 발생하죠. 하지만 뛰어난 상담원은 애초에 고객이 원하던 결과가 아니더라도, 고객이 흡족함을

느끼도록 올바른 가이드를 제공합니다."

일반적으로 뛰어나 보이는 상담원은 예측 능력, 즉 서비스 커뮤니케이션에서 부정적인 감정이 일어날 가능성을 내다보는 감각을 타고나는 것 같다. 이런 종류의 예상은 고객이 해석하는 노력의 양을 크게 줄여버린다.

이런 능력은 학습 가능할까? 보통 수준의 상담원도 이런 예측을 매끄럽게, 꾸준하게 할 수 있을까? 원하지 않는 결과를 받아들여야 하는 시나리오는 보통 고객 입장에서 노력이 많이 들어가는 상황이 된다. 상담이 순차적으로 진행되고, 논쟁이 오가고, 여러 번 통화가 반복된다. 고객보다 한두 발자국 앞서 나가고, 바람직하지 않다고 고객이 해석하는 방식을 통제하는 요령은 소프트 스킬 훈련으로 습득할 수 없다. 친절하고 상냥한 태도, 고객의 이름을 활용하는 태도, 고객의 개인적 상황에 공감하는 태도 이상의 무언가가 필요하다.

소프트 스킬이 아니라면, 도대체 무엇이 필요할까? 어디에서 그런 태도가 나올까? 어떻게 가르쳐야 할까? 애초에 '이것'을 가리키는 이름이라도 존재하는가? 사실 '이것'은 꽤 많은 이름으로 불린다. '이것'은 심리학, 사회학, 행동 경제학에 근거한다. 사실 이름 자체가 행해진 모든 것을 말해준다. 주의 깊게 선별한 단어를 통해 고객이 자신이 들은 것을 해석하는 방식을 개선해 대화를 이끌어가거나 엔지니어링한다.

'경험 엔지니어링'이라는 단어가 고객 서비스 업계에서는 많이 쓰이는데, 세일즈 조직이나 마케팅 조직, 노조, 정당 등의 분야에서도 수년 혹은 수십 년에 걸쳐 사용해왔다. 경험 엔지니어링을 통해 고객, 종업원, 투표자들의 생각, 느낌, 대응 방식에 영향을 끼쳤다.

이 중에서 매일 고객을 상대하는 상황에서 사용할 수 있는 구체적인 기술을 쉽게 가르치고 다양한 상황에서 활용 가능하도록 방안을 연구했다. 우리가 연구하고 테스트해본 방법은 다음과 같다.

- 옹호: 고객과 같은 편이라는 점을 분명히 보여주고 적극적으로 고객을 지원한다.
- 긍정적인 언어: 고객에게 긍정적인 결과를 가져다줄 능력이 없음을 의미하는 부정적인 언어("아니요.", "할 수 없어요." 등) 사용을 피한다.
- 앵커링(Anchoring): 주어진 결과를 덜 매력적인 결과와 비교하여, 주어진 결과를 긍정적이고 바람직한 것으로 포지셔닝한다.

각각의 기술에 대해서 고객 반응을 테스트하는 실험을 진행하고, 이들의 반응과 경험 엔지니어링을 겪지 않은 통제집단(과학 실험에서 검증하려는 결과와 비교하는 필수적인 기준 결과)의 반응을 비교한다.

세 개의 실험을 통해 수백 명으로 이루어진 테스트 그룹에 동일한 서비스 시나리오를 보여준다. 하지만 피실험 대상 절반에는 '상담원 응답 A'가 주어지고, 나머지 절반에게는 '상담원 응답 B'가 주어진다. 각 실험체는 서비스 커뮤니케이션을 경험 전반의 품질과 고객 노력 측면에서 고객 노력 지수로 평가한다(고객 노력 지수에 대해서는 6장에서 다룬다). 각 그룹이 '행한 일'은 같았고, 문제를 해결하기 위해 고객이 행한 조치에는 꽤 높은 수준의 고객 노력이 들어간다. 상담원 A와 B는 각각의 시나리오에서 동일한 해결책을 제시하지만, 경험을 통제하기 위해 사용한 용어가 매우 달랐다.

옹호

> **고객 시나리오 :** 새 자전거를 사서 얼마 쓰지도 않았는데, 브레이크 케이블에 이상이 생겨서 자전거 타기가 위험해졌다.

상담원A "전화로는 무엇이 문제인지 말하기 어렵습니다. 인증 수리점으로 자전거를 가져가셔서 살펴보시죠."

상담원B "정말 화나시겠어요. 손님의 피드백을 기술팀에게 분명히 전달하겠습니다. 그 자전거 모델을 구입한 고객 중에 비슷한 문제가 있는 사람이 있는지 확인해볼게요. 그러면 이를 수선해야 하는지 그저 새 상품이라 발생하는 문제인지 알 수 있을 거예요. 흠, 비슷한 문제를 가진 고객 사례는 별로 없군요. 구입하신 가게로 자전거를 가져가서 살펴보는 방안을 권해드리고 싶어요. 아직 보증 기간 내이기도 하고요."

두 상담원이 제공한 답은 동일하다. 가게로 자전거를 가져가야 한다. 피할 방법은 없다. 여기에서 차이점은 두 상담원이 보여준 옹호의 수준이다. 고객의 해석에 끼친 영향은 지대했다.

상담원B의 응대를 들은 고객은 경험 품질에 대해 상담원A보다 67퍼센트 높게 평가했다. 고객 노력에 대해 질문한 결과, B그룹이 자신의 노력을 77퍼센트 낮게 응답했다.

긍정적인 언어

> **고객 시나리오 :** 온라인 계좌에서 다른 계좌로 자금을 이체하는 데 어려움을 겪고 있다.

상담원A "이 온라인 계좌에서는 승인받지 않은 계좌로 자금을 이체할 수 없어요. 다른 계좌를 승인하지 않고서는 방법이 없네요. 계좌 관리 탭을 눌러서 들어가면 승인 메뉴가 보이실 거예요. 1단계, ~를 클릭하세요."

상담원B "문제가 뭔지 알겠어요. 다른 계좌를 승인해야겠군요. 몇 초 안 걸릴 테니 같이 진행하시죠. 계좌 관리 웹페이지로 갈 수 있으세요? 1단계, ~를 클릭하세요."

B그룹은 고객 경험을 82퍼센트 높게 평가했고, 고객 노력은 73퍼센트 낮았다. 두 상담원의 응답이 큰 차이를 보이지 않았다는 점을 생각하면 크나큰 차이가 아닐 수 없다.

기대치 앵커링

> **고객 시나리오 :** 새로운 케이블 TV 박스에 연결 문제가 발생했고, 홈서비스를 요청해 기술자가 방문해야 해당 문제를 해결해준다.

상담원A "기술자를 내일 보내드릴 수 있어요. 하지만 언제 나갈지 정확한 시간을 몰라서 오전 8시부터 오후 8시까지 누군가가 집에 있어야 해요. 괜찮으세요?"

상담원B "두 시간 오차 범위 내로 특정 시간에 기술자가 방문하려면 다음 주나 되어야 해요. 기술자를 내일 보내드릴 수도 있긴 해요. 하지만 특정 시간이 정해지지 않아서, 기술자를 집에 들여보내기 위해 누군가가 오전 8시부터 오후 8시 사이에 집에 있어야 합니다. 그렇지만 다음 주까지 기다리실 필요 없이 내일 상황이 해결되죠. 좀 급작스러우시겠지만, 가능하세요?"

B그룹은 경험 품질은 76퍼센트 높게, 고객 노력은 55퍼센트 낮게 평가했다. 하지만 여전히 시나리오의 최종 결과는 동일하다.

세 개의 시나리오는 모두 상담원이 문제 해결을 위해 고객이 행한 조치를 경감시켜주지 못했다. 하지만 상담원B는 확연히 다른 결과를 가져왔다. 더 친절한 게 아니라 의도적으로 언어를 구사해서 고객 경험을 엔지니어링하는 방식을 사용했을 뿐인데 말이다.

고객 서비스를 이야기할 때, 소프트 스킬은 '상담원과 회사에게 긍정적으로 반영되는, 친절하고 매력적이며 전문가다운 태도로 고객 문제를 일관적으로 다루는 일련의 행동'이라고 정의된다. 이 정의를 좀 상세하게 살펴보자.

첫째, 소프트 스킬은 고객 문제를 일관적으로 다루는 것이다. 꽤 표준화된 방식으로 고객 전반에 걸쳐 동일한 방식을 구사한다. 소프트 스킬은 선택지나 옵션의 문제가 아니라 모든 통화자에게 항상 적용되도록 디자인된다. 둘째, 소프트 스킬은 친절하고, 매력적이며 전문가다운 상담원에 근거를 둔다. 대화할 때 대인적 측면에 중점을 둔다. 셋째, 소프트 스킬은 상담원과 상담원이 대표하는 회사를 긍정적으로 반영하는 방식으로 고객을 끌어들인다. 회사가 소프트 스킬에 투자한다면, 상담원이 전문가답고 고객에게 친절하다면, 고객이 경험을 기꺼이 참아내고 회사에 충성도를 가진 상태로 남는다고 도박을 거는 셈이다.

경험 엔지니어링은 이와 다르다. 경험 엔지니어링은 '커뮤니케이션이 발생할 때 고객을 적극적으로 가이드하는 접근 방법으로 고객의 감정적인 반응을 예상하고 선제적으로 모두에게 이로운 해결책을 제공하는 방식'으로 정의된다. 이 정의도 상세하게 살펴보자.

첫째, 경험 엔지니어링은 목적이 분명하다. 고객을 적극적으로 안내하려 한다. 또한 위 실험에서 보이듯, 의도적인 행동을 통해서 커뮤니케이션의 주도권을 잡는다. 둘째, 경험 엔지니어링은 고객의 감정적 반응을 예측하도록 설계된다. 마치 미래를 훔쳐보는 것과 같다. 부정적인 발생이 막 시작되려는 순간, 즉 고객이 요청한 바를 들어줄 수 없다고 안내받는 순간을 인지하고 쉽게 해결책을 받아들이도록 고객의 마음을 풀어준다. 셋째, 경험 엔지니어링을 진행하는 상담원은 고객이 수긍할 만한 해결책을 우선 제공하려고 노력한다. 원하는 바를 갖지 못하는 이유를 설명하는 대신(보통 이런 설명은 상황을 악화시키고, 어떤 경우에는 고객이 욕을 하기 시작한다), 어떤 해결책이 가능한지에 온전히 집중한다. 넷째, 경험 엔지니어링은 고객 문제에 대해 쌍방에게 도움이 되는 해결책을 찾는 데 집중한다. 이는 고객의 실질적인(하지만 언급되지 않은) 욕구와 회사가 제공하는 바를 매칭한다는 뜻이다. 충성도를 확보하기 위해 고객에게 근사한 사은품을 주거나 지나친 대가를 치르지 않는다. 고객은 물론 회사도 수긍할 수 있는 윈윈 결과에 도달한다.

어쩔 수 없는 상황에서도 할 일은 있다

서비스 경험을 겪으면서 고객은 자신만의 기준으로 경험에 얼마나 큰 노력이 들었는지 끊임없이 진단한다. 큰 노력을 들인 고객은 상담원의 태도나 그들이 사용한 용어 이상으로 심각하고 복잡하며 다면적인 문제를 경험했을 가능성이 크다. 종종 회사가 반드시 고쳐야 할 심각한 결함이 여실히 보이기도 한다.

하지만 경험 엔지니어링이란 개념은 고객에게 일어나는 최악의 상황을 모면하기 위한 궁여지책이 아니다. 오히려 평균 이상의 노력을 들이는 고객에게 특정 방향으로 영향을 끼치기 위한 목적으로 고안된 접근 방법이다.

경험 엔지니어링은 더할 나위 없는 가치가 있다. 꽤 고객 노력이 들어가는 경험과 상대적으로 고객 노력이 적게 드는 경험의 차이는 잘 보이지 않기 때문이다. 회사는 고객 노력을 줄이기 위해 고객이 취하는 조치를 우선 줄이려고 한다. 가장 손이 많이 가는 상황을 발견하고 수정하면 더 할 일이 없어 보인다. 하지만 어떻게 할 수 없다고 해서 회사가 할 수 있는 일이 없는 것은 아니다.

고객이 느끼기에 큰 노력이 들어가는데 실제로 고객이 취할 조치는 많지 않은 경험이 곳곳에 널려 있다. 이런 경험이라면 긍정적인 방향으로 유도할 수 있다. 바로 이때 경험 엔지니어링이 결과를 크게 바꾼다. 큰 노력이 든다는 인지를 사전에 감지하고 고객이 마치 전혀 노력이 들어가지 않은 것 같다고 느끼게 한다.

분명히 말하지만, 경험 엔지니어링은 설문조사 점수를 높이는 행동으로 끝나지 않는다. 적은 고객 노력은 충성도 하락 방지로 이어지며 그로 인해 전략적·재무적 성공을 거두게 된다. 노력이 들어갔다는 고객의 해석을 줄이면 고객은 물론 회사, 매일 나쁜 소식을 전달하는 불편한 자리에 앉아 있는 상담원 모두에게 최선의 결과가 나온다. 특히 고객이 취할 조치를 어떻게 해도 줄일 수 없는 상황에서는 더욱 그렇다.

'안 됩니다'에도 고객이 화내지 않게 만드는 비결

경험 엔지니어링은 학습이 가능할까? 뛰어난 성과를 거두는 상담원만 할 수 있을까? 최전방 상담원 모두 해낼 수 있을까? 까다롭지만 충분히 물어볼 만한 질문이다. 희소식은 미숙한 직원도 사용할 만큼 경험 엔지니어링을 쉽게 가르치는 회사가 존재한다는 사실이다. 이제부터 경험 엔지니어링을 쉽게 가르치고 있는 회사 세 곳을 자세히 살펴본다.

- **오스람 실바니아(Osram Sylvania):** 전구를 만드는 글로벌 기업이다. 최전방 상담원이 긍정적인 언어의 힘을 어떻게 사용할지 익힐 수 있도록 가장 쉬운 프레임워크를 만들었다.
- **로열티원(LoyaltyOne):** 로열티 리워드 프로그램을 파는 기업이다. 상담원이 '대안'을 제공하기 위해 반복적으로 사용하는 프레임워크를 고안해냈다. 이 방법을 사용하면 고객은 차선책을 최선책보다 더 달갑게 받아들인다.
- **브래드포드앤빙리(Bradford&Bingley):** 영국 모기지 금융기관이다. 개인 성격을 판단할 수 있는 간단한 모델을 만들어 상담원에게 제공한다. 이를 통해 그 사람의 커뮤니케이션 스타일에 맞게 서비스 경험을 개별 맞춤형으로 즉각 제공한다.

'NO'를 재구성하라

고객의 모든 요청에 "네, 그렇게 해드릴게요."라고 말할 수는 없다. 그럴 수 있다면야 좋겠지만, 고객이 원하는 바와 회사가 제공하는 것이 일치하지 않는 경우는 자주 발생한다. 그럼 어떻게 해야 할까?

"예."의 반대말은 "아니오."가 된다. "아니오."라는 말을 좀 생각해보자. 이 대답을 들으면 어떤가? 보통은 "아니오."라는 말을 부정적인 감정의 발화점으로 받아들인다. 화, 분노, 논쟁은 DNA에 깊이 새겨져 있다. 생후 6~12개월만 되어도 부정적인 감정을 깨닫고, 이 감정은 어른이 되어서도 내내 우리를 떠나지 않는다. 한번 생각해보자. 엄마가 "안 돼!"라고 말하면, 아이에게는 세 가지 옵션이 존재한다.

• 받아들이고 넘어간다(가능성 낮음).
• 아빠에게 요청한다(아빠가 "그래."라고 말할 가능성은 반반이다).
• 발을 차고 소리를 질러가며 자신의 행동이 "안 돼!"를 "그래."로 바꿔주길 바라며 나쁜 기분을 온몸으로 표현한다.

서비스 커뮤니케이션에서 "아니오."라는 답을 들은 고객은 몇 가지 행동을 보인다. 이런 행동은 모두 회사에 불리하다(아이들이 반응하는 방식과 크게 다르지 않다).

• 감정적으로 대응한다. 상담원과 논쟁하고 화내고 욕하며 어떤 식으로든 일을 크게 만든다.
• 전화를 끊고 다시 전화하며 다른 상담원과 대화를 시도한다. 이런 행동을 '상담원 쇼핑'이라고 한다. '아빠에게 요청하기'의 고객 버전이다.
• 상담원에게 전화를 상사한테 돌려달라고 요청한다. 좀 더 요령 있게 상담원 쇼핑을 하는 셈이다. 추가 수수료 면제, 추가 비용 없이 고가 제품 대체, 원칙 예외 등의 조치에 대한 권한이 상급자에게 더 부여된다는 점을 알기 때문이다.
• 회사와 다시는 거래하지 않겠다고 위협한다. 어떤 경우는 허풍이기도 하지만 어떤 경우는 진심이다. 1장에서 봤듯이 자신의 말을 들어주는 사람이라면 누구에게나 이 경험에 대해 하소연한다. 요즘은 SNS 덕에 모든 사람이 전 세계를 대상으로 확성기를 틀어놓고 있는 셈이다.

말 한마디에 최악의 상황이 벌어질 수 있다. 따라서 "아니오."라는 말을 자제하도록 조치하는 게 옳다. 거짓을 말하지 않되(결국 최종에 전달하는 의미는 '아니오'가 되기 때문이다) 고객의 부정적인 감정 반응을 촉발하지 않으면서, 이에 따라오는 나쁜 결과를 막는 방법을 찾아야 한다. 여기에서 긍정적인 언어 사용이 큰 차이를 불러온다.

예를 들어 어떤 호텔 기업은 상담원을 가르칠 때 투숙객을 응대하는 사고 프로세스를 엔지니어링해서 긍정적인 방향으로 생각하도록 했다. 전설(적어도 고객 서비스 업계에서는 전설이다)에 따르면 월트디즈니월드의 캐스트 멤버(Cast Member: 디즈니월드에서 일하는 사람을 부르는 용어)는 모두 긍정적 언어를 예술 수준으로 익힌다. 담당하는 일이 무엇이든 그 누구도 직원이라고 불리지 않는다. 캐스트 멤버는 모두 디즈니월드라는 큰 쇼의 일원이다. 구피 복장을 한 사람만 그런 것이 아니라 버스 운전사, 놀이기구 담당자, 케이크 제작 담당 모두 동일하다. 가령 "놀이 공원 언제 닫아요?"라는 질문의 답에서 이런 디즈니월드의 태도를 상징적으로 엿볼 수 있다. 긍정적인 언어를 쓰려고 하다 보니 다양한 시도가 행해졌다.

"어, 글쎄요. 마법이 끝나면 닫혀요." (공원은 오후 8시에 폐장이야!)

"당신이 떠나는 순간에 닫죠." (당신이 8시 1분에도 공원에 남아 있다면 디즈니 식으로 내쫓길걸!)

최종적으로 정확한 대답은 "공원은 8시까지 열어요. 하지만 더 흥미로운 아침은 내일 9시에 시작해요. 당신이 그때도 다시 왔으면 좋겠어요!"의 변형 정도가 된다. 여기에 부정적으로 대응할 고객이 과연 있을까?

핵심은 무엇일까? 대답이 더 근사하게 들리도록 노력하란 이야기가 아니다. 고객의 부정적인 반응을 불러일으킬 만한 일이 있다면, 그 가능성을 줄이도록 용어를 선별하고 싶지 않을까? 이것이 바로 오스람 실바니아의 전략이다. 오스람은 콜센터 최전방 상담원과 함께 이를 개발했다. 하지만 오스람은 모든 직원에게 긍정적 언어의 예술을 가르치려 하지도, 모든 가능한 시나리오를 상상해서 고객에게 어떻게 말해야 하는지 두뇌를 뜯어고치려 하지도 않았다. 그 대신 오스람은 간단한 도구를 개발해서 가장 자주 일어나는 상황에 한해서는 상담원이 부정적인 감정 반응을 피하도록 도움을 제공한다.

오스람은 우선 가장 많은 고객의 요구, 즉 서비스 커뮤니케이션이 가장 자주 나타나는 요구를 분석했다. 고객이 원하는 바를 얻지 못할 때 최전방 상담원이 어떻게 응답하는지 들어보았다. 그리고 부정적인 시나리오가 가장 자주 발생하는 상황 10개가 "아니오."라고 말해야 하는 상황의 80퍼센트를 차지한다는 사실을 알아냈다. 아마 이는 다른 회사도 비슷할 것이다.

이런 상황이 나타났을 때 어떻게 명료하게 대답할지 상담원에게 가르치면 어떨까? 모든 문제에 대해서가 아니라, 10개 문제 상황에 대해서만 구체적으로 가르쳐서 고객이 노력에 대해 내리는 해석은 물론 미래 충성도에 대해서 중대한 영향을 끼친다면? 오스람은 이를 간단한 표 형식으로 만들어 모든 상담원의 사무실 책상 앞에 붙여놓게 했다(그림 4.4 참조).

이는 서비스 업계에서 예전부터 사용된 교훈을 또 다른 표현으로 바꾼 것에 불과하다. "당신이 무엇을 할 수 없는지 고객에게 말하지 마라.

당신이 할 수 있는 일을 고객에게 알려라."

고객 코카콜라 줄 수 있으세요?

직원 펩시를 가져다드릴 수 있어요. 괜찮으세요?

거짓말도 사기도 아니다. 제다이의 마인드 트릭스(영화 〈스타워즈〉에 나오는 제다이 기사가 생물의 마음을 조종하는 기술)도 아니다. 그저 미래

그림 4.4 | 오스람 실바니아의 긍정적인 언어 가이드 출처: 오스람 실바니아, CEB, 2013

부정적인 언어 시나리오 상위 10개	부정적인 언어	긍정적인 언어
1 밀린 주문	제품을 확보하지 못했어요.	제품이 ○월 ○일에 들어옵니다.
2 주문 배정	○월 ○일까지 배송하지 못합니다.	○월 ○일 배송됩니다.
3 가격 분쟁	가격 문제는 세일즈 담당과 이야기하셔야 해요.	그 문제라면 세일즈 담당 부서가 도와줄 수 있을 거예요.
4 배송 실수나 훼손	새 상품을 배송해 드릴게요.	이 문제를 해결하는 최선의 방법은 ~입니다.
5 재고 확인	그 제품은 없어요.	대신 이 제품은 갖고 있어요.
6 주문 상태 정보 제공	주문이 ~까지는 준비되지 않을 거예요.	주문이 ~가 되면 준비될 겁니다.
7 틀린 가격	세일즈 담당자에게 가격 확인해달라고 하세요.	세일즈 담당자가 확인해줄 겁니다.
8 배송 지연 설명	주문이 제때 들어오지 않았어요.	적시에 배달되려면 이때까지는 주문해주세요.
9 제품 환불 프로세스	포장에 환불 번호를 적으셔야 합니다.	포장에 환불번호가 포함되도록 확인해주세요.
10 구입 매장 안내	소매 고객에게 안 팔아요.	여기 가면 살 수 있어요.

문제 해결 방향으로 대화를 끌어갔을 뿐이다. 믿을 수 없을 만큼 단순하다. 입에서 나오는 말 백 퍼센트가 당신이 가질 수 있는 것에 대해 말한다.

오스람은 "그 제품은 재고가 없어요."라고 말하는 대신 "(특정 날짜가 되면) 그 제품을 내보낼 수 있고, 재고가 확보되면 즉시 당신에게 발송하겠습니다."라고 말한다. 상담원은 고객의 대변자처럼 행동한다. 고객 편에 서서 고객 노력이 적게 들어가도록 모든 일을 해낸다. 없는 재고를 만들어서 당장 전달해줄 수는 없지만, 자신이 할 수 있는 일(상태를 악화시키지 않고 앞을 내다보는 긍정적인 대화를 형성하는 일)은 해낸다. 별것 없어 보이지만, 매일 고객 수천 명을 대상으로 대화를 긍정적인 방향으로 이끌고, 부정적인 태도가 가져오는 잠식과 고객 충성도에 미치는 나쁜 영향을 줄인다고 생각해보라. 모든 것이 합쳐지면 충분히 의미 있는 결과가 나온다.

나올 법한 모든 시나리오별로 어떻게 긍정적인 언어를 사용할지 상담원을 교육할 수도 있다. 하지만 가장 많이 발생하는 10개 시나리오에 대해 간단한 도구를 마련하기만 해도 괄목할 만한 긍정적 결과가 나온다는 사실을 오스람은 확인했다. 이 도구가 자리 잡자, 상위 관리자를 찾는 확률이 절반으로 줄고, 고객 노력 지수는 18.5퍼센트 개선되면서 오스람은 유사한 B2B 기업 중에 선두 위치에 올랐다.

다시 말하지만, 이는 그저 친절한 태도에 불과한 것이 아니다. 또한 긍정적인 언어를 사용하는 것만으로 끝나지도 않는다. 오스람 실바니아는 큰 고객 노력이 들어갈 듯한 상황 중 가장 흔히 일어나는 상황을 골라내어, 그럴 때 고객을 응대하는 최선의 방법을 상담원에게 가르쳤다. "아니오('할 수 없다'도 똑같다)."라고 말하는 상황은 고객 노력을 쑥 올려버리는 촉발제 역할을 하기 때문이다.

오스람 실바니아 관리팀에 따르면, 부차적으로 상담원들이 이 아이디어 자체를 매우 좋아했다. 적힌 내용을 따라 하거나 주어진 그대로 말하라고 교육받는 대신(오스람은 상담원에게 원고를 그대로 읊으라고 강요하지 않는다) 이런 도구 제공은 곧 회사가 상담원을 지원하고 있으며 이들이 성공하도록 자리를 잡아준다고 느끼게 해주었다. 당신도 이와 비슷하게 시작할 수 있도록 책 뒤편에 '훈련생을 위한 부정적인 언어 도구'를 실었다(부록C 참조).

상담원이 매일 마주치는 가장 최악의 전화는 '논쟁 통화'다. 고객은 화나 있고, 적대적이며, 대놓고 논쟁하려고 한다. 고객으로서는 문제 해결을 위한 전화 통화 자체가 피를 끓게 한다. 회사에 짜증이 나서 비명을 지르고 싶은 심정일 것이다. 하지만 수화기 저편의 상담원 역시 고객 못지않게 이런 상황이 싫다. 고객은 때때로 이런 종류의 커뮤니케이션을 겪지만, 상담원으로서는 이런 일을 하루에도 몇 번씩 겪는다.

하지만 긍정적인 언어를 사용하면 이런 적대적인 상황이 상당히 줄어든다. 온종일 고객과 상담하는 부담도 줄어 일이 조금은 수월해진다. 특히 고객이 원하는 것을 얻지 못하는 상황이라면 더욱 그렇다. 할 수 있는 일이 없다고 해서 아무것도 할 수 없지는 않다.

고객에게 혜택을 보여주면서 대안을 내밀어라

고객이 차선책을 불평 없이 받아들일 뿐 아니라 처음 고른 선택지보다 기분이 좋아져서 전화를 끊으려면 상담원이 어떻게 해야 할까? 이는 '대안 포지셔닝'의 핵심이다. 긍정적인 언어 사용을 넘어서서, 고객과 함께 선택 가능한 옵션을 살펴보도록 고안된 디자인이다. 이때 고객은 대부분 자신이 원하는 선택을 고를 수 없다는 사실조차 깨닫지 못한 상태다.

로열티원이라는 캐나다 회사는 뛰어난 대안 포지셔닝을 보여준다. 그들이 만든 프레임워크는 어떤 산업의 어느 회사도 활용할 수 있다. 아주 간단한 인간 심리학에 근거하기 때문이다.

로열티원이라는 회사 이름은 처음 들었을 것이다. 하지만 로열티원은 독특한 B2B/B2C 기업으로 분석, 고객 로열티 서비스와 로열티 솔루션을 포춘 1000 대기업에게 제공한다. 로열티원은 에어마일 리워드 프로그램(Air Miles Reward Program)을 소유하고 운영하는데, 이 프로그램은 캐나다의 프리미엄 연합 로열티 프로그램으로 세간의 이목을 끄는 브랜드가 대거 참여하고 있으며, 캐나다 가정 2/3가 가입해 있다. 이들 파트너 연합은 파트너와 최종 고객 간에 장기적인 관계를 형성하기 위해 리워드 마일을 지급한다. 고객은 무려 1,200개에 달하는 리워드를 선택할 수 있다. 예를 들어 리테일 매장 고객이 물건 구입으로 생긴 리워드 마일리지를 사용하기 위해 무료 전화번호로 전화한다. 이때 그 고객은 로열티원 상담원과 대화를 나누는데, 마일리지 사용 상담은 여러 가지 이유로 까다로워진다.

- 고객은 항공권이나 기타 레저, 오락을 위해 공짜 물건이나 서비스를 얻기 위해 마일리지를 사용하길 원한다.
- 마일리지 사용으로 얻을 수 있는 서비스 재고가 한정적이다. 예를 들어 항공사는 모든 항공편에 마일리지를 위한 좌석을 마련하지 않는다.
- 로열티원은 고객이 만족할 만한 마일리지 사용 기회를 만들고 싶다. 그래야 파트너에게 마일리지 프로그램이 가치를 가지기 때문이다.

마일리지로 특정 항공편을 예약하려는 고객이 있다. 하지만 그 항공편에는 예약 가능한 좌석이 없다. 이 경우 로열티원 상담원이 통화 끝에 어떤 형태로든 고객이 납득할 만한 대안을 제공해 "네."라는 대답을 받아야 한다. 그렇지 않으면 그 고객은 실망해서 전화를 끊을 테고, 이런 일이 계속되면 프로그램 운영에 장기적인 영향을 끼친다. 따라서 로열티원에 있어 대안 포지셔닝이 중요하다.

로열티원이 양자택일의 순간에서 얻은 교훈은 고객이 원하는 바를 위해 노력을 많이 쏟는 상황이 비일비재한 기업이면 어디에든 유용하다. 자신이 처한 상황으로 인해 창의적으로 생각해야 하는 회사가 최고의 방안을 내놓는 경우가 종종 있다. 로열티원은 '경험 청사진'이라고 부르는 통화 핸들링 모델을 만들었다. 이 모델은 요청 뒤에 숨어 있는 고객의 진정한 동기를 탐색한다. 그리고 고객이 정말 어떤 생각을 하는지 알아낸 뒤, 처음 요청만큼이나 만족스러운 결과를 가져올 대안을 제시하도록 도와준다.

마일리지를 사용하기 위해 전화한 고객과 상담원이 대화를 주고받는 방식에서 모든 프로세스가 시작된다. 질문에 대한 답을 찾기 위해 전화를 대기 상태로 놓는 회사와 달리, 로열티원 상담원은 답을 찾기 위해 모니터를 훑으면서 상담에 유용한 정보, 고객에 대한 정보와 그들이 원하는 바를 파악하려고 그 짧은 기회를 활용한다.

얼핏 보면 이런 기술을 일반 상담원에게 가르치기 어려워 보인다. 하지만 오스람 실바니아와 마찬가지로, 로열티원은 그 어떤 상담원도 효과적으로 사용할 수 있고 반복적으로 사용 가능한 방법론을 만들어냈다.

쉽게 상상할 수 있듯이, 대부분의 마일리지 사용 목적의 통화는 고객이 요청을 늘어놓으면서 시작된다. 그들은 원하는 바가 있고, 특정 시간 특정 장소에 특정 항공편을 사용하고 싶다는 요청이 대부분이다. 고객이 입을 떼는 순간, 상담원은 이미 두 가지 사항을 파악한다.

- 몇 분이 지나면 특정 항공편 좌석을 구할 수 있을지 없을지 판명된다.
- 좌석이 없다면 상담원은 다른 제안을 제시해서 고객이 다른 항공편을 받아들이는지 봐야 한다. 시간대나 날짜가 달라질 수도 있고, 목적지가 달라질 수도 있다.

상담원의 마음에 빨간불이 켜지고, 대안 포지셔닝이 시작된다. 좌석이 남아 있는지 상담원이 확인하는(목적지와 날짜를 타이핑하는) 동안 상담원은 "어떤 일로 밴쿠버에 가세요?" 같은 사소한 잡담(혹은 그처럼 느껴지는 대화)을 시작한다. 고객을 대기 상태(상당수의 고객은 저편에 상담원이 아직 있는지 혹은 해당 통화를 잘라버리고 끊을지 알 수 없기 때문에 이런 상태를 매우 싫어한다)에 놓는 대신 유용하게 활용한다.

'일 문제로 여행하는지?', '업무상 약속도 끝내고 개인적인 시간도 보내려 하는지?', '휴가인지?', '누구(혼자/ 배우자/ 가족)와 가는지?', '여행 목적지에 대해 기대하는지?', '다른 대안도 선택 가능한지?' 등을 묻는다. 그 순간에 어떤 정보를 얻게 될지 정확히 모르지만, 적어도 백업 플랜을 염두에 두고 있다. 그 목적지로 가는 특정 항공편을 제공할 수 없다고 모니터에 뜨면, 고객이 납득할 만한 제안을 내놓을 수 있을까?

물론 고객이 요청을 들어줄 수 있다면, 원하는 항공편을 잡을 수 있다면 일은 쉽게 흘러간다. 하지만 요청을 들어줄 수 없는 경우를 대비해, 고객이 "안 돼요."라는 대답을 듣기 전에 상담원은 대안을 찾기 위해 몇 단계 앞서 나가는 것이다. 친밀한 잡담을 나누면서도 상담원의 머릿속은 이런저런 궁리로 바빠진다. 상황이 이상해 보이지만 어쨌든 두 사람은 대화한다. 이것은 앞으로 일어날 일의 성공과 실패를 가름 짓는다. 이런 커뮤니케이션이 일어나는 가상의 상황을 보자.

고객 월요일 아침 밴쿠버행 항공편을 예약하고 싶어요.

상담원 네, 물론이죠. 스케줄을 좀 살펴볼게요. (키보드 두드리는 소리) 어떤 일로 밴쿠버에 가세요?

고객 월요일 오후에 중요한 미팅이 있어요.

상담원 아, 그러시군요. 결과가 나올 때까지 잠시만 기다려주시겠어요?

(상담원은 밴쿠버로 가는 항공편이 월요일 아침에 없다는 사실을 확인한다. 하지만 일요일 아침과 오후에는 항공편이 있다. 일반적인 상담원이 보통 그렇듯이 고

객을 대기 상태로 돌리는 대신, 이를 고객과 상의하기로 한다.)

상담원 밴쿠버는 자주 가세요? 관광해보신 적은 있고요?

고객 사실 이번이 첫 방문이에요. 하지만 근사하다고 하더군요.

상담원 정말 아름다운 도시죠. 자유 시간은 좀 가지시나요?

고객 그러고 싶지만, 월요일은 회의 때문에 바쁠 듯싶네요.

상담원 확인해봤는데, 일요일 오후 자리가 넉넉히 있네요. 월요일 항공편은 매진 상태예요. 일요일에 가시면 도시도 좀 둘러보고, 월요일 회의에 늦을까 봐 조급해할 필요도 없죠. 그렇게 하는 건 어떠세요?

위 상황에서는 다른 상황일 때도 적용 가능한 포인트가 곳곳에 보인다. 이를 상세히 짚어보자.

첫째, "안 돼요."라는 답을 성급하게 내놓지 않는다. 대안 제시가 고객에게 통하려면, 처음 요청을 이루어줄 수 없다는 사실을 즉시 공유하면 안 된다. 시간을 두고 나서 알려야 한다. 시스템에 요청을 수행하기까지 얼마나 많은 시간이 걸리는지 고객은 전혀 모른다. 이 소중한 시간을 활용해서 고객이 말한 요청 이면의 실제 관심사를 파악한다. 고객의 생각을 파악하고 상황이 얼마나 탄력적인지 살펴본다.

둘째, 큰 고객 노력이 드는 상황을 빠져나가려고 상세히 설명하지 않는다. 보통 회사의 상담원은 왜 고객이 그런 선택을 할 수 없는지 설명하느라 고객의 시간과 정신 에너지를 허비한다. 상담원으로서는 마땅히 해야 할 일처럼 보이지만, 고객으로서는 방어적이거나 전투적인 태도로 보인다. "내가 원하는 걸 왜 줄 수 없는지 정당화하는 것 아닌가요? 그게 어떻게 나한테 도움이 돼요?" 고객 서비스에서 방어가 시작되는 순간, 상담원은 이미 싸움에서 패배한 것이다.

셋째, 고객 요청을 문자 그대로만 받아들이지 않는다. 대개는 고객이 요청하는 서비스와 실제 문제는 똑같지 않다. 전체 맥락을 파악하고 나면 전혀 다른 욕구가 떠오른다. 예를 들어 케이블 TV 고객이 화가 나서 서비스를 복구해달라고 요구한다고 하자. 이면에는 친구들이 중요한 경기를 보러 내일 온다는 사실이 숨어 있다. 만일 상담원이 이런 사실을 파악한다면, 경기 시작 전에 서비스가 복구된다고 말해줄 수 있다. 그럼 서비스 중단에 대한 고객의 분노는 금세 사그라진다.

가령 시카고 도착 항공편이 지연되는 바람에 화가 난 고객은 사실 다음 날 딸아이의 댄스 리사이틀 공연이 있어서 그런 반응을 보일 수 있다. 따라서 고객은 시카고에 닿거나 시간을 다시 잡는 게 중요하지 않다. 아이에게 큰 의미를 가진 행사에 자신이 참석한다고 확실히 약속해주는 점이 중요하다. 이렇게 절박한 상황에서 고객이 받아들일 법한 대안은 여러 개다(다른 도시로 가는 항공편을 탄 후 그곳에서 운전해 간다든지, 다른 공항으로 운전해 가서 시카고행 항공편을 잡는다든지). 고객이 요청하는 맥락을 이해하지 못하면, 이런 대안을 제시할 수 없다.

물론 이런 방식이 모든 상황에 통하지는 않는다. 모든 고객이 상담원과의 대화를 달가워하는 것도 아니다. 대안 제공으로 모든 문제가 해결되지도 않는다. 하지만 대안 포지셔닝이 통할 가능성이 크기 때문에 충분히 시도해볼 만한 가치가 있다.

로열티원의 경험에 따르면 고객 요청의 상당수가 처음의 요청대로 이루어졌다. 그런 경우라면 대안을 보여줄 필요조차 없다(하지만 고객의 요청을 들어줄 수 있는지 파악하는 데 시간이 걸리므로, 상담원은 요청의 맥락을 이해하기 위해 여전히 대화를 나눈다).

처음의 요청이 충족되지 못한 고객 중 약 10퍼센트는 상담원과 왜 여행을 가려고 하는지 대화하지 않는다. 이런 경우라도 상담원은 여전히 긍정적인 언어를 사용해서 대안을 제시하고 최선의 결과를 도출하려고 노력한다. 고객의 요청을 다른 방식으로는 충족시키지 못한다. 고객이 더 많은 정보를 공유하려 하지 않기 때문이다. 하지만 이는 고객에게 손해이고, 상담원은 자신이 최선의 결과를 도출하기 위해 모든 노력을 다했다고 생각한다.

나머지 요청 고객 중 상당한 비중이 다른 항공편, 다른 시간대, 다른 날, 다른 목적지를 기꺼이 고려한다. 또한 많은 고객이 대안을 받아들인다. 긍정적인 순간을 유지하는(고객에게 "안 돼요."라고 말하는 대신 고객에 대한 정보를 수집하는) 상담원의 대처로 모든 일이 이루어진다. 고객 요청의 맥락을 이해하고, 상담원이 파악한 동기를 충족하는 대안을 보일 때까지 참을성 있게 기다린다.

상담원은 고객이 원하는 바를 이루도록, 고객에게 도움이 되도록 이런 행동을 한다. 무언가 조작하거나 사기를 치는 것도 아니다. 마일리지 사용 신청을 끝내서 성공을 거두기는 했다. 하지만 그 밑에 숨어 있는 원동력은 고객 노력이 적게 들어가는 경험을 고객에게 선사하는 행동이다.

대안 포지셔닝 방식의 성공을 평가하기 위해 로열티원은 파일럿 그룹만 이 방식대로 훈련시킨 후, 전통적인 방식으로 훈련받은 상담원 집단과 결과를 비교해봤다. 통화 만족도 설문을 진행하자, 파일럿 그룹의 만족도가 8퍼센트 높았다. "고객에게 신경을 기울인다."라는 평가는 11퍼센트 올랐다. 첫 통화 해결률도 7퍼센트 올랐다. 그 수치만으로도 인상적인데, 콜백도 줄고 상위 관리자를 찾는 일도 감소했다. 이는 서비스 조직의 운영비용에 상당한 영향을 가져온다.

미처 예상치 못한 행운도 따라왔다. 바로 평균 소요 시간의 단축이다. 얼핏 이치에 맞지 않는 듯 보인다. 고객과 소소한 대화를 시도해서, 요청 뒤에 숨어 있는 진짜 이유를 파악하려면 시간이 더 걸리지 않을까? 물론 몇 가지 질문이 추가되면 통화 시간이 늘어나기도 한다. 하지만 최악의 상황에서는 소요 시간을 줄여준다. 고객이 원하는 것을 얻지 못한 나머지 화가 나서 상담원과 싸우려 들거나(논쟁 통화) 상사와 말하고 싶다고 요구하는 통화가 줄어든다.

대안 포지셔닝이 모든 문제를 해결해주지는 않아도 부정적이고 괴로운 일을 효과적으로 줄여준다. 고객 노력이 적게 들어가는 경험을 제공하기 때문이 아니라 상담원이 매일 다뤄야 하는 최악의 전화, 사람의 감정을 소모하는 전화를 줄여주기 때문이다.

고객 개인 성향에 근거해 문제를 해결하라

고객과의 커뮤니케이션을 항상 일관적으로 진행하도록 끊임없이 노력하는 대신, 상담원이 고객 맞춤형으로 접근할 수 있다면 어떨까? 고객별 기본 성격을 실시간으로 파악해서 그에 맞춰 커뮤니케이션할 수 있다면? 그렇게만 할 수 있다면 탁월한 서비스 경험을 만들면서 문제를 해결하기 위한 수고를 줄일 수 있다. 하지만 이런 해결책이 과연 가능할까?

서비스 조직 내부를 들여다보면, 쉽게 고객과 같은 흐름을 타는 상담원이 분명히 존재한다. 문제나 골칫거리가 있는 사람을 금세 파악하고 상대한다. 이런 사람은 상대방이 무엇을 원하고, 이런 욕구가 어디에서 오는지를 이해하고 본능적으로 적절한 응대를 내놓는다. 이런 능력이 어떨 때는 뛰어난 공감 기술 같기도 하고, 어떨 때는 남을 도우려는 자애 기술 같기도 하다. 하지만 그것이 무엇이든 선택받은 몇몇 사람한테만 있는 듯하다.

고객과 같은 눈으로 바라보면 충성도 감소를 최소화하고 고객 노력을 줄이는 데 상당한 영향을 줄 수 있다. 여기서 문제가 하나 있다. 이런 능력이 있어 보이는 상담원에게 어떻게 그렇게 하냐고 물어보면, 이들은 "무엇을요?"라고 반문한다는 것이다. 이들은 직관적으로 그런 응대를 한다. 이런 기술을 가진 사람을 발견하기만 하면 회사는 기꺼이 이들을 고용하려 든다. 하지만 이런 기술은 이력서, 테스트, 인터뷰를 통해 발견하기 어렵다. 그래서 고객 성격에 근거한 문제를 해결 훈련 및 평가 방법을 찾게 된다. 이 방식은 미숙한 상담원도 동일한 행동과 결과를 끌어내도록 해준다. 뛰어난 대인 기술을 가진 사람만이 할 수 있었을 일을 모든 상담원이 할 수 있게 해준다.

사람의 성격을 파악하는 다양한 방법과 시스템이 존재하지만, 영국 금융 기관인 브래드포드&빙리가 만든 방법이 가장 뛰어나다. 그들의 방식은 마이어스-브릭스(Myers-Briggs)가 만든 성격 유형 검사인 MBTI(Myers-Briggs Type Indicator)에 근거를 두고 있다. MBTI는 꽤 많이 알려져 있다. MBTI는 인지와 사고방식 측면에서 어떤 방식을 많이 선호하는지 판단하는데, 네 가지 양분된 기준으로 사람을 평가하고, 개인 성격을 구분하기 위한 네 글자로 된 코드가 있다. 네 가지 다른 분야를 살펴보기 때문에 MBTI는 4×4, 총 16개의 성격을 구분한다.

여태까지 접해온 수많은 성격 검사와 비교하면, 16개 유형으로 압축된 MBTI는 파악하고 이해해야 할 유형이 상대적으로 적다. 하지만 겨우 2~3분 내 대화를 통해 16개의 성격 유형 중 하나를 골라내는 일은 쉽지 않다. 그래서 브래드포드&빙리는 파워트레인(PowerTrain, 영국의 행동 변화 컨설팅 회사)과 협업하여 16개 유형을 4개로 압축했다. 이는 어느 상담원이라도 짧은 시간 내에 유형을 파악할 수 있는 숫자다(그림 4.5 참조).

프로파일 만들기

세상의 모든 고객을 네 가지 기본 카테고리로 나눈다고 생각해보자.

- 감정적 욕구를 따라가는 '감성적인 사람'
- 이야기하고 성격을 드러내길 좋아하는 '엔터테이너'
- 분석하고 이해하는 '사고하는 사람'
- 원하는 걸 제때 가지려 하는 '통제하는 사람'

그림 4.5 | 브래드포드&빙리의 성격 프레임워크 출처: 브래드포드&빙리, 파워트레인(영국), CEB, 2013

감성적인 사람
공감 중시형
"다음 단계에 대해 느낌이 좋길 원해요."

성격 특성
- 협조적인
- 민감한
- 충성도가 높은

기억할 점
- 상대방의 의견을 끌어낸다.
- 확신을 가져다준다.
- 개인적인 관심을 보여준다.

엔터테이너
사회 중심형
"재미있게 합시다."

성격 특성
- 외향적인
- 열광적인
- 즉흥적인

기억할 점
- 친근한 어조를 유지한다.
- 개인적인 정보를 언급한다.
- 큰 그림에 집중해서 시작한다.

사고하는 사람
과정 중심형
"이유와 목적을 설명하는 데 시간을 할애해주세요."

성격 특성
- 분석적인
- 꼼꼼한
- 심각한

기억할 점
- 끼어들지 않는다.
- 프로세스를 설명한다.
- 대화 속도를 늦춘다.

통제하는 사람
결과 중심형
"본론으로 들어가죠."

성격 특성
- 독립적인
- 솔직한
- 확고한

기억할 점
- 문제를 직설적으로 언급한다.
- 대화 속도를 빨리 한다.
- 결과에 대해 명백한 타임라인을 제시한다.

카테고리 자체만으로는 고객 서비스 상담원에게 크게 유용하지 않다. 개별 고객이 어떤 성격 프로파일에 해당하는지, 그 사람을 어떻게 응대해야 하는지 활용할 만한 도구나 가이드가 있어야 한다. 그렇지 않으면 이 프레임워크는 직관보다 좀 더 나은 수준에 그친다.

브래드포드&빙리가 사용한 프레임워크는 프로세스 자체가 마법이다. 30초~60초만 주어지면, 모든 고객의 성격을 추측해 그 정보에 근거해서 어느 상담원이나 쉽게 대화를 이끈다. 무엇보다 뛰어난 점은, 이런 추측을 위해 고객에게 폭포처럼 질문을 쏟아내지 않아도 된다는 점이다. 문제나 골칫거리를 설명하느라 고객이 구사하는 단어에만 근거해서 응대를 진행한다. 어조, 말투, 기타 감지하기 힘든 성격은 전혀 고려하지 않고, 회사에 전화한 이유를 말하는 내용으로 감지한다. 상담원이 이런 일을 해낼 수 있도록 브래드포드&빙리는 상담원에게 간단한 의사결정 트리를 마련해주었다(그림 4.6 참조).

그림 4.6 | 브래드포드&빙리의 고객 프로파일 파악 도구

출처: 브래드포드&빙리, 파워트레인(영국), CEB, 2013

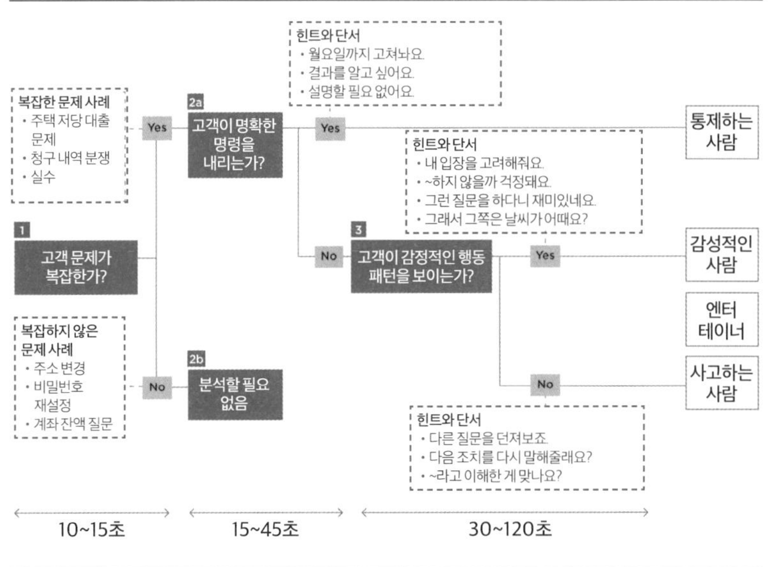

고객 성격 분석을 위해 상담원은 다음의 세 가지 질문에 답할 수 있으면 된다.

1. 고객의 문제가 복잡한가? 대답이 '아니오'인 경우(문제가 간단한 경우), 상담원은 분석 절차를 밟지 않아도 된다. 짧은 상담으로 고객 문제가 쉽게 해결된다면(주소 변경, 잔액 확인 등), 친절하고 프로페셔널한 태도로 충분하다. 굳이 문제 해결 프로세스를 맞춤 제공할 필요가 없다. 간단한 문제 상황에서 상담원은 고객을 '통제하는 사람'으로 응대하게 되어 있다. 그들이 요청하는 것을 제공하고, 최대한 신속하고 친절하게 통화를 종료한다. 하지만 고객 문제가 복잡한 경우(청구 내역 분쟁 등), 상담원은 문제를 묘사하는 고객의 단어를 주의 깊게 청취한다.
2. 고객이 명확한 명령을 내리는가? 대답이 '예'라면, 고객은 '통제하는 사람'일 가능성이 크다. 프로파일을 더 분석할 필요가 없다. 그 대신 상담원은 신속하고 간단명료하게 고객을 응대한다.
3. 고객이 '감정적인' 행동 패턴을 보이는가? 고객이 명확한 명령을 내리지 않는다면 마지막 질문을 던져야 한다. 고객이 감정적인 행동 패턴을 보이지 않는다면, '사고하는 사람'이다. 대답이 '예'가 나온다면 이들은 '엔터테이너'이거나 '감성적인 사람'이다. 이 둘을 구분하는 요소는 감정적 요구의 원천이다. 가령 엔터테이너는 사람과 어울리고 농담을 건네고 대화하려 한다. 감성적인 사람은 개인적인 관점이나 감정까지도 고려해주길 요구한다.

고객 성향 맞춤 가이드

고객 성향을 파악하는 것도 중요하지만, 핵심은 고객 성향에 맞춰 제대로 서비스를 제공하는 것이다. 브래드포드&빙리는 이 또한 단순화시켰다. 최전방 상담원은 매일 고객에게 경험을 제공할 때 유용한 '커닝 페이퍼'를 가지고 있다. 각각의 성격 프로파일에 최적화된 구체적인 서비스 접근 방법을 알려주는 간단한 메모가 그것이다. 이를 통해 고객 개개인의 노력이 가장 적게 들어가는 커뮤니케이션을 만들어낸다.

그림 4.7 | 브래드포드&빙리의 고객 문제 해결 맞춤형 가이드(요약)

출처: 브래드포드&빙리, 파워트레인(영국), CEB, 2013

통제하는 사람: 결과 중심

"불필요한 상세 내역에 시간을 쓰지 말아요. 문제를 해결해주세요."

기억할 점
- 문제를 직설적으로 언급한다.
- 대화 속도를 빠르게 한다.
- 결과에 대해 명백한 일정을 제시한다.

보여줘야 할 특성
- 자신감
- 문제를 전적으로 책임지는 자세
- "할 수 있다"라는 태도

엔터테이너: 사회 중심형

"사람답게 대해줘요. 판에 박힌 대답은 듣고 싶지 않아요."

기억할 점
- 친근한 어조를 유지한다.
- 원고를 달달 외우지 않는다.
- 적정하다면 개인적인 정보를 언급한다.

보여줘야 할 특성
- 유머 감각
- 창의성
- 친절함

사고하는 사람: 과정 중심형

"문제 해결 단계를 시간을 들여 충분히 설명해주고, 내가 이야기할 수 있게 해줘요."

기억할 점
- 끼어들지 않는다.
- 프로세스를 설명한다.
- 대화 속도를 늦춘다.

보여줘야 할 특성
- 뛰어난 청취 능력
- 꼼꼼함
- 다음 단계의 투명한 공개

감성적인 사람: 공감 중시형

"문제에 대해 내 기분이 어떤지 이해해줘요. 문제를 해결하면서 공감적인 태도를 보여줘요."

기억할 점
- 이름을 친근하게 부른다.
- 문제가 해결된다는 확신을 준다.
- 개인적인 관심을 보여준다.

보여줘야 할 특성
- 공감
- 이해
- 진지한 태도

상담원이 고객 성격 분석에 관해 CRM 시스템에 어떤 메모도 남길 수 없다는 사실은 의외다. 고객 성격 프로파일에 대해 팀원들에게 사전 알림을 보내면, 다음 번에 그 사람과 커뮤니케이션을 진행할 상담원에게 도움이 된다고 생각하기 쉽다.

하지만 브래드포드&빙리는 그렇게 하지 않기로 했다. 고객의 프로파일은 다양한 요소(그 문제가 얼마나 급박한지, 전화한 당시 고객이 얼마나 바쁜지 등)에 따라 달라질 수 있으며, 다음에 전화할 때에는 고객이 다른 방식으로 행동할 수 있기에 상담원에게 선입관을 남겨놓지 않는 편이 현명하다고 판단했기 때문이다.

의사결정 트리 적용 효과

고객의 성격 유형을 알아내도록 고객 서비스 팀원을 가르치고, 시간제 직원에까지 일정 수준 기술을 가르친다. 이때 회사가 교육에 쏟는 시간과 노력은 정당화할 만한가? 브래드포드&빙리 팀과 그 외 수년간 이 기발한 프로세스를 진행한 10여 개의 회사에서 관찰한 사실을 근거로 내린 결론에 따르면, 프로세스 교육에 쏟는 모든 시간과 노력은 백퍼센트 정당화된다.

고객 충성도에 대한 잠재적인 영향력을 살펴보자. 지금 이야기하는 상담원이 자신을 제대로 이해한다고 느낀다면, 이번 경험에 고객은 노력이 적게 들어갔다고 느낄 확률이 높다. 이것이 경험 엔지니어링의 핵심이다. 고객의 노력 인지 정도가 고객 충성도를 낮추는 핵심 원인이라는 사실을 기억하라. 고객 노력이 크면 고객은 서비스 제공 수준이 낮다고 인지한다. 브래드포드&빙리의 전략으로 인해 상담이 진행되는 동안 고객은 고객 맞춤형으로 서비스가 제공된다고 인지한다.

결과만 봐도 브래드포드&빙리 방식의 효과를 실감할 수 있다. "기꺼이 남에게 추천하겠다."라는 고객이 20퍼센트 증가했다. 시간이 지나면서 추가 혜택도 나타났다. 상당수는 아무도 예측하지 못한 부수 효과였다.

성격에 근거한 문제 해결 상담을 한 지 채 1년도 안 되었는데 반복되는 통화가 40퍼센트 감소했다. 3장에서 논한 차후 문제 방지 방식을 떠올려보면, 콜백의 상당수가 잠재적 문제(가령 제공된 정보를 고객이 신뢰할 수 없거나 그 설명에 만족하지 못한 경우)로 일어난다. 성격에 맞춰 고객 상담을 진행하자 불필요한 콜백의 감정적 근원이 상당수 제거되었다. 그 결과 서비스 운영의 경제적 측면에서 큰 혜택을 보게 되었다.

대면 상담원의 몰입도도 크게 높아졌다. 상담원에 따르면, 성격에 근거해서 문제를 해결하자 일 자체가 흥미로워졌을 뿐 아니라 상대하는 고객에게 최선이라고 자신이 믿는 방향으로 상담을 진행하면서 해방된 느낌을 받았다고 한다. 그 결과 원고를 읽고, 체크리스트 위주로 진행되는, '명령하고 통제하는' 일반적인 서비스 조직 문화와 다른 분위기가 조성되었다.

다시 말해 이 분위기는 고객은 물론 회사, 상담원 모두에게 이로운 '윈윈윈' 상황이다. 고객 서비스 관리팀이 '양호함'이라고 정의 내린 기준에 모든 상담원이 순응하는 '균일한' 서비스에서 벗어나서 '계속 고객에게 맞춰주는' 서비스, 개별 고객의 특성대로 대응하는 방식으로 변화하는 일은 문화적 변화를 가져온다.

직원에게 매 상황에 정해진 매뉴얼대로 움직이라고 해서는 새로운 방식으로 변할 수 없다. 계속 고객에게 맞춤형 서비스를 능숙하게 제공하려면, 고객 서비스 상담원을 어떻게 관리할지 심각하게 고려해봐야 한다. 이를 염두에 두고, 또 다른 프로젝트를 실행했다.

이번에는 고객 서비스 기능 관리에 집중했다. 목표는 고객 노력이 적게 들어가는 회사들이 고객을 직접 대하는 상담원을 어떻게 관리하는지 이해하는 것이다. 그들은 어떻게 다르게 일할까? 고객 맞춤형의 개인별 서비스 경험을 제공하려면 직원 행동을 완벽히 통제하고 지시하는 방식은 통하지 않는다. 이런 상황에서 이들 회사는 어떻게 통제권을 얻을까?

결론부터 말하자면, 뜻밖의 결과가 나왔다. 그리고 이 놀라운 사실은 고객 노력이 적게 드는 경험을 고객에게 제공하려는 회사에 새로운 돌파구가 될 것이다.

KEY POINT

- ✔ '행동'은 고객 노력의 1/3, '느낌'은 고객 노력의 2/3를 차지한다. 서비스 커뮤니케이션에 큰 고객 노력이 들었는지를 고객이 인지하느냐가 고객 노력을 결정짓는다. 실제 커뮤니케이션 중에 고객이 한 일은 그 비중이 미미하다.

- ✔ 고객 인지 관리는 그저 친절한 태도만으로 되지 않는다. 경험 엔지니어링은 고객의 대응을 관리한다. 이는 전통적 소프트 스킬과 형식은 물론 목적도 크게 다르다. 이는 행동 경제학(옹호, 대안 포지셔닝, 앵커링)에 근거를 두고 있으며, 고객에게 완전히 바람직한 결과가 아니더라도 긍정적인 반응을 끌어내도록 언어를 잘 구사하는 방법으로 진행된다.

CHAPTER 5

최고의 서비스 조직에는 체크리스트가 없다

고객 서비스 관리에 종사하는 사람이라면, 받아들이기 어려운 사실 하나를 인정해야 한다. 최적의 고객 경험을 제공하기 위해 온갖 과학과 전략을 들이대지만, 정작 이 경험을 매일 고객에게 선보이는 사람은 수백 명 혹은 수천 명의 상담원이다. 그 숫자만 해도 이미 관리팀의 통제를 한참 벗어난다.

고객 노력이 적게 드는 고객 경험을 형성해 충성도 감소를 막겠다는 목표 또한 이들 최전방 상담원의 손에 달려 있다. 본사의 장성들이 아무리 기막힌 전투 전략을 만들어낸들 그 성패 여부는 수백 혹은 수천 명의 보병 손에 달려 있는 셈이다. 이들이 전투의 최전방에 선 동기는 그저 달마다 꼬박꼬박 찍히는 급여통장일 수 있다. 회사는 이렇게 노골적인 말로 현실을 묘사하려고 하지 않지만 이것은 사실이다.

회사의 전략적·재무적 이해관계 측면에서 상당 부분, 상담원의 기술과 능력에 의존한다. 관리자가(적어도 상위 관리자를 바꾸라는 고객 때문에 이전 대화를 듣기 전까지는) 모든 대화를 청취하지 않기 때문에에 회사

차원에서는 안전망이 아예 없다. 따라서 고객 서비스 운영 측면에서 회사는 대부분 모든 것을 통제하려 든다. 완벽한 통제가 고객 서비스 부문에서 사람을 관리하는 전략으로 만연하게 쓰인다.

상담원이 고객과 커뮤니케이션하면서 특정 용어를 반드시 쓰도록 하는 일은 흔히 일어난다. 또한 많은 회사가 케케묵은 생산성 측정 방법을 사용한다. 예를 들어 평균 작업시간(Average Handle Time)이나 품질보증(QA)을 가장한 체크리스트 등을 사용해서 모든 커뮤니케이션에서 상담원이 해야 하는 행동을 줄줄 읊는다. 업무 환경 전체가 직원을 통제하도록 디자인된다. 어떤 회사(특히 규제가 심한 산업에 속한 회사)는 이런 상황을 통감한다.

하지만 세계 최고 수준의 고객 경험을 창조하는 데 필요한 네 번째 요소에 대해 언급하자면, 고객 노력이 적게 드는 서비스 조직은 다른 방식으로 운영되며 인력 관리 또한 다르게 진행된다. 고객 노력이 적게 드는 회사의 사무실을 어슬렁거려보면, 이들은 전혀 콜센터가 운영되는 곳처럼 느껴지지 않는다.

평균 작업시간을 위한 시계가 똑딱이면서 최대한 빨리 통화를 종료하라고 상담원에게 시그널을 주지도 않는다. 품질보증 담당자가 균질한 서비스를 위해 체크리스트를 작성하지도 않는다. 고객의 이름을 세 번 말하고, 회사와 좋은 관계를 맺어줘서 고맙다고 감사 표시를 하지 않아도 된다. '수화기 너머로 미소를 전달'하라고 상담원에게 지시하는 사람도 없다.

고객 노력이 적게 들어가는 서비스를 운용하는 조직에서는 특정 고객이 경험한 특정 문제를 다룰 때 가장 적정한 방법을 상담원이 직접 결정한다. 가장 뛰어난 고객 서비스를 제공하는 조직은 다른 이들이 모르는 무언가를 알고 있다. 그들은 통제하기 위해서는 통제권을 내어줘야 한다는 것을 안다.

문서에서 혹은 연구소의 엄격하게 통제된 상황에서만 얻을 수 있는 이상향이 아니다. 지금 이야기하는 일은 진짜로 존재하고, 전 세계 선구적 서비스 조직을 통해 이미 일어나고 있다. 이런 회사의 리더들이 여느 회사보다 빠르게 깨달은 사실이 하나 있다. 고객의 기대치와 요구가 과거 어느 시점보다 더 신속하게 변한다는 점이다. 어제는 성공적이었던 고객 서비스 전략이 하룻밤 사이에 구닥다리가 되고, 더는 충분하지 않으며, 최악의 경우 회사에 해를 끼친다. 오랫동안 고객 서비스를 담당했던 리더들이 "옛날이 좋았지." 하고 자기 부정 상태에 빠지는 모습이 충분히 이해된다.

하지만 현재 상황을 꿰뚫어보는 사람에게 그 차이는 충격적일 만큼 분명하게 보인다. 고객 기대치는 물론 이를 충족하는 데 필요한 고객 서비스 기술도 크나큰 변화를 겪었다.

고객 문제가 과거에는 틀에 박힌 형태였지만(그 결과 고객 서비스는 공장에서 찍어내듯 똑같다) 이런 쉬운 문제는 셀프서비스로 해결되면서 어려운 문제만 남는 형태로 진화했다. 여기에 고객 기대치는 높아지고, 기대치를 채우지 못한 회사에 분노를 표출하는 창구(SNS 등)는 확대되면서, 서비스 상담원은 과거보다 그 업무가 과중해지고 어려워졌다(그림 5.1 참조).

그림 5.1 | 고객 서비스 시대 비교 출처: CEB, 2013

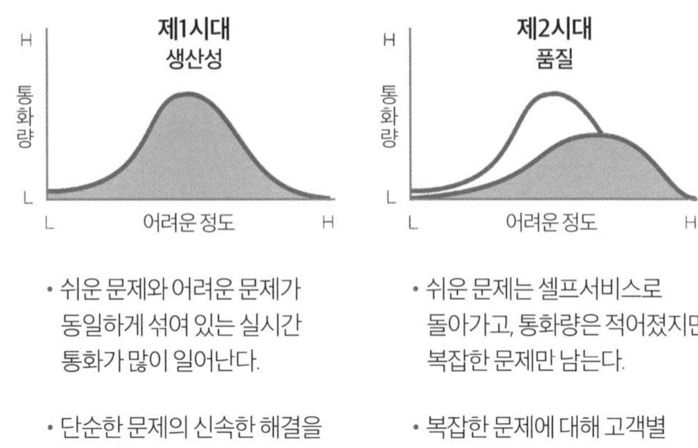

제1시대
생산성
제2시대
품질
H
통화량
L
L
어려운 정도
H
실시간 연락 분포
• 쉬운 문제와 어려운 문제가 동일하게 섞여 있는 실시간 통화가 많이 일어난다.
• 쉬운 문제는 셀프서비스로 돌아가고, 통화량은 적어졌지만 복잡한 문제만 남는다.
고객 기대치
• 단순한 문제의 신속한 해결을 원한다.
• 복잡한 문제에 대해 고객별 맞춤형 지원을 요청한다.

이런 상황을 고려할 때, CEB에서 진행한 설문조사에서 서비스 조직 80.5퍼센트가 "상담원의 업무 성과가 최근 몇 년간 눈에 띌 정도의 개선을 보이지 않았다."라고 대답한 것은 전혀 놀랍지 않다(그림 5.2 참조).

꽤 우울한 소식이다. 뛰어난 고객 경험을 형성하기 위해 헌신하는 경영진, 고객에게 최고의 결과를 안기기 위해 관심과 에너지를 쏟은 상담원이 있었는데도 전혀 개선되지 않았다는 결과가 나오다니 말이다. 밑 빠진 독에 물을 붓는 것처럼 아무리 열심히 노력해도, 조금도 나아가지 못한다. 최전방 상담원의 성과가 개선되지 않는다는 사실, 성과가 악화하고 있을지도 모른다는 사실에 서비스 담당 리더는 의문점을 품으면서도 해답은 찾지 못한다. 대형 은행에서 고객 서비스를 담당하는 이사는 "상담원은 고객 기대치를 쫓아가질 못해요. 연간 이직률이 30퍼센

그림 5.2 | 상담원의 성과 개선 추세(회사 보고 내용) 출처: CEB, 2013

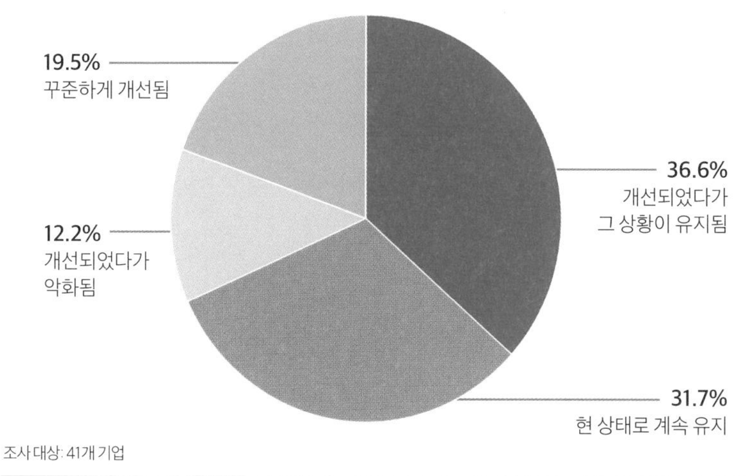

조사 대상: 41개 기업

트라는 사실을 같이 고려하면, 항상 새로운 사람을 고용하지면 이들 상당수가 결국 떠나간다는 말이 되죠. 고객 요구 수준은 높은데 시스템은 이를 쫓아가지 못해서 번아웃으로 인해 퇴직하는 경우가 종종 발생해요."라고 말했다.

베테랑 상담원들이 구사하는 '통제의 기술'

고객 기대치와 요구사항이 매우 달라진 요즘, 상담원이 어떻게 대처해야 할까? 어떤 유형의 상담원이 최적일까? 최전방에 어떤 사람을 앉혀야 할까? 어떤 스킬이나 행동이 성과(특히 고객 노력을 줄여야 할 때)에 가장 큰 영향을 미칠까? 어떤 종류의 훈련, 코칭, 인센티브가 가장 효과적일까? 이런 의문은 크게 두 가지 질문으로 요약된다.

- 요즘 같은 세상에 성공을 거두려면 상담원을 어떻게 포지셔닝해야 할까?
- 고객 노력이 적게 들어가는 경험을 제공하려면 어떤 기술이 가장 중요할까?

우리는 위 두 질문에 대한 답을 마련하기 위해 최전방 상담원 성과에 관한 광범위한 연구를 진행했다. 고객 충성도를 높이고 뛰어난 고객 경험을 형성하고자 할 때 어떤 기술과 행동이 가장 큰 영향을 미치는지 파악하고 싶었다. 이 과업의 범위는 더할 나위 없이 거대했고 실전에 적용하기가 까다롭기 짝이 없었지만, 핵심 명제는 의외로 단순했다.

최전방 상담원의 기술과 지배적인 행동 특성을 파악해서 이를 각 상담원의 성과 수준과 매치하면 어떤 결과가 나올까? 누가 어떤 점에서 강한지 파악하고, 그 사람의 성과를 주변 그룹과 비교한다면? 이런 프로세스를 수백 명의 상담원에 대해 수백 번 반복하면, 뛰어난 성과를 가져다주는 요소에 대해 명확한 결론을 내릴 수 있지 않을까?

상담원 개개인의 특징을 파악하기 위해, 상담원을 제일 잘 파악하고 있는 상위 관리자에게 도움을 요청했다. 다양한 회사의 고객 서비스 매니저 440명의 도움을 받았다. 이들은 다양한 회사, 산업, 사업 모델, 회사 크기, 지역 분포, 문화를 대표한다.

이들 440명의 관리자에게 각각 같이 일해보고, 잘 아는 상담원을 무작위로 3명 골라서 상세한 정보를 제공해달라고 요청했다. 그렇게 총

1,320명의 분석 대상을 확보했다. 그다음에 이들 3명의 상담원에 대해 75개가 넘는 기술 분야 진단을 요청했다. 평가 항목은 현재의 고객 서비스 환경에서 강력한 힘을 발휘한다고 가정한 항목 리스트 중에서 선별한 것이다.

기술을 분석하고 나면, 상담원 성과에 대한 평가가 이어졌다. 회사가 사용하는 성과 기준(고객 만족, 순 추천고객 지수(NPS), 첫 통화 해결률(FCR), 고객 노력 지수(CES) 등)에서 어떤 성적을 보이는가? 성과가 뛰어난지? 평균인지? 낮은지?

마지막으로 상담원 1,320명의 기술과 성과를 비교해보았다. 그러자 매우 분명한 결론이 떠올랐다. 이들 중 몇몇은 우리가 예측했던 의심과 가정과 일치했지만, 몇몇은 전혀 예상치 못한 놀라움을 안겨주었다.

결론은 두 가지 분석 프로세스의 결과로 도출되었다. 요인 분석(Factor Analysis: 알지 못하는 특성을 규명하는 데 문항이나 변인 간의 상호관계를 분석하여 상관이 높은 문항이나 변인을 모아 요인으로 규명하고 그 요인의 의미를 부여하는 통계적 방법)을 통해 기나긴 기술 리스트를 통계적으로 정의한 네 개의 그룹으로 분류했다. 같은 그룹에 속한 기술은 동일한 특징과 상관관계를 보인다.

회귀분석(Regression Analysis: 독립변수가 종속변수에 미치는 영향을 확인하고자 사용하는 분석방법)을 통해 네 그룹 중 어느 쪽이 고객 서비스 업무 환경에 가장 큰 영향력을 끼치는지에 대한 해답을 찾아냈다.

그룹 1

네 개의 그룹을 영향력이 적은 순서대로 열거했다. 첫 번째 그룹은 네 가지 기술로 구성된다.

- 호기심이 많다.
- 창의적이다.
- 비판적 사고를 할 수 있다.
- 실험적이다.

네 가지 기술은 '선제적 문제 해결' 혹은 IQ에 딱 맞아떨어진다. 이 분야에서 평균보다 뛰어나면, 상담원의 성과가 3.6퍼센트 올라간다. 여기에서 언급하는 상담원의 성과 향상은 해당 기술이나 행동의 상위 25퍼센트를 하위 75퍼센트와 비교한 결과다. 최악이나 최상을 비교한 게 아니라, '그다지 뛰어나지 않은' 사람과 '꽤 잘하는' 사람을 비교했다고 보는 게 맞다.

이를 고객 만족도나 순 추천고객 지수 3.6퍼센트 상승 혹은 고객 노력 지수 3.6퍼센트 감소라고 생각해보자. 상담원 성과가 3.6퍼센트 향상되었다는 결과는 전반적인 고객 경험 지표상 중요한 개선이라고, 우리와 함께 일한 회사는 입을 모아 주장할 것이다. 여기서 명심할 점은 효과가 작은 순서부터 언급하고 있다는 사실이다. 앞으로 더 희망적인 소식만 나온다.

그룹 2

다음 그룹은 여섯 가지 기술로 구성된다.

- 제품에 대한 지식을 시연한다.
- 기술적 전문성이 보인다.
- 자신 있게 대화한다.
- 명확하게 대화를 나눈다.
- 핵심 질문을 던진다.
- 멀티태스킹을 진행한다.

여섯 가지 기술은 서비스 상담원이라면 으레 갖추었다고 여겨지는 기본적인 기술과 행동이다. 이 분야에서 뛰어난 상담원의 성과는 5.1퍼센트 높다. 이는 충분히 납득할 만한 결과다. 고객 서비스를 제공하는 데 필요한 기술을 평균 이상으로 갖춘다면, 그렇지 않은 상담원보다 성과가 뛰어날 수밖에 없다.

그룹 3

기본이 중요하기는 하지만, 세 번째 그룹은 이를 뛰어넘는 모습을 보인다. 세 번째 그룹 역시 여섯 가지 기술로 구성된다.

- 상대방을 배려한다.
- 개인 성향에 맞춰 움직인다.

- 고객 서비스 윤리 의식이 있다.
- 외향적이다(낯선 사람과 쉽게 대화를 나누는 등).
- 고객 입장에서 움직인다.
- 설득력이 강하다.

세 번째 그룹은 정서 지능 혹은 EQ의 특질로 상담원 성과를 5.4퍼센트 높인다. EQ는 IQ나 기본 기술과 행동보다는 좀 더 높은 차원이지만, 다른 그룹과의 성과 차이는 크게 없었다.

만일 성과에 영향을 끼치고 싶을 때 세 그룹 중 어느 쪽을 골라 채용이나 훈련을 말하기가 어렵다. 세 그룹 중 어느 특정 그룹에 자원을 집중해 투자하거나 세 그룹에 고르게 투자한다면 긍정적인 결과는 나오겠지만 괄목할 만한 성과는 거두기 어렵다.

그룹 4

다행스럽게도 세 개의 선택지로만 끝나지 않는다. 네 번째 그룹이 존재한다. 네 번째 그룹은 과거에 미처 파악하지 못한 '단절 고리'로 나머지 세 그룹보다 큰 영향을 끼친다. 사실 세 그룹 중 두 그룹을 합한 것보다도 영향력이 더 크다. 네 번째 그룹은 다섯 가지의 기술과 행동으로 이루어진다.

- 융통성이 있다.
- 번아웃 없이 압박 상황을 잘 처리한다.

• 자신의 행동에 책임을 진다.

• 관리자의 건설적 비판에 매끄럽게 응수한다.

• 오랜 기간에 걸쳐 업무에 집중한다.

다섯 가지 기술은 통계적으로 같이 묶여 있으며, 다른 그룹과는 다소 동떨어진 모습을 보인다. 이는 미처 예상하지 못한 결과였기에 상당한 시간을 들여 이들 기술을 살펴보고 왜 이들이 중요한지 가설을 세웠다. 이 네 번째 그룹을 통제지수 혹은 CQ(Control Quotient)라고 부른다. 왜 이렇게 부르는지, 왜 통제지수가 오늘날의 고객 서비스 커뮤니케이션에서 중요한지 이야기해보자(그림 5.3 참조).

그림 5.3 | 상담원 기술 유형별 성과에 대한 영향

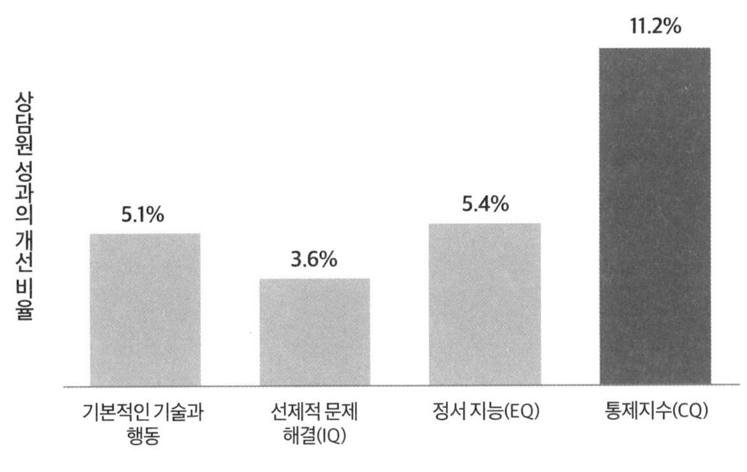

조사 대상: 440명의 관리자와 1,320명의 상담원

번아웃 없는 상담원들은 이렇게 일한다

현대의 복잡한 고객 환경에서 상담을 진행하며 통제권을 쥐는 최전방 상담원의 능력이 중요한 성공 요소라는 점은 명백하다. 문제나 상황에 감정적인 고객을 상대할 때도 최전방에서 홀로 온전히 소화해내야 한다. 그 문제를 제대로 해결하지 못하면 순식간에 회사를 향한 고객의 감정이 악화하기도 한다.

제품이 망가졌는데 보증기한이 지나서 새로운 제품을 사는 것 외에는 방법이 없다는 안내를 고객에게 전해야 하는 상황을 떠올려보라. 혹은 가족 모임을 위해 요청한 추가 객실이 없어서 가족 구성원 일부가 다른 도시에 있는 호텔로 가야 한다는 설명을 전해야 한다고 상상해보라. 이런 복잡하고 어려운 상황에서 침착함을 유지하는 능력, 긍정적인 언어 기술과 대안 포지셔닝을 통해 고객과 감정적인 연결 고리를 형성하는 능력은 상당한 수준의 개인 통제력이 필요하다.

무엇보다도 최전방 상담원은 모든 고객의 요청을 만족시키기란 불가능하다는 점을 재빨리 깨닫는다. 고객이 요청하는 바를 충족시킬 수 없고 기껏 해봐야 고객과 공감해주는 것 외에 해줄 것이 없는 상황이 발생한다. 이런 상황에서 고객이 터뜨리는 저항과 감정적인 분노 표출은 상담원의 정신 상태에 상처를 준다. 특히 융통성이 부족하고 자신의 감정적 반응을 통제하지 못하는 상담원에게 타격이 크다.

까다로운 고객과의 대화를 잘 처리해내느냐가 아니라 다음 전화를 어떻게 다루느냐가 더 중요하다. 까다로운 전화를 끝내고 나면 감정적으로 가라앉기도 한다. 자신을 보호하는 껍데기 안으로 들어가거나 피곤함을 느낀다.

콜센터에 전화해본 사람이라면 이런 상태의 상담원을 한두 번씩 겪어봤을 것이다. 단조로운 어조로 말하거나 프로페셔널하지만 사람다운 맛이 느껴지지 않는 로봇 같은 태도의 상담원은 고객 에너지를 더 빨리 고갈시켜 평균 이하의 고객 경험을 만들어낸다. 이런 식의 행동은 평균 이하의 고객 서비스를 가져오고 충성도를 늘리려는 회사의 노력을 수포로 만든다.

이러한 고객 서비스 환경에서 통제지수의 다섯 가지 기술이 중요한 위치를 차지한다. 통제지수는 심한 압박과 감정 소모가 많은 상황이 늘 발생하는 분야에서 뛰어난 성과를 올리는 사람들이 갖는 특질과 매우 유사하다.

간호 분야를 생각해보자. 환자는 자신의 인생에서 가장 큰 어려움을 당면해 있고, 간호사는 이들과 업무상 관계를 맺는다. 어떤 환자는 끔찍한 사건의 피해자다. 두 시간 전만 해도 이들은 건강했고 누군가의 간호가 필요하지 않았다. 하지만 지금은 신음을 내며 병원 침대에 누워 있다. 어떤 환자들은 하룻밤 사이에 수명이 많이 남지 않았음을 절감한다. 뛰어난 간호사는 어느 병실의 환자와도 온전하고 완전하게 업무를 해낸다. 저쪽 병실에서 어떤 일이 일어났든 마치 어떤 나쁜 일도 일어나지 않은 것처럼 그 병실의 환자를 온전하고 완벽하게 치료한다. 이런 태도야말로 개인 통제력의 정수다.

사실 간호사들은 이런 마음 상태를 위한 캐치프레이즈 같은 것이 있다. 이는 영어 4글자로 이루어진 연상기호로, 여느 때보다 나쁘거나 감정적인 환자를 대했을 때, 서로의 마음을 북돋아주거나 스스로에게 되뇌기 위해 사용한다. 바로 'QTIP'인데 '감정적으로 받아들이지 마(Quit Taking It Personally)'라는 뜻이다.

20년 이상 응급실과 정신 병동에서 일한 간호사는 이렇게 말했다. "부정적인 감정을 경험했다고 다음 환자를 다루면서 실수하면 안 되죠. 그런 일이 일어나선 안 돼요. 다음 환자에게 내가 가진 모든 것을 쏟아부어야 하죠. 직전에 나쁜 경험을 겪었다고 지금 사람에게 최선을 다하지 않는 건 불공평해요. 그래서 저는 감정적으로 받아들이지 않아요. 매번 최선을 다하고 그 환자에 대한 치료가 끝나면 다음 사람과 새로운 출발을 한다고 생각해요."

한 명의 환자(혹은 고객)와 상담을 진행하는 것으로 끝나는 게 아니라, 그다음 사람을 온전히 상대하기 위해 직전 사람과의 연결 고리를 끊어내야 한다. 그렇게 생각하면 과거에는 미처 정의하지 못했던 이들 다섯 개의 기술과 행동이 진정한 단절 고리이며, 이에 대해 좀 더 상세히 살펴보고 정의해야 한다는 사실이 뚜렷하게 보인다.

통제지수의 영향력은 회귀분석에서도 여실하게 보인다. 통제지수에 따라 그저 그런 성과를 내는 회사와 고객 노력이 적게 들어가는 고객 경험을 세계적 수준으로 제공하면서 충성도 효과와 경제적 우위를 누리는 회사가 명백하게 갈린다.

통제지수가 높은 환경이란

고객 서비스 리더가 통제지수의 강력한 힘을 알고 나면 이내 "어떻게 해야 우리 팀이 통제지수를 더 갖게 만들 수 있나요?" 하고 호기심과 의욕을 동시에 드러내게 된다. 통제지수를 확보하려면 다른 방식으로 채용해야 한다고 흔히 가정한다. 통제지수 점수가 높은 상담원을 고용하면 된다고 생각하기 쉽다.

우리와 대화를 나눈 회사 대부분은 채용 응시생 중 높은 통제지수를 가진 이를 어떻게 찾아낼지, 어떤 스크리닝 질문이나 테스트를 인터뷰에 적용할지 알고 싶어 했다. 연구 결과에서 중요한 정보를 발견하지 못했다면, 이들의 질문은 꽤 그럴 듯하다고 생각했을 것이다.

1,320명의 상담원을 분석한 결과, 상당히 놀라운 발견 결과가 도출되었다. 통제지수가 없는 직원은 고작 6퍼센트에 불과했다. 그런데 나머지 94퍼센트 중 30퍼센트는 이미 통제지수 점수가 높았다. '통제력'이 타고난 이들이다. 부정적인 경험을 겪어도 자연스럽게 스스로 회복한다.

스포츠에서는 이런 심리를 '실패 건망증[A short memory]'이라고 부른다. 골프 토너먼트에서 60센티미터짜리 퍼팅을 놓친 골프선수가 그 경험에 연연하지 않고 다시 뛰어난 실적을 올린다. 마치 나쁜 일이 전혀 일어나지 않았던 것처럼 미래 성적에 영향을 줄 수 있는 나쁜 경험에 영향받지 않는다.

상담원의 94퍼센트는 어느 정도 수준의 통제지수를 가지고 있거나 적정한 상황에서 살아나는 통제지수 유전자를 잠재적으로 가지고 있다. 왜 그런지는 쉽게 짐작할 수 있다. 콜센터는 적자생존의 환경이기 때문이다. 통제지수가 없는 이들은 진작에 짐을 싸고 떠나버린다.

통제지수는 개인별로 큰 차이가 없지만, 회사별로는 확연한 차이를 보인다. 상담원은 일정 수준의 통제지수를 가지고 있는데, 기업 관점에서 보면 그 차이가 확연히 드러난다. 통제지수가 높은 회사와 통제지수가 낮은 회사가 분명히 존재한다(그림 5.4 참조).

얼핏 봐서는 통제지수가 높은 범주에 들어가는 기업 유형을 특정할 수 있다고 생각할지 모른다. 왠지 직원에게 많은 자율권을 부여하는 IT

그림 5.4 | 회사 간 평균 통제지수 속성 분포 수준 출처: CEB, 2013

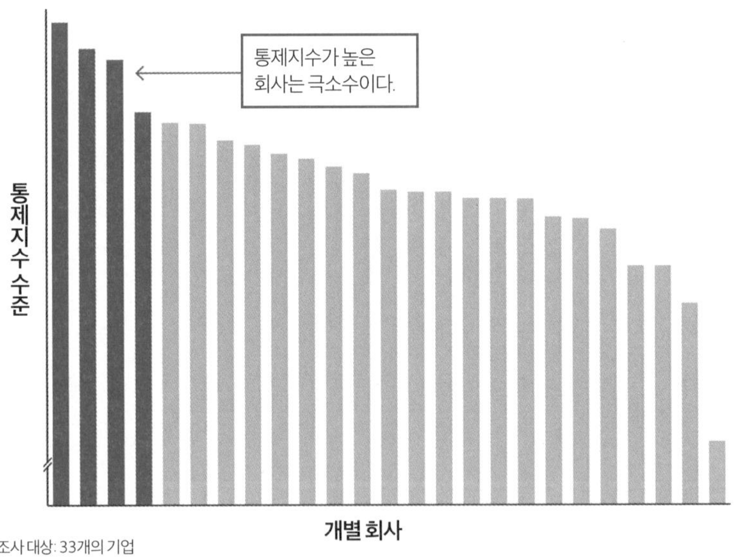

스타트업이 통제지수가 높을 것 같다. 하지만 통제지수가 높은 회사들은 표면적으로는 공통점이 전혀 없다. 다른 유형의 사람을 고용하는 것도 아니고, 다른 방식으로 사람을 골라내지도 않는다. 더 많은 돈을 지급하는 것도 아니다. '알록달록한 옷을 입힌 강아지를 사무실로 데려와서, 책상 밑에서 재우는 날이 있는' 믿을 수 없을 만큼 자유로운 업무 환경을 갖추지도 않았다. 통제지수가 높은 서비스 회사의 사무실에 가보면 정작 딱히 다른 점을 찾을 수 없다. 하지만 크나큰 차이는 분명히 존재한다.

통제지수가 높은 회사와 통제지수가 낮은 회사의 상담원과 각각 심층 인터뷰를 진행했다. 이때 "당신 일은 어떤 부분이 가장 좋나요?"라는 질문을 중점적으로 파고들었다. 쉽게 짐작하겠지만, 이는 긍정적인 반응을 끌어내기 위한 질문이다. 그 일을 좋아하는지 싫어하는지 물어보고 싶지 않다. 판도라의 상자를 열어 온갖 불평과 억눌려온 부정적인 요소를 끌어낼 생각도 없다.

하지만 점점 더 복잡해지고 요구가 많아지는 고객 환경을 고려할 때, 매일 일하도록 만들어주는 원동력이 무엇인지 알고 싶었다. 감정적인 고객과 어려운 문제를 소화해내도록 동기를 부여하는 요소가 과연 무엇인지 궁금했다. 대답에서 차이점을 한 번 찾아보자. 먼저 통제지수가 낮은 회사의 상담원들이 한 대답은 아래와 같다.

"일하는 시간이 즐겁고, 주말에 일하지 않아서 좋아요."

"할 수 있을 때마다 고객에게 도움을 줄 수 있어 좋아요."

"회사가 주는 혜택과 인센티브가 좋아요."

"한 마디로 끝나요. 안정된 일자리."

"고객 서비스 상담원치고는 월급이 후해요."

여기에서 깨달아야 할 점은 이들이 자기 일을 싫어하지 않는다는 사실이다. 열심히 일하고, 일한 시간에 대해 꽤 괜찮은 보상을 받는다. 일자리가 안정되고 보수가 후해서 좋다고 생각하는데 무슨 문제가 있겠는가.

하지만 이를 통제지수가 높은 회사의 상담원이 일반적으로 느끼는 바와 비교해보자. 그들은 자기 일을 즐기는 이유에 대해 아래와 같이 답했다.

"스스로 알아서 일할 수 있다고 상사가 믿어줘서 좋아요."

"업무 환경이 좋아요."

"고객에게 가장 도움이 된다고 내가 생각하는 방식으로 목표를 달성할 자유가 있어요."

"고객 문제를 다루는 데 있어서 관리팀이 내 판단력을 믿어줘서 좋아요."

"일거수일투족을 관리한다는 느낌이 들지 않는 건 여기가 처음이에요."

다시 한번 말하지만, 통제지수가 높은 회사에 다니는 이들은 통제지수가 낮은 회사에서 일하는 사람들과 크게 다르지 않다. 눈에 띌 만큼 IQ나 EQ가 높지도 않다. 월급을 더 많이 받거나 다른 방식의 훈련을 받는 것도 아니다. 일류대를 졸업하지도 않았다. 그런데 통제지수는 왜 차이가 날까?

통제지수를 다룬 처음 설문조사 외에 5,667명의 상담원을 대상으로 포괄적인 설문조사를 추가로 진행했다. 이를 통해 이들의 전반적인 업무 경험의 유사점과 차이점을 파악하고 연구했다. 사람을 어떻게 관리하는지, 관리자나 임원과의 관계는 어떠한지, 동료와 어떤 커뮤니케이션이 일어나는지, 조직의 규칙과 정책은 어떤 형태를 보이는지 테스트했다.

그 결과 근본적인 차이점을 발견했다. 이는 통제지수의 잠재력을 열어주는 열쇠나 다름없다. 바로 환경이었다. 훈련도 아니고, 사람도 아니다. 매일 접하는 업무 환경이야말로 상담원의 뛰어난 성과, 고객 노력이 적게 들어가는 경험, 궁극적으로 회사 충성도 증가를 불러온다. 통제지수가 낮은 회사의 최전방 상담원을 통째로 들어다가 통제지수가 높은 회사의 환경에다 놓는다면, 그들의 성과가 즉각적으로 개선된다. 같은 방식으로 높은 통제지수 회사의 최전방 상담원을 통제지수가 낮은 회사의 업무 환경에 투입하면, 성과가 낮아지면서 평균 수준까지 하락할 가능성이 높다.

그럼 도대체 환경마다 어떤 차이가 있을까? 이는 물리적인 요소도 아니고, 쉽게 보이지도 않는다. 밝은 인테리어의 사무실, 인체공학적으로 설계된 의자, 공짜 청량음료도 아니다. 완전히 다른 요소다.

최고의 서비스 조직에는 체크리스트가 없다

데이터 분석으로 통제지수를 높이려면 세 가지 분명한 해결책이 존재함을 알게 되었다. 이는 고객 서비스 리더가 충분히 해결할 수 있는 세 가지 환경 요소다.

- 상담원 판단에 대한 신뢰
- 회사 목표를 이해하고 이에 맞춰나가는 상담원
- 동료 상담원과의 강력한 지원 네트워크

다른 요건이 동일할 때 위의 세 가지 요소가 그저 그런 조직을 세계 수준으로 고객 노력을 줄이는 서비스 제공자로 탈바꿈시켜주는 원동력이 된다(그림 5.5 참조). 각각의 요소를 상세히 살펴보고, 실제 존재하는 회사를 통해 이들 개념의 실제 사례를 살펴보자.

그림 5.5 | 환경적인 측면에서 통제지수의 원동력 출처: CEB, 2013

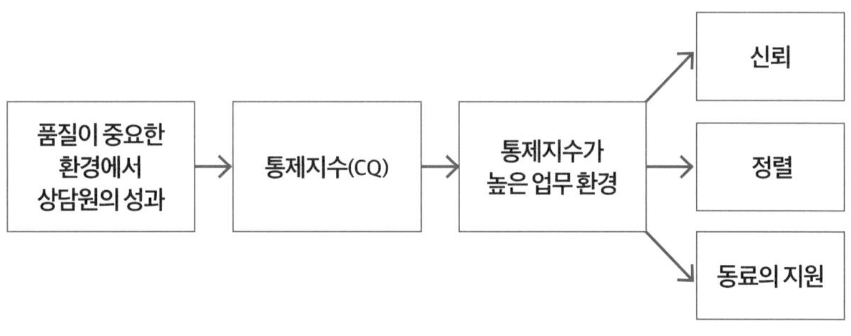

통제지수 핵심 요소 1 상담원 판단에 대한 신뢰

통제지수가 높은 회사의 상담원은 지금 상대하는 고객을 위해 옳다고 판단되는 일을 마음대로 할 수 있다고 생각한다. 많은 경영진에게는 이 명제가 상당히 두렵게 느껴진다. 고객에게 최선인 방향으로 상담원이 자의적으로 일하도록 허락하면, 상담원은 물론 고객도 이런 권한을 남용할지도 모른다고 생각한다. 그래서 '신뢰'라는 단어를 좀 더 명확하게 정의해야 할 필요가 있다.

아무 때나 어떤 고객과 아무 일이든 할 수 있다는 완벽한 자유(개방적이고, 회사의 검열이나 정해진 규칙을 따르지 않는 방임)는 관리라는 개념과 정반대처럼 보인다. 하지만 콜센터에서 모든 상담원의 일거수일투족을 관리하는 방식과 완전한 방임을 허용하는 방식 사이에는 중간이 존재한다.

'뛰어난 서비스의 지속적 제공'이라는 개념을 생각해보자. 이런 문구는 모든 산업의 서비스 조직에서 공통으로 사용된다. 그 말을 쓰지 않을 이유도 없다. 지속적으로 고품질 서비스를 고객 상당수에게 제공하길 원치 않는 경영진이 세상 어디에 있겠는가?

하지만 '지속적'이라는 단어는 회사마다 해석이 다르다. 통제지수가 낮은 회사에서는 지속적이라는 말 밑에 "모든 고객을 동일하게 대한다."라는 말이 숨어 있다. 각각의 고객을 동일한 언어로 환대하고, 문제를 동일한 방식으로 분석하고, 모든 비슷한 문제를 미리 정해진 방식으로 동일하게 해결하라고 주야장천 설교한다. 처방된 대로, 다른 이들이 하는 방식대로 하지 않는 상담원은 회사 서비스 기준을 지속적으로 제공하지 않는다고 지적받는다. 지속적이지 않은 해결이 반복해서 일어나면 성과 관리를 통해 지적받는다.

통제지수가 낮은 회사의 경영진은 상담원이 어떻게 고객 문제를 해결할지 결정해놓았다. 그러므로 상담원은 이 게임 규칙을 엄격하게 '지속적으로' 따라야 한다. 솔직히 이는 가장 안전한 접근법이다. 수백만 명의 고객과 연결되는 수백, 수천 명의 상담원을 관리하는 회사로서는 이 방식이 서비스를 제공하면서 발생하는 리스크를 최소화하는 최선이다. 리스크 관리는 서비스 관리 조직의 주요 책임이다.

고객 문제와 서비스 기대치가 직설적이고 유사했던 때는 이런 방식이 잘 먹혔다. 하지만 오랜 기간 닳고 닳도록 사용되어온 이 방식이 오늘날의 고객 환경에서는 평균 이하의 결과를 가져올 수밖에 없다. 그렇기에 통제지수가 높은 회사는 모든 고객을 동일하게 대하는 방식으로 뛰어난 서비스를 지속적으로 제공할 수 있다고 생각하지 않는다. 정의상 불가능한 개념이다. 모든 고객은 다 다르다. 성격도, 요구사항도, 기대치도 다르다. 문제나 이슈를 이해하고 말로 표현해내는 능력도 다르다. 회사나 회사 제품을 경험한 수준도 다양한 수준으로 퍼져 있다. 고객 간 공통점을 굳이 찾아보자면, 상담원이 자신을 유일한 존재로 상대해주길 바란다는 점을 꼽을 수 있다.

상담원의 판단력에 대한 신뢰는 통제지수에서 14퍼센트 효과가 있다. 신뢰가 클수록 통제지수가 올라간다. 신뢰는 전반적인 성과에 중대한 영향을 끼치는 주요한 요소다. 업무 환경에서 신뢰를 논하려면 "직원을 신뢰하나요?"라는 질문이 나올 수밖에 없다. 고객 서비스 담당 임원을 대상으로 진행한 설문조사에 따르면, 직원을 절대 신뢰하지 않거나 거의 신뢰하지 않는다고 답한 사람은 0퍼센트로 나왔다.

하지만 질문 자체가 잘못되었다는 사실을 이내 알게 되었다. 더 중요한(그리고 불편한) 질문은 "직원이 신뢰받고 있다고 느끼나요?"이다. 최전방 고객 서비스 상담원의 대답은 "그다지 신뢰받고 있지 않아요."가 압도적으로 많았다.

일반적인 업무 환경(특히 고객을 직접 응대하는 직원으로 구성된 환경)에는 불신이 깔려 있다. 리테일 분야에서 일해본 사람들은 불시에 '가방 검문'을 당해본 적이 있다. 회계상 감모 자산을 줄이기 위해 직원의 핸드백이나 백팩을 불시에 검문한다. 어떤 회사는 비행을 밝혀내기 위해 직원을 대상으로 무작위 거짓말 테스트를 진행한다. 은행에 있는 CCTV가 단순히 강도 방지용으로만 사용된다고 생각하는가? 카지노에 가면 천장에 CCTV가 빼곡하게 달려 있다. 이들을 보면서 사람들은 카지노를 대상으로 장난치다가는 '예전처럼 무서운 방식으로' 혹독하게 당할 거라며 손사래를 치지만, 이렇게 빼곡하게 CCTV를 달아놓는 이유는 직원들로부터 카지노를 보호하기 위한 것도 있다. 마틴 스콜세지(Martin Scorses)의 영화 카지노에서 에이스 로드스타인(로버트 드니로 분) 두목은 이렇게 말한다.

"라스베이거스에서는 모두가 서로 감시하죠. 박스맨(Boxman: 모든 금전거래, 게임 진행, 테이블 보초 등의 감독 업무를 책임지는 카지노 직원)은 딜러를 감시하죠. 플로어맨(Floorman: 어느 사람 또는 게임을 지켜보거나 관리하는 임무를 가진 카지노 직원)은 박스맨을 지켜봐요. 시프트보스(Shift boss: 카지노에서 8시간 동안 모든 게임을 감독 관리하는 관리자)는 핏보스(Pit boss: 여러 명의 플로어맨의 활동과 게임을 감독하는 피트에서 가장 상위의 게임 감독자)를 감시하고요. 카지노 매니저는 시프트보스를 감시하죠. 나는 카지노 매니저를 감시하는 역할이에요. 하늘에 달린 눈(CCTV를 일컫는 비유)은 우리 모두를 감시하죠."

일반적인 고객 서비스 환경에서 빅브라더는 하늘에 달린 귀에 가깝다. 모든 통화는 녹화되고, 품질보증팀은 이 녹화를 은밀하게 사후 청취한다. 모든 통화에 들어가야 하는 성과 요소를 체크리스트로 엄격하게 평가해서 모든 상담원에 점수를 매긴다.

- 직원이 적절한 표준 인사를 언급했는가?
- 보안을 위해 고객 정보를 확인했는가?
- 표준 문제 해결 지도에 따라 고객 문제를 진단했는가?
- 올바른 방식으로 통화를 마무리했는가(문제를 완전히 해결했는지 확인하고 고객 충성도에 대한 감사 인사를 했는가)?

품질보증 체크리스트 상당수에는 필수 요소 10여 개가 들어간다. 이 필수 요소는 모든 통화에 들어가야 하고, 이들 중 몇 개는 문구가 이미 정해져서 고객이 누구건 상관없이 반드시 문자 그대로 읊어야 한다. 이는 신뢰와 정면으로 대치된다.

주요 소비 가전 제조 기업의 콜센터에서 실제로 일어난 상황을 보자. 당시 상담할 때마다 우편번호를 받아내라는 경영진의 지시가 콜센터 상담원에게 전달되었다. 한 조립 공장에서 품질 문제가 발생해서, 이 문제가 특정 지역에서 주기적으로 발생하는지 파악하기 위해 제품 문제가 발생하는 지역 패턴을 알아내려고 진행된 조치였다.

품질보증팀이 평가를 위해 샘플 통화를 들어봤는데, 그 내용은 아래와 같았다.

고객 드디어 연결됐군요! 도움이 필요해요. 우리 딸의 댄스 공연에 와 있는데 비디오카메라가 작동하질 않아요. 아내가 출장을 가서 참석하지 못해서 매우 섭섭해하고 있어요. 녹화하지 못하면 큰일 납니다. 5분 이내에 공연이 시작할 텐데 뭘 해야 할지 모르겠어요. 도와줄 수 있으세요?

상담원 당연하죠, 고객님. 그런데 우편번호가 어떻게 되세요?

고객 우편번호요? 우편번호는 왜 묻죠? 당장 도움이 필요하다고요!

회사가 최전방 상담원을 신뢰하지 않을 때 일어나는 대표적인 사례다. 회사가 내린 표준 기준대로 응대한 나머지 자연스럽고 즉흥적으로 응대할 기회를 놓쳐버렸다. 상담원의 응대는 기계적인 수준으로 축소되고 말았다.

규칙과 점수 기준으로 봤을 때 아이러니하게도 위의 대화는 높은 점수를 받는다. 상담원은 지시받은 대로 규칙을 준수하며 체크리스트의 빈칸을 하나하나 채워나갔다. 경영진이 요구한 그대로 업무를 수행했다. 하지만 고객 입장에서 이런 비인간적이고 로봇 같은 서비스는 전혀 뛰어난 서비스가 되지 못한다.

참고로 이 회사의 담당자는 이런 식의 통화를 가장 싫어한다고 나중에 고백했다. 그들 역시 이렇게 진행되는 대화가 얼마나 고객의 기분을 상하게 하는지 잘 알았다. 하지만 시스템상 체크리스트에 명시된 기준대로 통화를 평가해야 해서 위의 대화에 높은 점수를 매겨야만 했다.

체크리스트 의존도 없애기

설문조사를 진행한 전 세계 서비스 조직을 살펴본 결과, 이들 회사의 64퍼센트가 엄격하고 확고한 성과 기준을 보유하고 있었고, 2/3 이상의 회사가 일관성을 위해 상담원을 모니터링하고 있었다. 이런 접근 방식이 고객이 원하는 바와 어떻게 어긋나는지 앞에서 살펴봤다. 그렇다고 해서 통제나 지시 없이 상담원의 판단에 전적으로 의지하는 일 또한 바람직하지는 않다. 그럼 어떤 선택이 남아 있을까?

품질보증을 위한 표준 체크리스트 방식을 버리고, 유연하게 고객을 응대하도록 상담원에게 권한을 부여해주는 프레임워크를 적용하는 회사가 늘고 있다. 이 방식을 현명하게 차용한 영국 은행이 하나 있다. 이 은행의 상담원은 특정 결과와 관련된 숙달도에 따라 진단받는다. 이때 숙달도의 범위는 상당히 광범위하며, 서비스 부서나 기능에 따라 다르다.

이 은행의 '적용 가능한 품질 프레임워크'는 능력마다 '숙달 수준'을 다섯 단계로 나누고 각각에 대해 명확한 기준을 정의한다. 상담원을 상대로 코칭을 진행할 때 관리자는 녹화된 상담 내역을 듣고 상담원이 어느 정도 수준인지 의견을 준다. 예를 들어 채권 추심 부문에서 일하는 상담원은 다음의 여섯 가지 능력을 다섯 단계 숙달도로 평가받는다.

- 고객과의 커뮤니케이션
- 서로 만족하는 해결 기회를 파악하는 능력
- 통화에 대한 통제력
- 협상 기술
- 문제를 신속히 처리하려는 의지
- 문제가 해결되지 않았을 때 후속 조치에 대해 논하는 능력

각각의 능력에 따라 숙달 수준을 가늠하는 특정한 기준이 있다. 예를 들어 '고객과의 커뮤니케이션' 숙달도는 다섯 단계로 나뉜다(그림 5.6 참조).

최전방 상담원에게 전달되는 메시지는 분명하다. 회사가 무엇을 달성하려 하는지 이해하고, 서비스 분야에서 성공하는 데 필요한 기술을 늘리려고 노력해야 한다. 모든 고객은 저마다 다르기 때문에, 모든 상황에 적용되는 규칙이나 지시는 존재하지 않는다.

하지만 성공적인 상담을 위한 필수 능력은 항상 동일하다. 고객을 위해 최선의 조치를 취하고, 시간이 지나면서 기술이 강화해주리라 믿어야 한다. 두 가지를 명심한다면, 당신은 항상 옳은 길을 향해 갈 것이다. 이런 일을 해야 한다고 지시를 내리는 사람은 없지만 여기 있는 다른 사람들처럼 숙달도와 결과를 끊임없이 개선하기 위해 스스로 동기 부

그림 5.6 | 영국 은행 상담원의 숙달도 가이드라인(축약) 출처: CEB, 2013

숙달도 가이드 샘플: 커뮤니케이션	
숙달 수준	숙달도 상세
초보	• 다른 주제에 한눈을 팔고, 고객의 대화를 끊거나 아까 물어봤던 정보를 다시 제공해달라고 요청한다. • 고객의 말을 자르거나 그들의 감정을 놓친다.
성장	• 부분적으로 적극적인 청취 기술을 구현하지만, 통화를 너무 빨리 몰아간다. • 잘못된 전략, 정보를 제공하고 있다는 경고 시그널을 파고들지 못한다.
효과	• 협상을 진행하면서 협조적이고 능동적인 어조를 활용한다. • 상황을 분명하게 정리하기 위해 질문을 던진다.
고급	• 신뢰를 얻거나 자금 지불 등 고객으로부터 원하는 결과를 얻기 위해 공감 능력을 활용한다.
전문가	• 고객과의 공감대를 뛰어나게 형성해서 고객과 강한 연결 고리를 만들어낸다. • 고객과 그 사람의 우선순위에 대해 제대로 된 통찰력을 보인다.

여할 필요가 있다. 이때 체크리스트는 존재하지 않는다. 상식적인 가이드라인만 있다. 그뿐이다.

숙달도에 근거한 유연한 방식으로 응대 방식을 바꾸자, 그 은행의 서비스팀은 상당한 수익을 거두었다. 1년이 지났을 때 은행의 연체 상환팀은 연체된 채무를 즉시 상환하는 고객 수가 8퍼센트나 증가했다는 사실을 깨달았다. 구체적인 상환 계획에 동의한 고객도 50퍼센트 증가했다. 객관적인 기준을 잔뜩 늘어놓고 이에 근거해서 상담원이 고객을 응대하고 독촉하는 방식을 표준화해야 한다는 오래된 통념을 깨부순 결과다.

시간의 압박 제거하기

콜센터는 오랫동안 당연히 받아들여진 가정하에 움직였다. 이런 가정하에 돌아가는 콜센터는 통화 종료가 빠르면 빠를수록 효율적으로 운용된다. 통화 시간이 짧을수록 시간당 소화해내는 통화량이 늘어나고 이는 곧 상담원 수를 줄일 수 있다는 의미다. 효율성은 평균 작업시간(AHT)이라는 기준으로 측정된다. 이는 고객에게서 걸려온 모든 전화의 평균 통화 시간인데 측정 방법은 다양하다.

- 전체 콜센터의 전반적인 평균 작업시간
- 다양한 고객군별 혹은 다양한 회사 제품별 사용자에 따른 작업시간
- 교대반별, 담당 관리자별, 상담원별 평균 작업시간

어떤 방식으로 측정하든, 서비스 부서 직원은 자신의 통화에 대해 시간이 계산된다는 점을 잘 알고 있다. 끊임없이 똑딱거리는 시계가 있고 그 누구도 감시의 눈길에서 벗어나지 못한다.

이 측정 방식은 곳곳에 영향력을 끼치고 상담원에게는 무의식적 압박인 동시에 상반되는 목표를 제공해주는 역할을 한다. 고객 상담 업무를 시작한 초보는 고객을 위해 훌륭한 일을 해냈어도 다른 상담원보다 오래 걸렸다면 이는 훌륭한 업무처리가 아니라는 사실을 오래 지나지 않아 익힌다.

하지만 단순한 문제는 셀프서비스로 빠지고 맞춤화된 서비스에 대한 고객 기대치가 올라가면서 서비스 담당 임원은 커뮤니케이션의 품

질을 관리하는 것이 모든 상담원의 생산성을 짜내는 것보다 중요하다는 사실을 깨닫게 된다. 상담 내내 상담원의 머릿속에서 시계가 매초 째깍거리는데 유일무이한 고객 맞춤형 서비스를 어떻게 제공한단 말인가?

품질보증에 잔뼈가 굵은 매니저라면, 문제 해결에 시간이 잔뜩 걸린 고객과 어려운 통화를 막 끝낸 상담원에게 어떤 일이 일어날지 훤히 알고 있다. 다음 전화는 소요 시간이 정말 짧아진다. 다음 고객의 문제 또한 복잡한 문제여도 상담원은 그 전화를 짧게 끝내기 위해 안간힘을 쓴다. 평균 작업시간을 어그러뜨리고 싶지 않기 때문이다.

평균 작업시간보다 오래 걸리는 통화를 너무 자주 하면 이내 관리자가 다가와 평균 작업시간을 '친절하게' 상기해준다. 더 최악인 경우, 관리자가 이를 짚어주지 않아도 상담원 스스로 시간을 지켜야 한다고 압박한다. 그런 자신을 인지조차 하지 못한다.

통제지수가 높은 회사는 평균 작업시간이라는 기준을 포기한다. 상담원이 사용하는 대시보드에서 시계를 없애버리거나 아예 그 기준을 없애버린다. 평생에 걸쳐 콜센터에서 일해온 고객 서비스 리더는 도무지 상상할 수 없는 일이다. "그 정도의 통제권을 어떻게 없애버릴 수 있죠? 통화 시간이 늘어나고 비용이 올라갈 거예요!" 하지만 연구 결과에 따르면, 평균 작업시간 기준을 내던져버려도 조직 효율성이 떨어지지 않았다.

평균 작업시간을 없앤 사례가 한 제약 회사에서 있었다. 이 회사는 상담원에게 '지금 상대하는 고객을 위해 모든 것을 할 수 있도록' 과감히 요구하여 서비스 품질을 높이고자 했다. 이 극단적인 조치 밑에는 해당 고객에게 복잡한 문제가 발생해서 시간이 더 필요하다면, 그 고객에게 할애하겠다는 생각이 깔려 있다. 시간을 많이 잡아먹는 고객의 전화를 연달아 일곱 차례 받아도 전혀 문제없다. 중요한 것은 상담원의 평균 작업시간이 아니라 고객에게 제공되는 결과 그 차제다.

그렇다고 해서 효율성을 완전히 포기하지 않도록 주의했다. 상담원별로 평균 작업시간을 산정하는 대신 평균 대화 비중(Average Talk Percentage)이라는 새로운 대시보드 평가 기준을 만들었다.

평균 대화 비중(ATP)

= (대화 시간 + 유휴시간) ÷ {교대 근무시간-(점심시간 + 기타 승인 휴식시간)}

평균 대화 비중은 모든 대화 시간과 유휴시간(상담원이 상담 준비가 되어 있으나 받아야 할 전화가 없는 시간)을 합한 뒤, 이를 상담원의 근무시간(점심시간과 기타 휴식시간을 제외)으로 나눈다.

간단히 말해, 평균 대화 비중은 고객과 이야기하지 않는 나머지 시간(사후 통화 업무, 후속 조치, 기타 행정 업무를 하는 시간)을 따져서 상담원의 효율성을 측정한다.

통제지수가 높은 회사는 "빨리빨리 일하세요, 시간이 곧 돈이오."라는 메시지 대신, "고객을 상대하지 않는 업무를 최대한 효율적으로 처리하세요. 남는 시간에 당신의 도움이 필요한 고객과 통화하세요."라는 메시지를 전한다.

평균 작업시간에서 평균 대화 비중으로 전환한 결과, 그 효과는 고객 서비스 관리팀의 기대치를 훌쩍 뛰어넘었다. 1년 동안 전반적인 고객 만족도(이 회사의 주요 고객 지수)가 15퍼센트 올랐다. 상담 이외 업무에 대한 효율성이 증가하면서 고객에게 할애할 시간이 추가로 늘었다. 머릿속에서 시계가 째깍거리지 않았는데 말이다. 이는 통제를 포기해서 통제를 얻은 근사한 사례다.

평균 작업시간을 벗어나기 위해 비슷한 방식을 사용한 다른 회사도 흥미로운 효과를 얻었다. 고객에게서 다시 걸려오는 전화가 줄었다. 고객이 처음 전화했을 때 60초를 추가로 통화하자 며칠 후 받았을 4분짜리 전화가 없어졌다.

평균 작업시간 관리를 금지하면 3장에서 언급했던 차후 문제 방지가 가능해진다. 서비스 리더가 비용을 줄이기 위해 상담원과 고객의 대화 시간을 면밀하게 관리하는데, 결국 이로 인해 비용이 더 발생한다는 점이 아이러니하다.

많은 회사에 문화적으로 정착되어 사용되는 평균 작업시간을 생각해 보면, 위의 결과는 직관적으로 봐서는 옳지 않아 보인다. 하지만 신뢰란 이런 것이다. 시스템을 정렬해서 신뢰의 균형이 맞춰지고 보완되어야 한다. 회사의 목표와 미션을 확실히 알고 이에 맞춰나가는 상담원은 불평 불만이 가득한 고객을 위해 온갖 공짜 물건을 넘겨줄 가능성이 희박하다.

통제지수 핵심 요소 2 **회사의 목표를 이해하고 이에 맞춰나가는 상담원**

상담원 개개인이 매일의 업무와 좀 더 큰 그림(조직의 목표 달성) 사이에 명확한 연결 고리를 찾도록 하자는 것이 이 개념의 핵심이다. 고객 서비스가 고객 충성도와 어떻게 직접 이어지는지, 충성도가 전략과 재무 성과와 어떻게 연결되는지 정확히 이해하는 상담원은 응대 방식을 잘 통제한다. 통제한다는 의식은 통제지수의 핵심이며 더 나은 성과를 가져오는 단서가 된다.

직원 몰입에 관해 연구해본 사람이라면 정렬(Alignment)과 연결(Connection)의 개념을 들어봤을 것이다. 자신의 업무와 조직의 큰 그림 관의 직접적인 연결 고리를 이해하고 받아들인 직원은 더 높은 수준의 성과를 거두기 위해 노력한다. 이를 '재량적 노력(Discretionary Effort)을 발휘한다'라고 하는데, 이때 몰입의 가치가 나온다.

다른 이들에게 자신이 어떻게 긍정적인 영향을 미칠 수 있는지 이해하면, 그 자체로 강력한 긍정적 동기부여가 된다. 사람들은 '두 벽돌공' 우화로써 연결의 힘을 설명한다.

어린 소년이 건설 현장을 지나는데, 두 사람이 나란히 벽돌을 쌓고 있었다. 소년은 첫 번째 일꾼에게 "안녕하세요, 무엇을 하고 계세요?"라고 물었다. 남자가 퉁명스럽게 "벽돌을 쌓고 있지. 도대체 내가 뭘 하고 있는 걸로 보이니?"라고 대답했다.

아이가 두 번째 일꾼에게 "그럼 당신은 무엇을 하고 계신가요?"라고 물었다. 남자가 "아름다운 새 성당이 지어지도록 돕고 있지."라고 대답했다.

보다 큰 임무에 연결되었다는 생각은 자신이 업무를 통제한다는 감각을 일깨우고, 통제지수를 극대화한다. 회사는 최전방 직원이 이런 연결을 가능한 한 자주 느끼도록 적극적인 조치를 취해야 한다. 고객을 응대할 때마다 이 순간의 성공과 실패가 전적으로 자신의 손에 달려 있다는 사실을 알아야 한다.

고객 서비스의 인간적인 측면 때문에, 이런 연결은 다른 직무(회계처럼 조용히, 직원 혼자 알아서 처리하는 백오피스 기능)보다 쉽게 달성할 수 있어 보인다. 다른 사람과 일대일로 상대하면 연결되었다고 생각하지 않을까?

하지만 리서치 결과에 따르면, 고객을 매시간 반복적으로 상대하다 보니 감정이 무뎌져서 자동 가수면 상태로 응대한다고 한다. 이렇듯 '업무시간을 견뎌내는 것' 이상의 동기부여를 받지 못하는 일이 흔히 일어난다.

이런 추세를 깨뜨리려면 연결 고리를 직원이 좀 더 분명하게, 시각적이고 개인적으로 느낄 수 있어야 한다. 이를 개인별로 적용하는 일은 측정이 불가능해 보인다. 조직 전체의 고차원적 목표를 개인 수준까지 전달하려면 시간도 오래 걸리고, 조직 전반에 걸쳐 일대일 미팅과 토론이 수백 번, 수천 번 진행되어야 한다.

바로 이런 이유 때문에 캐나다 금융 서비스 회사가 실행한 방법론은 획기적이다. 이 회사의 상담원은 서비스 강령을 자신만의 방식으로 내재화하여 자신이 공헌할 수 있는 특정 분야에 헌신할 기회를 얻어냈다.

이 방법은 개인적인 차원이 아니라 팀 차원에서 진행된다. 최전방 상담원 몇 명이 자발적인 지원 방식으로 모집된다. 최전방 직원 전체를 서비스 목표를 수립하기 위해 상담 위원회가 결성된다. 회사의 기업 가치와 전략 미션의 개별 요소를 점검하고, 이를 위해 고객 서비스가 어떻게 공헌할 수 있는지 상세하게 분류하는 워크숍을 진행한다.

회사의 비전은 직원 개개인에게는 너무 고차원적이고 찬양 일색으로 느껴진다. 책에서나 볼법한 이상향이 어떤 의미가 있겠는가. 회사의 비전을 파악하는 일은 상담 위원회의 몫이다. 위원회와 소통하고, 직원에게 기업의 가치와 전략적 목표를 하나하나 알려주며, 다음의 네 단계를 짚고 넘어갈 수 있게 가이드를 제공해주는 조력자가 선정된다.

1단계: 규준화 작업

각각의 비전을 점검하고 이 비전이 실제로 무엇을 의미하는지 위원회 멤버끼리 합의점에 도달한다. 정의하는 수준을 멤버끼리 동일하게 맞추고, 정의를 일치시키고, 멤버 간에 잘못된 이해나 정렬이 없도록 확인한다. 기업 비전에 따라 과정이 어렵기도 하고 수월하기도 하다. 기업 비전이 너무 일반적이거나 고차원적이면 어느 정도 해석이 필요하다.

2단계: 브레인스토밍

기업 비전 달성을 위해 고객 서비스 상담원이 할 수 있는 구체적인 일을 정리해 목록화한다. 여기서부터 연결 고리가 시작된다. 기업 비전에서 고객 서비스 부서의 업무로 논의 대상이 바뀐다. 다른 브레인스토밍 방식에서도 그렇듯, 이 단계에서는 잘못된 대답은 존재하지 않는다. 유일한 목표는 특정 분야에서 성공을 거두기 위해 상담원이 할 수 있는 모든 일을 최대한 적어내는 것이다. 적극적인 청취, 분명한 언어 사용, 고객 대화 방식에 맞춰주기, 공감하기 등이 브레인스토밍을 통해 나올 수 있다.

3단계: 다듬기

이 단계에서 위원회의 분위기가 무르익기 시작한다. 상담원이 할 수 있는 모든 일을 나열한 리스트 중에서 가장 높은 가치를 이끌어내고, 가장 실용적이며, 일반적인 상황에서 달성할 수 있는 아이디어를 골라낸다. 앞서 선정된 조력자는 이 단계에서 어느 정도 통제력을 발휘해야 한다. 그렇지 않으면 논쟁, 부차적 토론, 부정적인 생각, 불필요한 감정 개입 등으로 토론이 변질된다. 조력자의 도움으로 위원회 그룹은 기업 비전당 3~4개의 아이디어를 뽑아낸다.

4단계: 광내기

마지막 단계에서는 위에서 다듬은 아이디어들을 고객 서비스 상담원이 매일 실천할 수 있고, 기업 가치와 직접적으로 연결되는 행동이나 조치로 바꾼다. 위원회가 내놓는 최종 산출물은 문서화하여 상담원 전원에게 전달한다. "고객 서비스 담당자가 어떻게 기업 성공에 공헌할지, 당신 동료 그룹이 내놓은 결론입니다. 경영진이 하달한 내용이 아닙니다. 당신과 같은 사람, 당신과 같은 일을 하는 사람들이 직접 만든 내용입니다."라며 적당한 치하를 덧붙인다. 예를 들어 서비스팀의 강력한 커뮤니케이션 기술을 이야기할 때 위원회에서 정한 최종 목표는 '고객의 특징을 파악하여 상대에게 가장 적합한 방식으로 대화하기'가 될 수 있다.

위원회에서 작성한 문서를 직원과 공유할 때, 반드시 직접적인 '질문'이 같이 나가야 한다. "한번 보고 어떻게 생각할지 고민해봐요." 정도로 끝나면 안 된다. "이 중 어떤 행동을 하고 싶나요? 모두 고르지 않아도 돼요. 몇 개만 고르면 됩니다. 가장 마음에 드는 몇 가지 행동으로 상담을 진행하면서 당신이 달성할 수 있는 목표를 골라보세요."라는 질문을 덧붙인다.

목표를 설정하고 이를 실천하겠다는 개인적인 토의가 직원과 상사 간의 개별 회의 형태로 이루어진다. 딱 한 번 시간을 내서 계약 내용에 동의하고 피로 서명하는 유난한 자리가 아니라 상담원과 관리자가 평소에 갖는 코칭 시간에 이런 토론이 이루어진다. 이는 사실 직원 관리를 위한 전형적인 3단계 기술에 해당한다.

1. 개인적으로 어떻게 개선할지 각각의 상담원에게 질문한다.
2. 개선 아이디어가 말이 되는지, 조직 비전과 일치하는지 확인한다.
3. 스스로 선택한 목표에 대해 직원이 책임을 지도록 한다. 자신이 한 결심을 실천하지 못하면 좀 더 강하게 권고하고, 실천해내면 이를 치하한다.

이런 위원회 프로세스를 통해 만든 행동 리스트는 사실 고객 서비스 경영진이 똑같은 상황에서 만든 리스트와 거의 유사하다. 하지만 '직원의, 직원에 의한, 직원을 위한 목표'라는 점에서 큰 차이가 있다. "당신이 이렇게 책임을 져야 한다고 당신의 동료로 이루어진 위원회가 결정했으니, 이제 모두에게 새로운 기준을 적용하겠다."라고 선언하는 편이 훨씬 쉽고 해볼 만하지만, 개인 리스트로 만들었다는 부분이 프로세스에 힘을 더해준다.

이런 프로세스가 문화에 끼친 영향에 대해 회사 서비스 조직 구성원들이 한 말을 살펴보자. 고객 서비스 운영 담당 이사들은 "엄청난 결과를 목격했죠. 몰입도가 증가했고 결근이 감소했으며 고객 칭찬이 20퍼센트 이상 증가했어요."라고 반응했다. 고객 서비스 관리자는 "자기 일이 조직에게 어떤 의미가 있는지, 사업을 끌고 가는데 자신이 얼마나 중요한 역할을 하는지 상담원들이 분명하게 이해하기 시작했어요."라고 말했다. 상담원은 "경영진이 나를 직원으로서 소중히 대하는 느낌이에요. 자신의 목표를 통제할 수도 있고, 기여할 수도 있죠. 그리고 이 목표는 내 일과 밀접하게 연결되어 있어요."라고 했다. 이 모두가 바로 '통제지수의 목소리'다.

다시 한번 말하지만, 이런 모든 변화를 만든 것은 임원도 리더도 아니다. 사실 임원이나 리더가 이런 변화를 만들려고 안간힘을 쓰면 오히려 반발심만 불러온다. 자생적으로 모든 일이 일어나면서 최전방 상담원의 성과가 개선되고 고객 충성도도 자연스럽게 따라오는 등 굉장한 성과를 거두었다.

통제지수 핵심 요소 3 동료 상담원과의 강력한 지원 네트워크

동료끼리 서로 도와주는 상담원은 주위 행동을 따라 할 가능성이 높다. 틀에 박힌 듯, 로봇 같은 일관성이 아니라 스스로 설정한 노선에 따라 고객은 물론 회사에게서도 최선의 해결방식을 합리적으로 찾는다.

그런데 신뢰, 열정, 동료 지원이 성공에 필수적인 역할을 하는 환경은 억지로 만들 수 없다. 사람이 당신을 신뢰하도록 만들 수 없고, 회사의 원대한 미션을 위해 알아서 제자리를 찾으라고 강요할 수 없으며, 서로 도와주라고 고집을 피울 수도 없다. 이런 일이 일어나도록 할 수 있다면 기꺼이 그래야 하지만 당신은 그 일을 할 수는 없다. 다만 변화가 가능하도록 조성할 수는 있다. 매니저나 리더는 세 개 조건이 일어날 가능성이 높아지도록 업무 환경에 변화를 줄 수 있다. 오직 그런 방식으로만 변화를 유도해야 한다.

상담원 동료끼리 강력한 지원 네트워크를 형성하게 되면 통제지수가 17퍼센트의 영향을 받는다. 이는 다른 두 개의 동력(신뢰와 정렬)보다 강력하다. 하지만 수백 개 회사를 직접 경험한 바에 따르면, 지원 네트워크를 제대로 갖추는 것은 어렵다. 가장 뛰어난 회사를 지켜본 바에 따르면, 세 가지 요건이 동시에 충족되었을 때 동료 간 지원 네트워크가 최고의 효과를 발휘했다.

제1조건: 적정한 시간

동료를 도와주는 일이 수고스러운 일처럼 느껴진다면 주기적으로 지원이 일어나기 힘들다. 상담원이 서로를 돕는 방법에 집중하고 이를 업무의 일부로 여기도록 유도해야 한다. 여가 시간에만 지원할 수 있다고 생각하면 안 된다.

제2조건: 진정한 '우수 사례' 공유

직원 간에 아이디어 공유가 항상 일어난다. 휴식시간, 외부 흡연 구역, 사무실 건너편에 있는 술집 등 회사가 의도적으로 조작하지 않은 환경에서 아이디어 공유는 일어나기 마련이다. 이렇게 공유되는 아이디어가 긍정적이고 도움이 되는지, 단순한 지름길을 제공하는 차선책이나 대안인지, 단순히 시스템을 대상으로 한 눈속임인지가 관건이다. 도움을 주는 상담원이 공유하는 내용은 최선의 고객 응대 방식을 바탕으로 구성되어야 한다. 특히 누구도 정답을 장담할 수 없는 복잡한 문제이거나 이전에 접해보지 않은 독특한 문제는 주의를 기울여야 한다.

제3조건: 새로운 사상을 선뜻 받아들이는 상담원

도움을 원치 않는 이에게 도움을 주는 것이나 들으려고 하지 않는 사람에게 정보를 제공하는 것처럼 괴로운 일은 없다. 그래서 경영진이 관여하지 않는 포럼이나 환경을 만들어서 서로를 도와주는 시스템을 조성하려고 노력하는 회사도 존재한다. 도움을 주는 주체에 따라 도움을 받아들이는 태도가 달라진다. 동료 지원을 마이크로매니지먼트(Micromanagement: 세부사항까지 통제하는 경영 형태)의 다른 형태라고 받아들이는 순간, 모든 것이 망가진다.

실제 사용되는 아이디어 중 두 가지가 위의 세 가지 조건을 모두 충족한다. 첫 번째는 '실제 세상'에서 이루어진다(동료 코칭). 두 번째는 '가상 세계'에 존재한다(팀 토론 포럼). 고객 서비스 조직이라면 이 두 가지를 모두 채택하는 방안을 심각하게 고려해야 한다.

상담원 토론 포럼

대기업 대부분이 상담원 토론 포럼 방식을 사용한다. 그럴 만한 이유가 충분히 있다. 상담원끼리 서로 질문을 던지고, 흔히 일어나는 상황에서 문제를 해결하는 방식을 비교하며, 단순히 고객에 대한 불만을 터뜨릴 수 있는 온라인 채널을 만들어주면, 적어도 다음의 세 가지 중요한 혜택이 있기 때문이다.

- 자신 없는 문제가 일어날 때마다 상위 관리자에게 물어보는 대신 다양한 통로를 통해 해답을 찾아보게 된다. 그 결과 시간에 쫓기는 관리자의 부담이 덜해진다.
- 경영진에게는 큰 문제가 아니지만 쉽게 해결할 수 있는 문제나 이슈를 토론 포럼을 통해 파악할 수 있다.
- 뛰어난 실적을 올리는 상담원은 고객 서비스팀에서 리더 역할을 하게 되고, 시간이 지나면서 추가적인 업무를 맡게 된다.

이런 분류에 맞는 해결책을 다양하게 목격했지만, 그중 피델리티 인베스트먼트(Fidelity Investment)가 사용하는 방식이 최고다. 다른 회사도 이를 충분히 활용할 수 있다.

피델리티는 상담원들이 운영하는 '스페이스(Spaces)'라는 포럼을 만들었는데, 이는 훌륭한 결과를 가져왔다. 다음의 세 가지 요소로 인해 스페이스는 다른 포럼과 차별된다.

- 스페이스를 처음 만든 것은 회사 경영진이지만, 운영은 전적으로 상담원이 맡는다. 회사 사이트가 아니라 최전방 상담원만 참여해서 자유롭게 아이디어와 제안을 교환하는 공간이다.
- 한 명의 상담원이 포럼을 전적으로 중재한다. 한 팀의 멤버가 스페이스의 중재자로 선정되고, 자신의 업무시간 90퍼센트를 스페이스를 위해 할애한다. 이 업무는 약 6개월간 교대로 담당한다. 중재자는 토론 주제를 정하고 주요 문제나 제안을 경영진에게 보고한다. 또한 경영진이 내린 결정이나 개선사항을 상담원에게 알려준다.
- 각각의 근무 장소별이나 교대조별로 '팀 챔피언'을 선정해서 의견 공유를 북돋는다. 이 챔피언은 다른 동료에게 적극적인 참여를 권유하고, 해당 근무지에서 곧바로 사용할 수 있는 문제에 대해 정보를 공유한다.

처음 활동을 시작하고 1년 동안 스페이스는 전 세계 피델리티 서비스 조직의 상담원으로부터 3,000개가 넘는 코멘트를 이끌어냈다. 이 중 350개의 아이디어와 제안을 솎아내어 중재자가 경영진에게 넘겼고, 이 중 100여 개가 채택되어 구체적인 개선안이나 수정안이 만들어졌다.

피델리티에 따르면 스페이스는 다양한 이슈를 다뤘는데, 이 중에는 불필요한 고객 통화량을 줄이는 방법, 운영 효율 향상 방안에 대한 제안도 있었다. 이들을 성공적으로 적용한 덕에 상당한 비용 절감이 이루어졌고 그 결과 동료 지원과 통제지수가 증가했다.

고객 서비스에 대한 요구가 더욱 어려워지고 도전적으로 변해가는 상황에서 최전방 상담원의 성과를 증대시키고 '직원들이 성공하도록 만들어주는 원인'에 대한 연구 결과는 한 가지 분명한 메시지를 던져준다. 다른 방식으로 경영해야 하고, 성공이 무엇인지에 대해 다른 기대치를 세워야 한다.

이는 프로그램이나 캠페인으로 얻을 수 없다. 휴게실에 '3월은 통제지수의 달' 같은 포스터를 하나 걸어놓고 결과를 기대해선 안 된다. 사실 역효과를 낳는다. 고객 노력이 적게 들어가는 세계적 수준의 조직을 만들겠다는 움직임을 그저 '이번 달의 행사' 정도로 여긴다면 커다란 바위를 산 위로 올리려고 안간힘을 쓰는 것과 진배없다. 정말 필요한 것은 자신이 해내고자 하는 일이 무엇인지, 무엇을 할지, 그 행동이 고객에게 어떤 영향을 미칠지, 이를 어떻게 측정할지 등을 다시 살펴보는 일이다.

우리와 함께 일한 서비스 리더는 고객 노력을 줄이는 방향으로 조직을 옮기는 일이 "단거리 경주가 아니라 여러 번 반복되는 마라톤이다."라고 평가했다. 마라톤에서 페이스를 관리하듯, 고객 노력이 적게 드는 경험은 꾸준히 형성해나가야 한다. 다만 강점이라면 고객 노력을 곧바로 측정할 수 있다는 점이다.

콜센터 업무 환경을 재정비하는 일은 적어도 초반에는 험난할 것 같다. 하지만 시작단계는 생각보다 간단하다. 문제를 해결하기 위해 고객이 들인 노력, 그 노력이 특히 많이 들어간 시점을 파악보고, '어떻게'와 '왜'라는 질문을 고객에게 던지면 된다.

6장에서는 왜 고객 노력이 단순한 개념 이상의 의미가 있는지 살펴본다. 고객을 상대하면서 매일의 성과를 측정하는 데 중요한 요소가 될 수 있다.

KEY POINT

판단력과 통제력이 뛰어난 상담원을 판가름한다. 실시간 서비스가 복잡해지고 고객 기대치가 높아지는 시대(간단한 문제는 셀프서비스로 해결되기 때문에)에 상담원이 갖춰야 할 가장 중요한 자질은 통제지수다. 통제지수는 압박이 심하고 복잡한 서비스 상황에서의 판단력과 통제력이다.

통제지수는 외워서 익히는 것이 아니라 응용해서 익히는 것이 특성이다. 통제지수가 상담원의 성과를 결정짓지만, 사실 대부분의 상담원은 중간에서 높은 수준의 통제지수 잠재력을 가지고 있다. 회사 대부분이 수년에 걸쳐 확립한 환경에 집착하면서 상담원의 통제지수가 발현되기 힘들다는 점이 문제다. 이런 환경에서 판단력과 통제력은 환영받지 못한다.

최전방 상담원을 통제하려면 통제권을 내어줘야 한다. 상담원의 잠재적인 통제지수를 활성화하려면 회사는 상담원의 판단에 신뢰를 보여줘야 한다. 작업시간 관리나 품질 관리 체크리스트 등을 없애거나 중요도를 약화시키고, 상담원이 하는 일과 회사가 원하는 바를 분명하게 일치시키며, 상담원 그룹의 집단 경험과 지식을 이용해서 현명한 결정을 내리도록 해야 한다.

CHAPTER 6

고객의 마음을 읽으려면 고객의 수고를 측정하라

평가 방법론을 놓고 갑론을박을 따지기로는 고객 서비스 부서만한 곳이 없다. 고객 경험을 어떻게 측정하는가에 대해서는 온갖 논쟁이 난무한다. 첫 통화 해결률을 보자. 다른 해답을 위해 고객이 다시 전화했는데 이슈가 해결되었다고 볼 수 있을까? 문제를 해결하는 데 들인 시간을 어떻게 기록할까? 상담원의 통화 시간을 측정해야 할까? 다수의 통화, 웹사이트 방문, 이메일, 기타 다른 방식의 연락을 하는 데 걸린 시간을 합쳐야 할까? 제공한 서비스의 품질은 어떻게 측정할까? 녹음된 통화 내용을 듣고 점수를 매기는 내부 조직을 만들까? 고객에게 직접 평가를 요청할까? 어떤 평가 기준이 최선일까? 고객 만족도? 순 추천고객지수? 아니면 다른 기준?

서비스 경험 평가에 대한 논란이 끊이지 않는데, 한 가지 확실한 점은 고객 노력을 측정하면 그 어떤 조직이라도 고객 경험을 개선할 수 있고, 충성도를 높이는 데 도움이 된다는 사실이다. 고객 노력을 측정하면 서비스 경험에 관심이 쏠린다. 또 고객 경험 개선을 위해 무엇을 해야 하는지도 분명해진다.

대규모 설문조사에 따르면, 고객 노력 측정은 강력한 효과가 있다(그림 6.1 참조). 적은 노력을 들인 고객의 94퍼센트는 재구매를 희망했다.

그림 6.1 | 재구매, 지갑 비중, 고객 구전에 고객 노력이 미치는 영향 출처: CEB, 2013

고객 노력과 재구매의 관계

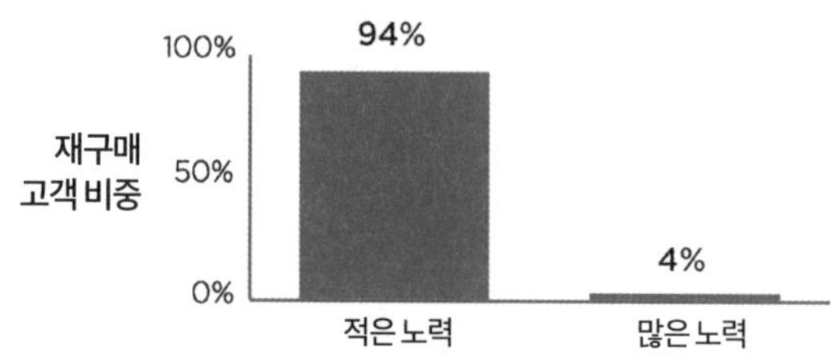

고객 노력과 구매금액 증대의 관계

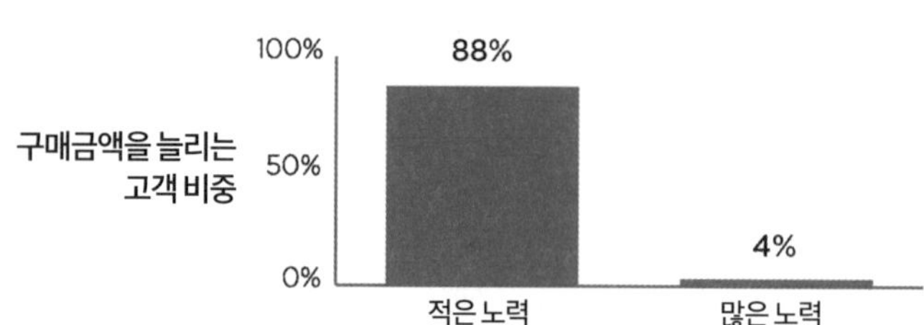

고객 노력과 부정적인 구전 효과의 관계

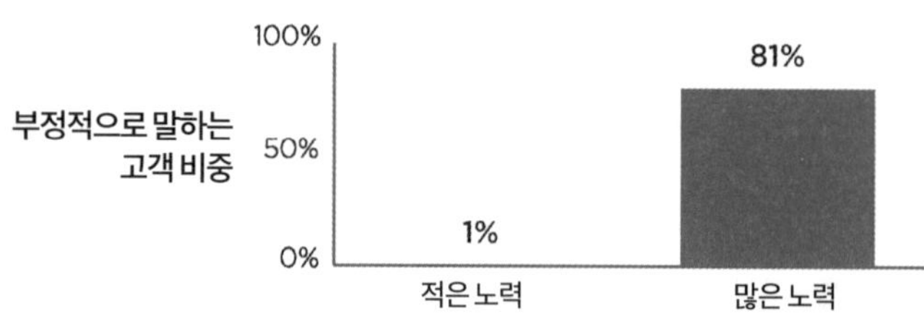

조사 대상: 9만 7,176명의 고객

반면에 많은 노력을 들인 고객은 오직 4퍼센트만이 재구매 의사를 밝혔다. 적은 노력을 들인 고객의 88퍼센트는 해당 회사에 돈을 더 쓰겠다고 답했지만 노력을 많이 들인 고객은 4퍼센트만이 돈을 쓰겠다는 의사를 밝혔다. 적은 노력을 들인 고객은 1퍼센트만이 부정적인 입소문을 내겠다고 했지만 노력을 많이 들인 고객은 무려 81퍼센트가 부정적인 입소문을 내겠다고 밝혔다. 따라서 고객 노력 측면에서 우리가 어떻게 일하는지 이해하면 이는 곧 강력한 무기가 된다. 서비스 측면에서 자신의 수준을 가늠할 수 있을 뿐 아니라 커뮤니케이션 이후 고객에게 던지는 질문으로 활용하면, 불만족스러운 고객과 타인에게 부정적인 발언을 퍼뜨릴 고객을 파악하는 '잣대'가 된다.

고객 노력을 줄이는 여정의 첫 단추는 '측정'이다. 6장에서는 우리가 추천하는 고객 노력 측정 기법 두 가지를 소개한다. 첫 번째 방법은 '고객 노력 지수'로 설문조사에 근거한 측정 방법이다. 두 번째 방법은 '고객 노력 진단(Customer Effort Assessment)'이라는 감사(監査) 원칙이다. 이것으로 고객 노력 측정에 가장 많이 쓰이는 지표를 어떻게 구조적으로 추적하는지 알 수 있다.

고객 노력 지수를 고객 노력 진단과 함께 사용하면, 고객 노력을 어떻게 개선할지 분명한 그림을 그릴 수 있고, 고객 경험 개선을 위해 해야 하는 행동도 알 수 있다. 이와 동시에 고객 노력 지수를 추적하고 전 세계 회사의 고객 노력을 모니터링하면서 확보한 데이터나 벤치마크도 공유한다. 또한 해당 회사의 고객 노력을 측정하면서 '해야 할 일'과 '해서는 안 되는 일'에 대한 생각도 나눈다.

고객의 마음이 떠나는 지점을 정확히 진단하는 법

고객 경험 분야에서는 미래 고객 충성도를 날카롭게 예측하는 설문조사 질문을 만들기 위해 많은 노력을 들였다. 이 중 대표적인 것이 고객 만족도와 순 추천고객 지수(이하 NPS)다. 고객 노력 역시 고객 노력 지수(이하 CES)라는 평가기준이 있다.

고객 충성도를 이해하기 위해 데이터를 깊숙이 들여다보고 각기 다른 지수의 예측 능력을 살펴본 결과, 놀라운 점을 발견했다. 고객 만족도는 고객의 재구매나 구매금액 증가 의사를 제대로 예측하지 못한다. 오히려 NPS(라이켈트가 만들어 자신의 저서 『궁극적 질문』에서 설명한 지수다. 이는 단 하나의 질문, "회사를 친구나 동료에게 추천할 가능성이 얼마나 됩니까?"에 근거해서 산출된다)가 충성도를 더 정확히 예측한다. 고객 경험 평가 프로그램을 위해 NPS를 채택한 다른 많은 회사와 매한가지로 이 지수가 미래 고객 행동을 제대로 예측한다는 사실을 발견했다.

NPS가 고객 노력과 어떤 관계가 있는지 살펴보자. NPS는 고객이 회사와 맺은 관계에 대해 가진 전반적인 인상을 알려주는 광범위한 질문으로 맡은 바 소임을 훌륭하게 해낸다. 하지만 개별 통화 단위로 고객 서비스 성과를 이해하는데 가장 적합하지는 않다. NPS는 특히 제대로 쓰이기만 한다면(프레드 라이켈트 및 NPS를 사용하는 사람들은 NPS가 방향을 알려주는 지표일 뿐 궁극적인 지표는 아니라고 분명히 말했다. 제대로 사용된다면, NPS는 전반적인 고객 충성도 운영 시스템의 일부로 활용된다) 회사, 브랜드, 제품, 유통채널, 기타 접점을 통해 고객이 접한 커뮤니케이션의 합, 충성도 수준을 제대로 보여준다.

하지만 NPS 자체가 워낙 광범위한 질문이다 보니 서비스 과정에서 일어나는 고객 노력을 오히려 가려버린다. 예를 들어 서비스 과정에서 고객 노력을 많이 들어갔는데 친구에게 회사를 추천하겠다고 대답한 고객이 있다고 치자. 고객 서비스는 끔찍했지만, 제품이 여전히 근사하니 회사에게 나쁘지 않은 NPS 점수를 주면서 서비스 채널의 개선 기회를 묻어버린다. 혹은 반대로, 회사가 제공한 고객 서비스는 근사할 만큼 고객 노력이 적게 들어갔지만, 제품이 정말 싫기 때문에 NPS 점수를 낮게 준다. 그러면 회사는 아무리 머리를 긁적거리며 들여다봐도 근사한 서비스 경험인데 무엇이 잘못된 건지 모른다. 데이터에 따르면 이런 엇갈린 반응이 종종 나타나므로, 서비스 경험을 특정 효과를 측정하기 위해 여러 가지 방법을 시도해보는 편이 좋다.

적어도 고객 서비스 커뮤니케이션에 관한 한 상담별로 고객 노력을 측정해서 고객 충성도를 꽤 정확하게 예측할 수 있다. 이는 고객 충성도를 측정하려는 노력에 뚜렷한 한 획을 그어준다. 충성도는 그 고객이 회사와 브랜드에 대해 갖는 다양한 접점에 영향을 받는다. 서비스는 이런 접점 중 하나이며, 다른 어느 요소보다 고객 충성도를 감소시킬 가능성이 높다. 회사는 보다 넓은 관계 측면에서의 고객 충성도를 감안해야 하지만, 서비스 담당 임원은 서비스 상담 단위로 고객 충성도 영향에 대해 바짝 날을 세워야 한다.

NPS나 기타 다른 관계 지수에 주로 의존하는 서비스 리더는 서비스 경험이나 충성도에 긍정적인 영향을 주기 위해 어느 레버를 잡아당겨야 하는지 쉽게 보기 어렵다. 바로 여기에서 CES가 빛을 발한다. CES는 딱 서비스 경험만을 솎아내서 서비스 경험의 실제 영향을 알 수 있도록 도와준다. CES는 회사가 고객이 자신의 문제를 해결하는 데 얼마나 노력했다고 느끼는지를 측정하는 단순 질문이다. "쉬운 경험이었는가? 문제를 해결하기 위해 중무장을 하고 덤벼야 했는가?" 같은 질문은 보통 상담 종료 후 설문조사 형태로 진행된다(IVR 설문조사, 팝업 웹 설문조사, 이메일 설문조사 등). CES는 고객 노력이 적게 드는 경험을 제공했는지 파악하는 단순한 방법이다. 상담별, 채널별, 조직 내 부서별, 시간별 현황을 제공해준다. 또한 무엇보다 중요한 점은 이를 통해 떠나려는 고객을 즉시 파악할 수 있다는 점이다.

CES v1.0

CES라는 말을 처음 사용한 것은 《하버드 비즈니스 리뷰(Harvard Business Review)》에 2010년에 실린 「고객을 기쁘게 하려는 시도를 멈춰라(Stop trying to Delight Your Customer)」라는 글에서였다. 이후 CES의 정의는 진화해 왔다. 처음 사용했을 때를 CES v1.0이라고 하면, 이때는 "문제를 해결하기 위해 스스로 얼마나 많은 노력을 들였나요?"라는 질문으로 설문조사를 했다. 이 질문에 대한 답을 '(1) 매우 낮은 수준의 노력'에서 '(5) 매우 높은 수준의 노력'으로 구분하고 5점 중 점수를 적어달라고 했다. 다양한 산업별로 연구한 결과, '고객별 서비스 커뮤니케이션이 충성도에 미치는 영향'을 파악하는 데 이 질문이 유용하다는 사실을 발견했다.

CES는 고객 만족도나 NPS처럼 쉽게 적용하기 어렵다. 우선 CES의 점수가 역으로 되어 있어서 정반대의 점수가 매겨지기 쉽다. 상담 후에 이루어지는 설문조사에서 대부분의 고객은 낮은 점수를 '나쁘다', 높은 점수를 '좋다'라고 생각한다. 설문조사 말미에 CES를 물으면 고객은 종종 자동반사적으로 응답한다. "얼마나 만족하느냐는 마지막 질문에 4점을 줬기 때문에, 이번 질문에도 4점을 줬어요."라는 식이다.

점수 순서를 반대로 하면(사실 많은 회사가 이런 방식으로 진행한다) 쉽게 고칠 수 있지만, 처음 했던 방식에는 그 외에도 고치기 어려운 문제가 존재했다. 예를 들어 CES 질문을 '자신의 문제 해결 경험이 얼마나 어려웠는지'를 묻는 것이 아니라 '자신이 문제를 스스로 해결하기 위해 얼마나 노력했는지'를 묻는 것이라고 잘못 해석하는 고객이 있다. 어떤 고객은 자신을 꾸짖는 질문이라고 받아들인다.

또한 'effort(노력)'라는 영어단어가 비영어권 고객에게 제대로 전달되지 않기도 했다. 대용할 만한 단어가 존재하긴 하지만, 특정 언어에서 적절한 단어가 무엇인지 논쟁이 일어나기도 한다. 그 결과 서로 다른 용어를 쓰는 회사 간 혹은 한 회사의 여러 국가 지사 간 벤치마킹이 어려워졌다.

CES에 대한 질문을 던지기 전 프라이밍(Priming: 먼저 나타난 것이 이후 따라오는 것에 미치는 효과)이 부족해서 나타나는 어려움이 있다. 상담 후 설문조사를 진행하면 보통 서비스 경험에 대해 고객이 어떤 요소를 얼마나 좋아했는지, 싫어했는지 물어본다(상담원이 얼마나 많이 알고 있는지, 예의 바른지, 겸손한지 등). 여태까지의 질문은 고객 만족에 관한 내용이었는데 뜬금없이 노력에 관한 이야기가 나오면 고객은 헷갈리기 시작한다.

서비스 조직에서 CES를 경험 잣대로 사용해서 성공을 거두지 못했다는 말이 아니다. 오히려 정반대다. CES를 사용한 회사 대부분은 이 방식이 서비스 환경에 유용하다고 했다. 특히 고객 이탈을 사전에 눈치채는 데 효과적이라고 답했다. 하지만 몇몇 회사가 앞에서 언급한 문제점 때문에 고민해서, 우리는 개선 방도를 찾아 다시 한번 그림을 그려 보기로 했다.

CES v2.0

고객 서비스 커뮤니케이션과 고객 노력에 대한 데이터를 모으면서, CES 질문을 업그레이드했다. 이 새로운 고객 노력 지수는 이 책을 통해 처음 소개되는 개념이다. 그런 의미에서 CES v2.0라고 하고 싶다.

새로운 CES 지표는 "회사 덕에 내 문제를 다루는 게 쉬워졌어요."라는 발언에 기반을 둔다. 고객은 이 말에 동의하는지, 동의하지 않는지 점수를 매긴다(다른 일반적인 고객 서비스 설문조사처럼 1~7점 사이에 선택한다).

CES v2.0의 새로운 질문은 CES v1.0의 질문을 변형한 것인데, 훨씬 신뢰도 높은 결과를 만들고, 잘못 해석할 가능성이 낮고, 다양한 언어로 쉽게 번역된다. 고객의 정확한 반응을 확보하기 위해 프라이밍이 많이 필요하지도 않다. 고객 노력이라는 개념이 맨 앞 중앙에 놓여 있으나 'ease(쉽게)'라는 영어단어로 바뀌어 있다. '쉽게'라는 단어는 명확히 이해된다. 동의 여부로 점수를 나누기 때문에 설문조사가 묻는 다른 질문과도 비슷한 형식을 갖는다. 가령 "상담원이 잘 알고 있는지(예의 바른지, 겸손한지) 동의하나요, 동의하지 않나요?"라는 식이다.

수천 명의 고객에게 질문을 던져보자 놀랍고 인상 깊은 결과가 나왔다. 첫째, 새로운 문장의 짜임새가 고객 충성도와 상관관계가 높았다. 이는 고객의 재구매 의사, 구전, 새 제품을 긍정적으로 고려하는 의사(구매금액 증대)의 1/3을 설명해준다. 크게 호들갑을 떨 일이 아니라고 생각할 수도 있다. 하지만 서비스 문제를 해결하는 경험 단 한 번에 대해 이야기하고 있다는 점을 참작해야 한다(통계적으로 봤을 때 이는 매우 강력하다). 단 한 번의 서비스 커뮤니케이션으로 구매금액 증대를 긍정적으로 고려한다고 설문대상자의 1/3이 답했다면, '고객 노력'의 여파는 위협적일 만큼 강력하다고 할 수 있다.

고객 만족도와 비교해본 결과, CES v2.0이 고객 충성도 측정에서 예측력이 12퍼센트 높았다. CES를 대시보드에 더하면 적어도 고객과의 커뮤니케이션에 대해 상세한 안목을 얻는다는 강력한 증빙이다. 여기에서 정확도는 고객 충성도를 종속 변인으로 하는 이변량 회귀모델(Two Bivariate OLS Regression Model)의 R^2(회귀선(Y=X)으로 설명된 부분(SSR)이 총변동(SST) 중에서 어느 정도 차지하는지를 나타내는 값)으로 비교했다.

또한 고객 서비스 평가 결과의 정확도가 해당 고객의 시간 민감도에 따라 달라진다는 점도 발견했다. 시간이 촉박한 고객은 고객 만족도의 정확도가 급격하게 떨어지는 반면, 고객 노력은 여전히 강력한 예측 변수가 된다. 이때 시간 민감도는 '동의한다/동의하지 않는다'를 1점에서 7점으로 따져 측정했다. "매일 시간이 충분하지 않다."라는 항목과 "(회사에서, 집에서 등) 해야 하는 일을 끝내려면 바삐 서둘러야 한다."라는 항목에 동의 여부를 질문했다. 사실 매일 시간이 부족하다고 심각하게 느끼는 고객은 회사 충성도를 측정할 때 CES의 정확도가 고객 만족도보다 2배나 높았다. B2B 회사는 고객이 회사에서 상당한 시간 압박을 받기에 더욱 그런 성향을 보였고 B2C 고객 중에는 다자녀 가구, 바쁜 전문직, 맞벌이 부부에서 그런 특성이 보였다.

발견한 사실이 또 하나 있다. 다음 두 조건 중 하나가 충족될 때 고객 경험이 충성도에 끼치는 영향력이 컸다.

1. 회사가 제공하는 서비스나 제품에 대해 특출난 애착을 갖지 않은 경우 혹은 그런 경우
2. 해당 (제품/서비스) 카테고리에 대해서 고객이 인식하는 전환 비용이 낮은 경우

제품 선호도가 높은 회사가 형편없는 고객 지원에도 승승장구하는 이유가 설명된다. 고객이 보기에 해당 제품이 대체재보다 훨씬 뛰어나면 형편없는 서비스 경험을 기꺼이 감내한다. 고객이 인지하는 전환 비용 역시 직관적으로 말이 된다. 제공자를 쉽게 바꿀 수 있다면, 고객 노력이 많이 들어가는 서비스 경험을 한 번 겪은 것만으로도 고객은 이탈한다. 전환 비용이 낮다고 생각하는 고객은 고객 노력이 충성도에 비해

2배 이상 중요한 역할을 한다.

회사는 다른 경쟁자나 유사 그룹 간의 CES를 비교해보려 한다. 이때 분포도가 평균점수보다 더 중요하다는 점을 기억해야 한다. 평균은 데이터상 심각한 불일치를 가려버린다. CES 점수 역시 이 점에서 다르지 않다. 하지만 CES가 고객 서비스 분야에서 비교적 최근에 차용된 기준이기 때문에, 조직은 종종 평균에만 관심을 기울인다. 표준 정규분포와 비교해서 CES를 평가하는 편이 더 바람직하다. 10~20퍼센트의 상담은 매우 높거나 낮은 점수를 받고, 나머지는 중간값 그 어딘가에 위치한다. 이 분포를 살펴보면서 개선 기회를 찾는 쪽이 다른 회사와 평균 CES를 비교하는 편보다 훨씬 많은 것을 파악할 수 있다.

좀 더 구체적인 사례를 살펴보자. 한 회사가 자신의 CES가 산업 벤치마크보다 고객 노력이 현저하게 낮다는 사실을 발견하고 깜짝 놀랐다. 이는 서비스 조직 임원이 생각하는 전반적 상황과 맞지 않았다. 그가 보기에 이 조직은 민원을 너무 많이 받아서 심각한 수준의 개선이 필요했다. 하지만 그의 팀은 CES가 근사하다며 자랑하기에 바빴다.

데이터 분포를 살펴본 임원은 놀라운 사실을 발견한다. 산업 벤치마크와 비교했을 때 고객 노력이 적게 드는 경험이 압도적으로 많다는 사실은 뭔가 잘못되었다는 암시다. 고객 노력이 적당한 수준인 연락은 거의 없고, 고객 노력이 많이 드는 경험도 상대적으로 많지 않았다. 이 왜곡된 분포가 일어난 이유는 단순한 문제가 전화에 너무 집중되는 반면 셀프서비스를 통해 해결되지 않았기 때문이었다. 그 결과 고객은 단순한 이유(한 번 전화하는 것으로 끝나는 문제)로 상담 전화를 걸었고, 문제가 쉽게 해결된다고 느꼈다. 다시 한번 말하지만, CES를 제대로 파악하려면 분포를 살펴봐야 한다.

이름이 어떻든(CES v1.0 혹은 CES v2.0), CES는 고객 만족도나 NPS와 다른 지표라는 점을 명심해야 한다. 따라서 이들을 서로 비교하는 짓은 헛수고다. 한 산업 전문가가 관찰했듯이, CES를 다른 지수와 비교하는 일은 사과와 오렌지를 비교하는 행동과 비슷하다.

"CES는 고객 서비스 상담이라는 '마이크로(Micro) 경험' 평가에 초점을 둔 반면, NPS나 고객 만족도는 전반적인 감정, 고객 경험 전반을 염두에 두는 '매크로(Macro) 경험'으로, 한 번의 상담이나 이벤트에 집중하지 않죠." 이는 고객 노력을 측정하는 진정한 가치를 분명하게 알려주는 발언이다.

CES는 전반적인 고객 관계 상태를 측정하지 않는다. 오히려 고객 충성도를 감소시키는 가장 중요한 사건, 서비스 커뮤니케이션에서 일어나는 고객 노력에 집중한다. 이 전문가는 다음과 같은 말을 덧붙였다. "CES는 이미 잘 디자인되고 실행되는 고객 경험 관리 프로그램에 유용하게 더할 만한 기준입니다."

그렇다고 해도 고객 서비스 상담 수준에는 고객 노력을 측정하면, 서비스 리더는 회사의 전반적인 충성도 개선에서 고객 서비스가 어느 수준의 영향력을 갖는지 그림을 그릴 수 있다. 이는 확실한 효능이다.

하지만 NPS를 주로 사용하는 회사도 측정 대시보드에 CES를 추가할지 고민해봐야 한다. 고객 노력을 논의하는 회사 대부분은 전반적인 개념에 대해서는 수긍하지만, CES에 대해 언급하기 시작하면 "우리는 NPS를 사용한다고요."라며 얼음처럼 굳어버린다. 종교적인 논쟁이 아니지 않은가.

고객 서비스 측면에서 NPS를 측정한다면, 그 NPS에서 서비스와 관련된 진정한 원동력이 무엇일까? 콜백이나 전화 교환, 채널 전환, 정보 제공 중복 등의 일을 줄인다고 NPS가 정말 개선될까? 사실 그들은 고객 노력을 감소시키려 애쓰고 있다. CES 대신 NPS라는 간판을 내걸었을 뿐이다. 하지만 CES를 측정하면 서비스 리더는 더 포괄적인 NPS 목표에 대해 자신이 끼치는 영향을 파악하게 된다.

우리가 진행한 설문조사에 따르면, 적은 노력을 들여 경험한 고객의 3퍼센트만이 폄하하는 사람(Detractor, NPS에서 추천하겠냐는 질문에 0~6점을 매기는 사람)이 되지만, 많은 노력을 들여 경험한 고객은 82퍼센트가 폄하하는 사람이 된다. 이는 충성도가 낮아지지 않도록 고객 노력을 덜어주는 것이 얼마나 파급력이 큰 일인지를 명백하게 보여준다. 당신 회사가 NPS를 측정한다면, 고객 서비스 설문조사에 CES를 추가하여 고객 서비스가 NPS에 도움이 되는지 해가 되는지 파악할 것을 강하게 권하고 싶다.

CES를 활용하기 시작한 회사들은 고객 서비스 효율성 전반을 측정할 때와 간당간당한 고객을 발견할 때 이 지수를 성공적으로 활용한다. 하지만 유념해야 할 점이 하나 있다. CES는 하나의 질문에 불과하다. 방향을 알려주는 강력한 지표이지만, 그뿐이다. 착각해선 안 된다. CES는 고객 서비스 관리의 만병통치약이 아니다. 오히려 거대한 상담별 충성도 측정 시스템의 일부로 바라보는 편이 정확하다. 서비스 경험에 어떤 일이 일어나는지 제대로 이해하려면 서비스 경험을 다각도에서 바라보고 많은 데이터를 수집해야 한다. 고객 경험을 어떻게 개선할지 파악하려면, 체온 하나만 달랑 재고 끝날 것이 아니라 꼼꼼하게 검진해야 한다. 바로 이때 고객 서비스 경험의 어디에 고객 노력이 들어가는지 시스템적인 모니터링과 함께 CES를 병행해야 한다.

고객의 노력을 측정하는 3단계 시스템

견고한 고객 노력 평가 시스템은 세 부분으로 구성된다(그림 6.2 참조). 최상위 단계에서는 하나의 회사에 대한 고객의 전반적 충성도를 파악한다. 이는 NPS 같은 고차원의 기준으로 측정하면 가장 좋다(NPS가 상위 수준에서 고객 노력을 측정하는 더 나은 방법이기도 하지만, NPS를 통해 서비스 조직의 역할과 영향을 전반적인 충성도 결과와 연결 지을 수 있으며, 고객 경험 조직과 마케팅 조직이 사용할 수 있는 유용한 문맥관계를 제공해주기 때문이기도 하다).

한 단계 아래는 서비스 커뮤니케이션에 들어가는 고객 노력의 양을 이해하는 단계다. 고객 노력의 양을 이해하는 이유는 명백하다. 회사 수준의 충성도에 서비스 조직이 무엇을 어떻게 공헌하는지 아는 데 유용하기 때문이다. CES는 이를 측정하는 데 적합한 수단이다. CES 결과를 기타 다른 운영 데이터, 즉 고객 노력이 들어간 정도에 대한 근거(문제를 해결하는 데 필요한 연락 횟수 등) 데이터와 함께 교차 확인하는 방식을 추천한다.

그림 6.2 | **회사 충성도 목표와 고객 서비스 전략/목표 연결하기** 출처: CEB, 2013

기업 목표	**고객 충성도** 측정 방식: • 거래/재구매를 계속할 확률 • 회사를 추천할 의사	
서비스 조직 목표	**고객 노력 경감** 측정 방식: • 전반적인 고객 노력 지수 • 문제를 해결하는 데 필요한 커뮤니케이션 횟수 • 각 서비스 채널별 전반적인 노력 수준	
서비스 조직 목표를 달성하는 방식	**서비스 채널을 통해 일어나는 고객 여정 전반** 측정 방식 샘플: • 사용된 터치 포인트 수 • 첫 번째 통화부터 사용된 터치 포인트 순서	**각 서비스 채널별 경험** 측정 방식 샘플: • 정보 정확도 • 정보 명확도 • 상담원의 기술과 행동 • 사용 난이도

이보다 한 단계 더 내려가면 고객 서비스 여정이 어떤 식으로 펼쳐지는지 이해해야 한다. 문제를 해결하기 위해 어떤 유형의 터치 포인트를 얼마나 많이 사용했는지, 서비스 터치 포인트가 어떤 순서(고객이 콜센터로 전화부터 시작했는지, 웹사이트를 먼저방문했는지 등)로 일어났는지, 채널별로 고객 경험이 어떻게 진행되는지(서비스 상담원이 제공하는 정보가 얼마나 명확한지, 웹사이트에서 쉽게 정보를 찾을 수 있는지 등)를 살펴봐야 한다.

고객 서비스에 자신만만하던 회사가 충격에 빠진 이유

회사의 '고객 노력 프로파일'을 제대로 이해하기 위해, 한 회사의 고객 노력 측정 방식을 살펴보자. 이 데이터는 실제 존재하는 회사에서 나왔으며, 실명을 감추기 위해 그 회사를 '아크메사(社)'라고 부른다.

처음 아크메사와 일하기 시작했을 때, 그들은 전화 채널을 매우 뛰어나게 디자인했으며 충분한 보상을 받았다고 말했다. 사실 그들의 CES 점수는 예상하던 바와 같이 높게 나왔다. 아크메사는 차별화를 위해 향후 전화 채널에 대해 어떤 조치를 취해야 하는지 궁금해했다.

심층 진단을 진행한 결과, 멀티채널에 대한 강력한 데이터가 나왔고, 그들은 전략을 전면 수정하기에 이른다. 아크메사 서비스 리더팀은 전화 채널 개선에 투자하는 대신 웹사이트 채널 개선에 투자하는 편이 성과가 높다는 것을 깨달았다. 이는 직관적으로 파악하기 힘든 사실이다. 다양한 방식으로 분석을 진행하고 그 과정에서 자신들이 당면한 중요 사안을 갑자기 깨달은 셈이다. 그들은 고객 경험 데이터를 모으면서 특정 채널에만 한정적으로 집중한 나머지 놓쳐버린 분야의 존재를 갑자기 깨달았다.

아크메사가 밟은 과정을 살펴보면 어떻게 우리가 최종 결론에 도달했는지 알 수 있다. 최고의 개선 기회를 발굴하는 과정에 사용된 진단 테크닉과 설문조사 질문을 공개한다(고객 노력 진단을 위해 사용한 설문조사 질문 샘플은 부록E를 참조한다). 아크메사 사례의 가장 큰 교훈은 당신 회사의 고객 경험에서 가장 많은 고객 노력이 들어가는 포인트를 찾아내는 데 실마리를 준다는 것이다.

프레임워크를 통해 이해하려 했던 가장 중요한 것은 전반적인 충성도였다. 초반에는 크게 걱정할 일이 없어 보였다. 아크메사의 고객 충성도는 평균 이상이었으며, 성과가 높은 조직에서 나오는 수치와 매우 가까웠다(그림 6.3 참조). 충성도 점수의 분포 역시 유사 조직과 일치했다. 하지만 이런 측면은 잘못된 방향으로 사고를 이끌어간다. 관계 측면에서 사용하는 충성도 측정 방식이 운영상의 문제를 숨겨버리는 바람에 고객이 불필요한 수고를 감내하게 되는 대표적인 사례다.

충성도 점수를 제외하고 봤을 때도 아크메사의 전반적인 고객 노력 프로파일은 평균 수준에 꽤 가까웠다(그림 6.4 참조). 아크메사 고객은 대부분 서비스 커뮤니케이션에서 적거나 보통 수준의 고객 노력이 발생했다고 응답했고, 극소수가 큰 수준의 고객 노력을 감내했다고 응답했다.

여기까지는 건강한 진단이 나왔지만 모든 것이 아크메사에 희망적이지는 않았다. 채널별로 고객 노력 수준을 살펴보고 이를 연락 볼륨과 매칭하자 두 가지 분명한 사실이 모습을 드러냈는데, 이는 연구자들의 심기를 불편하게 만들었다(그림 6.5 참조).

1. 긍정적인 관점에서 보자면, 아크메사는 고객이 문제 해결을 위해 셀프서비스를 사용하도록 인도해서, 첫 번째 연락의 36퍼센트가 웹사이트를 통해 발생한다.

그림 6.3 | **아크메사의 고객 충성도 전반과 고객 분포** 출처: 아크메사, CEB, 2013

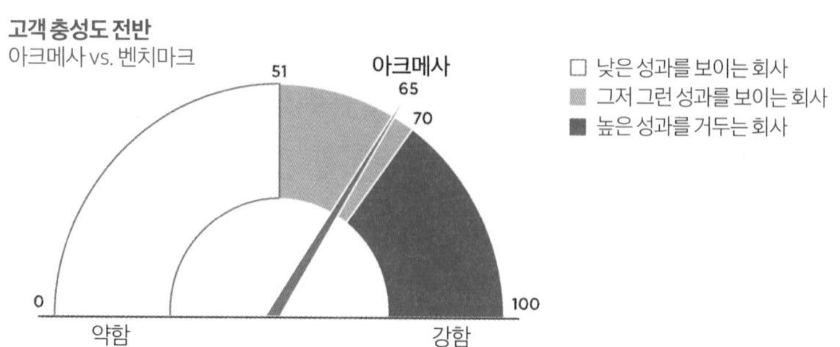

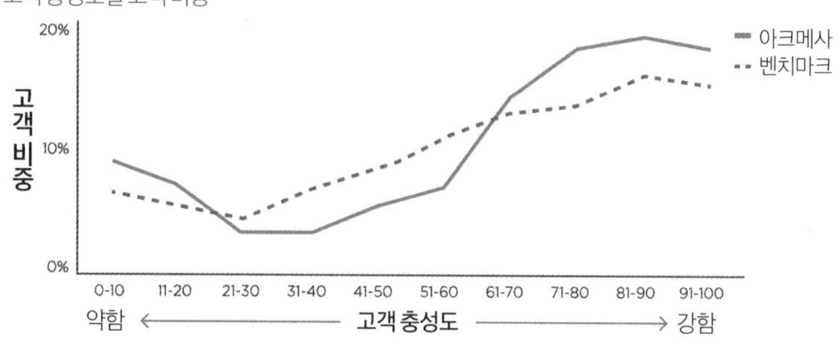

그림 6.4 | **아크메사의 고객이 가장 최근에 발생한 서비스 문제를 해결하는 데 들인 노력** 출처: 아크메사, CEB, 2013

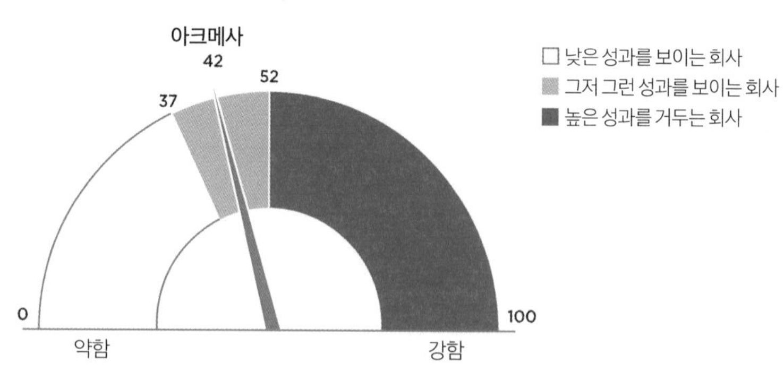

2. 고객은 온라인 상태에서 머무를 수가 없다. 아크메사의 웹사이트부터 방문한 고객의 53퍼센트가 회사에 다시 연락을 취해야 한다. 이때 고객은 셀프서비스를 이용하지 않는다. 아크메사 웹사이트에서 문제를 해결하지 못한 고객의 82퍼센트가 전화를 건다.

아크메사의 고객 충성도가 크게 떨어지지는 않았지만, 운용비 부담이 지나치게 커졌다. 상당수의 고객이 웹에서 문제 해결에 실패하고 전화 채널로 두 번째 연락을 시도한다는 사실이 밝혀졌다. 아크메사가 원래 계획했던 대로 전화 채널을 개선했다면, 그 노력은 큰 성과를 거두지 못했을 것이다. 고객은 이미 웹 경험으로 많은 노력을 들인 후 전화 통화를 시작하기 때문이다. 부정적인 웹 경험(심지어 상담원은 그런 일이

그림 6.5 | 아크메사의 고객 문제 해결 여정 출처: 아크메사, CEB, 2013

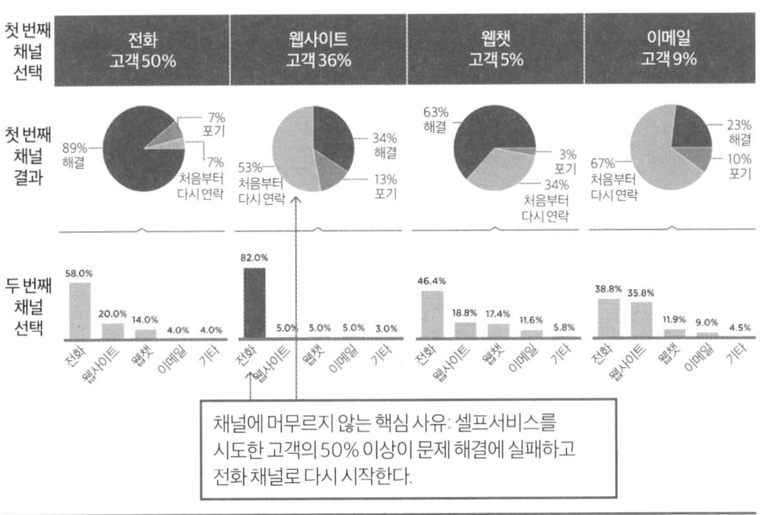

있었다는 사실조차 인지하지 못한 상태)은 전화 상담을 개선한다고 해서 수정되지 않는다. 문제의 근원, 즉 웹사이트를 수정해야 한다는 사실이 분명하게 보였다.

아크메사의 웹 채널에 대해서 고객이 벤치마크보다 높은 수준의 노력(대략 20퍼센트 이상)을 보고한다는 사실도 발견했다. 이는 웹 CES 지수를 다른 벤치마크 조직과 비교했을 때 상당한 차이이다.

아크메사의 고객 경험의 취약점은 전화 채널이 아니라 웹 채널이었다. 아크메사의 서비스 리더십팀은 한 번도 고려해보지 않은 사실이었다. 아크메사의 다양한 시스템이 통합적으로 움직이지 않아서 고객의 문제 해결 여정 전체를 추적할 수 없었던 것이 가장 큰 이유였다. 이 앞에서도 이야기했지만, 서비스 리더는 고객을 하나의 채널(전화 고객 vs. 웹 고객)로만 생각하는 경향이 있고, 채널을 전환한다고 생각하지 않는다. 그 결과 이런 분석 하나만으로도 회사 리더십팀은 놀라워하게 된다.

아크메사에서 발견한 사항을 요약해보자. 한 발자국 떨어져서, 아크메사 고객들이 서비스를 위해 보통 어떻게 연락을 취하는지 생각해보고 각각의 서비스 채널을 효능(아크메사가 이 채널을 통해 고객 문제에 해결책을 제공했는가?) 측면뿐 아니라 제공된 경험의 종류(아크메사가 이 채널을 통해 고객 노력이 적게 들어가는 경험 혹은 크게 들어가는 경험을 제공했는지) 측면에서도 비교했다. 그러자 아크메사가 어디에 관심을 두어야 하는지 분명한 그림을 얻을 수 있었다(그림 6.6 참조).

이 분석 활동만 봐도 웹에서 일어나는 커뮤니케이션이 얼마나 고객에게 유해하며, 상당한 수의 재연락과 높은 수준의 고객 노력을 불러오

그림 6.6 | **아크메사의 채널별 성과 및 볼륨**　　출처: 아크메사, CEB, 2013

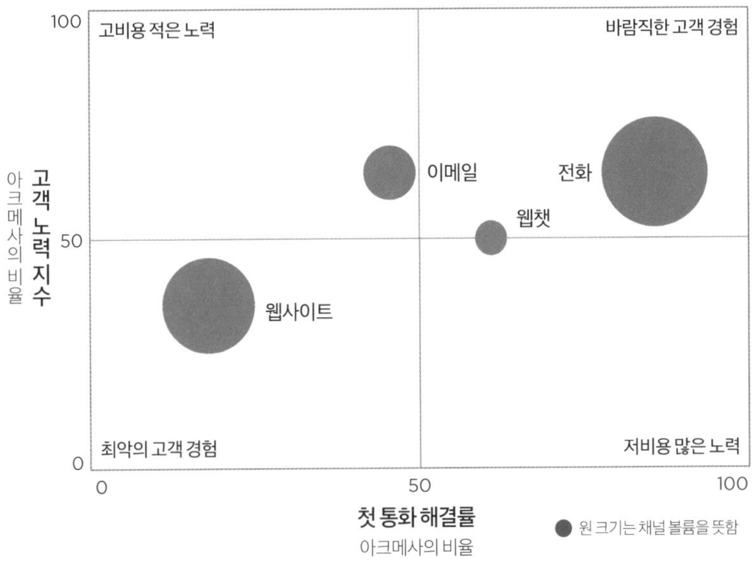

는지 분명히 보인다.

진단을 시작하기 전, 아크메사는 웹보다는 전화 채널 부분에서 개선해야 할 요소가 더 많다고 말했다. 아크메사 서비스팀은 웹에서도 자신들이 썩 일을 잘한다고 가정했다. 내부에서 진행한 설문조사 결과, 웹에서 셀프서비스를 사용하는 고객의 비중이 평균보다 높다는 사실을 알고 있었다.

물론 고객 노력 여정은 거기에서 끝나지 않는다. 오히려 막 시작한 참이다. 이제껏 보여준 데이터 덕에 아크메사는 고객 경험 전반을 비판적으로 생각할 수 있었다. 하지만 데이터는 이를 고치기 위해 어떻게 해야 하는지는 말해주지 않는다. 데이터를 깊게 파고드는 일이 필요한 순간이다. 진단 활동의 일부로서 어떤 분야에 집중해야 하는지 이해하기 위해 채널별로 고객 노력을 끌어내는 원동력이 무엇인지 들여다보았다. 아크메사는 웹 채널에 관한 한 고객 노력을 일으키는 몇 가지 핵심 분야에서 벤치마크보다 낮은 성적을 보였다.

우리가 밝혀낸 바에 따르면, 아크메사 고객은 셀프서비스를 원했다. 이들 고객이 웹사이트에서 무언가 찾으려고 할 때 심각한 문제가 발생한다는 점이 아크메사의 골칫거리다. 아크메사의 웹사이트를 방문한 고객의 64퍼센트가 자신이 찾는 것을 찾을 수 없거나 설사 찾더라도 정보가 대부분 불명확하게 쓰여 있다고 답했다(그림 6.7 참조).

그림 6.7 | 아크메사가 웹으로 문제를 해결하는 데 실패하는 주요 이유 출처: 아크메사, CEB, 2013

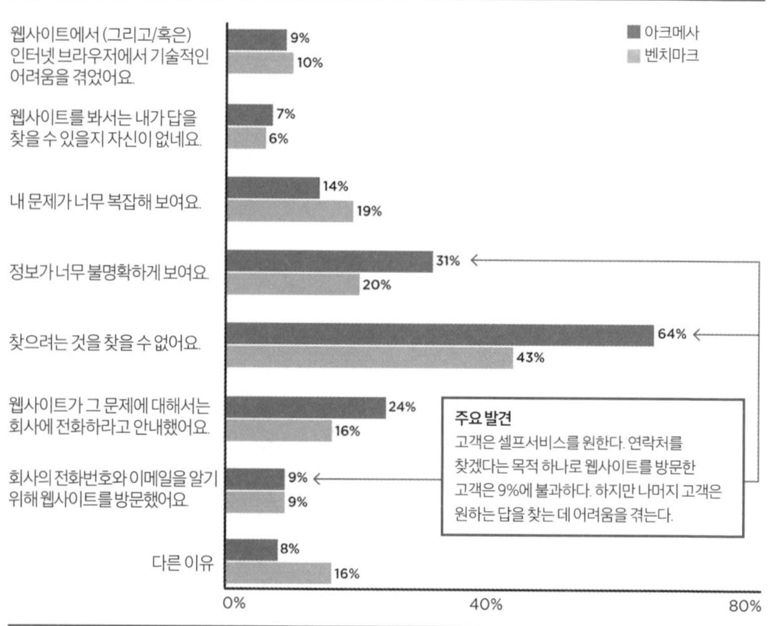

아크메사에 내린 첫 번째 권고는 고객 목소리를 듣는 프로세스에 투자하라는 것이었다. 피델리티가 했던 일과 비슷하다(2장 참조). 통화 고객이 웹사이트를 방문했다 오는지, 만일 그렇다면 왜 웹사이트를 포기했는지 물어본다. '고객이 무엇을 찾고 있는가?', '웹에서 제공하지 않는 것이 정보의 내용인가, 기능인가?', '이 부족한 점을 셀프서비스 채널을 통해 제공하는 것이 현명한 결정일까?', '이를 웹사이트에서 이미 제공한다면, 왜 고객이 찾지 못할까?', '혹시 찾을 수 있다면, 그 정보가 쓰여지고 보여지는 방식에 어떤 문제가 있어서 이해하기 어려운가?' 등을 묻는다. 그러면 아크메사는 문제의 본질을 쉽게 꿰뚫어볼 수 있다.

일단 마스터카드와 피델리티가 웹상 채널 패칭(Channel Patching: 최적의 채널로 고객을 안내하는 것)과 차후 문제 방지 측면에서 실행한 방식을 아크메사에 권했다(2장, 3장 참조). 또한 아크메사에 문제와 채널을 매핑해서(부록A 참조) 고객 서비스 홈페이지에서 문제 유형에 따라 고객이 어디로 가야 하는지 파악하고, 고객이 문제 해결을 위한 최적의 경로(고객 노력이 가장 적게 들고 회사 비용도 가장 적게 드는 경로)를 빠르게 찾을 수 있도록 페이지 배치와 문제별 가이드를 권했다. 마지막으로 고객이 쉽게 이해하고 소화해내는 콘텐츠를 만들기 위해, 트래블로시티가 만든 '월드 클래스 FAQ를 위한 10가지 규칙' 사용을 권했다(2장 참조).

고객의 경험을 들여다보는 순간 수십억 원의 가치가 발생한다

아크메사가 이런 조치들을 취하면 어떤 보상을 받을까? 다행히 수년간 모은 데이터를 바탕으로, 특정 회사가 권유한 대로 고객 노력을 줄이면 어떤 이득을 얻는지 모델링할 수 있다. 고객의 전반적인 충성도 수준과 서비스 채널에 들인 고객 노력 수준을 알면 그 관계(이번 경우 아크메사만의 관계)를 그려낼 수 있다(그림 6.8 참조). 고객 노력을 줄일 수 있는 비즈니스 사례가 존재한다면 바로 이런 형태가 아닐까.

고객 노력이 줄면 재구매 의사가 높아지고, 더 많은 돈을 쓰려 하고, 회사 칭찬을 하게 된다는 사실을 모두 잘 알고 있다. 아크메사는 고객 노력이 10퍼센트 감소되자(쉽게 달성할 수 있는 목표다) 고객 충성도가 무려 3.5 퍼센트 증가했다. 지금보다 고객 충성도가 3.5퍼센트 증가한다는 말이 당신 회사에게는 어떤 의미인가? 아크메사에는 '수십억 원의 가치'를 뜻한다. 고객 노력을 줄여서 미래에 혹은 가까운 미래에 쉽게 오를 충성도 증가폭을 가늠할 수 있다면, 이는 많은 회사에 떨칠 수 없을 만큼 매력적이리라. 결국 아크메사 팀은 애초의 전략을 송두리째 뒤엎고 새로운 전략을 그렸다. 그리고 고객 노력을 성과 측정 요소에 항상 포함시켰고, 경험 개선 계획에 항상 집어넣었다.

CEB는 초창기부터 데이터와 설문조사를 통해 서비스 경험에서 고객 노력이 얼마나 중요한지 강조해왔다. 고객 노력을 서비스 조직의 운용 시스템에 녹이기 위해 노력했다. 그 결과 방대한 데이터, 모델링, 분

그림 6.8 | 아크메 회사의 고객 노력과 고객 충성도의 관계 출처: 아크메 회사, CEB, 2013

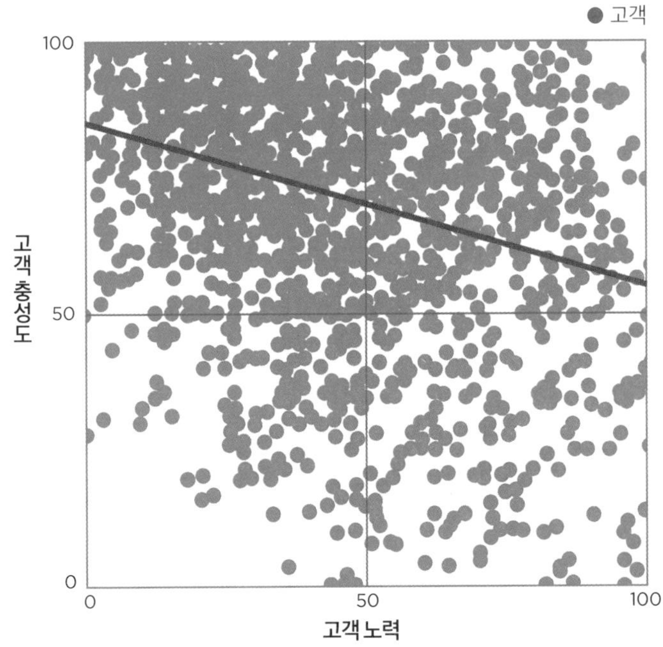

아크메 고객이 서비스 문제 해결에 쏟는 노력이 10% 감소하면,
아크메에 대한 충성도가 3.5% 증가한다.

석 결과를 집대성했고, 고객 노력을 줄이는 정확한 조치를 취해서 막대한 충성도 혜택을 누리도록 많은 회사에 도움을 제공해왔다.

이제 막 태동을 시작한 회사에 더 나은 충고를 제공한다는 목적을 위해 고객 노력 측정 과학을 다듬고 고객 노력 감소를 실천한 회사로부터 배웠다. 이 책에 실은 도구와 방법을 이해하고 실전에 적용해보자(부록 F 참조). 고객 노력은 꾸준하게 측정해야 하고 고객 노력의 원천은 시스템적으로 모니터링되어야 한다. 그러면 기업 충성도 목표에 긍정적인 영향을 끼치게 된다.

평가 내용을 마무리하면서 포인트를 다시 한번 짚어본다. 만병통치약은 존재하지 않는다. 고객 노력을 줄이는 일은 고된 작업이고, 이전에는 고려하지 않았던 방식과 원천을 통해 데이터를 아주 많이 수집해야 한다. 어떻게 보면, 현재 고객 경험과 서비스 채널의 성과 측정 방식을 180도 뒤집는 셈이다.

우리와 함께 일한 회사는 대부분 자신이 'NPS 회사' 혹은 '고객 만족도 회사'라고 말한다. 그래도 상관없다. 고객 경험을 평가하는 유일무이한 방법에 대한 논쟁이 아니다. 고객에게 제공하는 경험을 개선하면서 운영비를 절감하고, 회사에 고객이 보여주는 충성도를 높이는 것이 궁극적인 목적이다. 이를 제대로 하려면, 한 개의 질문이 아니라 아주 많은 질문을 던져야 한다.

"평가해야 일이 굴러간다."라는 경영 격언은 설득력이 있지만, 그것만으로는 충분하지 않다. 고객 노력 평가가 서비스 운영 관리 측면에서 강력한 가이드로 작동하기는 하지만, 조직 구성원이 고객 노력을 줄이겠다고 마음먹어야 진정한 개선이 시작된다. 고객 노력에 대한 정확한 이해, 이 책에 실린 조언, 고객 노력을 측정하는 방식을 모두 갖췄다면, 고객 노력이 적게 드는 조직으로 탈바꿈하는 방법에 눈을 돌려보자.

KEY POINT

CES를 측정하라. 서비스 이후 이뤄지는 설문조사에서 문제 해결이 얼마나 쉬웠는지 평가하기 위해 CES를 활용하라. CES는 상담을 통한 고객 충성도를 나타내주는 강력한 지표로 고객 경험에서 취약점을 집어내고, 상담에 고객 노력이 많이 들어서 이탈할 위험이 있는 고객을 솎아낸다.

고객 노력 측정 시스템을 사용한다. CES가 효과적이기는 하지만, 고객 노력을 측정하는 만병통치약은 존재하지 않는다. 고객 노력이 일어나고 있는지, 근본적인 원인이 어디에 있는지 파악하기 위해 우수한 회사는 다양한 레벨, 다양한 원천의 데이터를 수집한다.

CHAPTER 7

아메리칸익스프레스는 어떻게 최고의 고객 응대 프로그램을 만들었나?

★★★

고객 노력 경감은 '그 주의 핫토픽'으로 끝나선 안 된다. 확고히 자리 잡혀 기업의 운영 철학이 되어야 한다. 고객과 관계를 맺는 방식, 담당 프로젝트의 우선순위를 정하는 방식에 기업 문화적 변화가 일어야 한다. 말하기는 쉬워도 이런 변화가 실제로 이루어지기는 어렵다. 특히 대형 조직에서 변화를 일으키기란 쉽지 않다.

이런 이유로 7장에서는 최전방 상담원의 행동 변화에 대해 진행한 설문조사를 통해 발견한 사실을 공유한다. 또한 아메리칸익스프레스와 릴라이언트에너지(Reliant Energy)로부터 얻은 핵심 교훈도 함께 알아본다. 이들 두 회사는 고객의 노력을 줄이는 운영 철학을 현장에 적용한 선구자들이다.

서비스의 최전방에서 '변화 스토리'를 만들어내라

고객 직접 대면 단계에서 변화를 불러오기 위한 몇 가지 핵심 발견 사항을 요약하고 시작하자. 이는 파일럿 그룹을 세팅하고 고객 노력 경감 전략에 참여하는 발판을 마련하는 데 도움이 된다. 게다가 이들 기본 사항은 파일럿 그룹을 넘어서서 고위 임원은 물론 최전방 상담원 전체가 고객 노력을 줄이는 데 참여할 때도 도움이 된다.

첫째, 설득력 있는 '변화 스토리'가 있어야 새로운 접근 방식이 필요한 이유가 효과적으로 전파된다. 최전방 직원(상담원과 관리자 모두)이 자신의 역할을 다양한 시각에서 다시 생각해보도록 가르쳐야 한다. 과거 방식에 지나치게 매달린 나머지, 왜 변화가 필요한지 납득할 만한 이유를 전파하는 데 소홀한 회사가 많다.

"고객 노력을 줄여야 한다."라는 메시지는 또 하나의 노이즈가 된다. 하나같이 급박하고 중요한 일들 중 하나가 되어 그것들끼리 우선순위를 따지는 결과를 낳는다. 설득력 강한 변화 스토리는 현재 일이 진행되는 방식과 분명한 대조를 이루며, 조바심을 유발하는 메시지를 전달해 '그게 그거지'라는 생각을 부숴버린다. 잘 진행되기만 하면 직원 개개인의 수준까지 변화하는 경영 사례를 만드는 데 도움이 된다. 뛰어난 변화 스토리는 모든 커뮤니케이션, 훈련, 코칭은 물론 경영진이 원하는 바를 강화하는 일의 근간이 된다.

다음에서 다룰 변화 스토리 샘플은 당신 조직의 상황에 맞춰 사용할 수 있다. 변화 스토리가 현재 조직 방식을 어떻게 확립시키는지, 왜 지금 방식이 적합하지 않은지, 어떻게 새로운 방식을 설득력 있게(데이터로 입증하면서) 보여주는지, 조직이 새로운 변화를 지원하는 방식을 어떻게 보여주는지 주목해서 살펴보라. 조직이 감정적이면서도 이성적인 여정을 밟도록 하기 위해 변화 스토리가 만들어진다. 고객 노력 경감 단계를 밟으면서 중점을 두어야 할 포인트는 다음과 같다.

어떤 일이 일어나고 있는가

고객 서비스 분야는 변화하고 고객 기대치는 매일매일 올라간다. 여기에는 여러 가지 이유가 있지만, 가장 주목할 만한 점은 고객이 회사와 커뮤니케이션하는 방식이 셀프서비스로 바뀌었다는 것이다. 고객은 더는 간단하고 쉬운 문제 때문에 전화를 걸지 않는다. 고객은 더 많이 분노하고 더 복잡한 문제에 직면했을 때 전화를 건다.

불공평할지 몰라도 고객은 회사를 단순히 경쟁사와 비교하지 않고, 자신이 거래하는 다른 어떤 회사와 비교한다. 우리가 제공하는 경험은 자포스나 아마존의 경험과 비교된다. 그 기준을 충족하지 못하면 고객은 SNS 등을 통해 손쉽게 전 세계에 그 사실을 공표해버린다. 회사가 긍정적인 서비스 경험을 제공하지 못했다는 사실을 알리려면 불만에 찬 고객은 유튜브, 트위터, 페이스북에 로그인만 하면 된다.

TIP 최전방 직원들이 느낄 괴로움을 잘 잡아내야 한다. 최전방 직원들은 이 일이 얼마나 어려운지 누구보다 잘 안다. 당신은 실제 일어나는 일을 분명하게 보여줄 뿐이다.

과거 방식

수년 동안 고객 경험은 체크리스트 이상으로 다루어지지 않았다. 대부분의 상담이 비슷비슷했던 과거에 적합한 방식이다. 고객 개개인에 대해 신경 쓰지 않았다는 말이 아니라 재빨리 다른 고객을 상대하려면 서비스 조직을 엄격하게 관리하는 편이 나았기 때문이다. 같은 문제가 발생한 것이라면, 고객 서비스는 공장 생산처럼 진행되고 효율성과 일관성에 집중해 해결하게 된다. 수년 동안 이런 방식이 잘 먹혔다.

TIP 과거에 어떻게, 왜 그런 방식으로 일이 관리되었는지 명확하게 설명해야 한다. 과거에 일을 그런 식으로 진행한 데에는 그럴 만한 이유가 있다.

과거 방식이 더는 통하지 않는다

새롭게 직면한 복잡한 문제를 따라가는 데 당신의 역할이 중요하다. 고객 응대가 점점 어려워지는 상황에서도 고객 충성도를 높여달라고 요구하고 싶다. 고객 경험을 하나의 프로세스로 관리하는 일이 항상 순조로울 수만은 없다. 데이터에 따르면 회사는 새로운 환경에서 효과적인 고객 경험을 만들어내기 위해 악전고투 중이다. 연구에 따르면, 고객 서비스가 고객 충성도에서 긍정적인 영향보다 부정적인 영향을 끌어낼 확률이 4배나 높다. 충성도 악화를 최소화하는 일이 최우선이다.

TIP 과거 방식이 왜 통하지 않는지 설명하고 이 주장을 뒷받침하기 위해 데이터를 보여주어야 한다. 고객 서비스 조직이 왜 다른 방향으로 움직여야 하는지 이성적이며 타당한 근거를 제시한다. 우리 회사에서 나온 데이터를 보여주면서 계속 증가하는 고객 기대치를 충족하는 일이 얼마나 어려운지 보여주기에 적격이다.

서비스를 다루는 새로운 방식

CEB 설문조사를 보면, 고객 서비스로 인해 충성도가 감소하는 가장 큰 이유는 실제 일어나는 서비스 커뮤니케이션에서 고객 노력이 많이 들어갔기 때문이다. 커뮤니케이션에서 불필요하게 고객을 힘들게 하면 그 상담을 마친 고객의 충성도는 감소한다. 상담하면서 불필요한 고생을 많이 했거나 여러 번 전화해야 했거나 통화 상대가 너무 자주 바뀌거나 정보를 반복해서 제공받았다면 당연히 화가 난다. 소비자로서 그런 경험을 누구나 한 번씩은 겪어봤을 것이다. 대개는 상담원의 잘못은 아니다. 하지만 상담원은 고객이 적은 노력을 들였다고 여기게끔 할 수 있다.

TIP 고객 노력 경감이 새로운 방향임을 강조하고, 당신 조직에서 있었던 일화를 사용해 요점을 분명히 한다.

해결책

고객이 해결책을 찾고 일상으로 쉽게 돌아가도록 도와주고 싶다는 마음이 기본이다. 고객 노력을 줄이는 일이 당신의 권한 밖의 일처럼 느껴질 수 있다. 고객과의 커뮤니케이션에서 당신이 통제권을 쥘 수 있도록 도구를 제공한다. 고객을 상대하는 당신의 판단력을 믿고, 당신이 이런 일을 할 수 있도록 장애물(체크리스트 제도 등)을 없애고, 대신에 고객 경험을 잘 다루는 기술을 배우고 연마하길 바란다.

관련 문제로 고객이 다시 전화할 가능성을 낮추는 요령도 알려준다. 문제 해결에 품이 많이 들어 불만스러워하는 일이 줄도록 특정 언어 사용을 지원할 예정이다. 다양한 성과 지표를 추적해서 고객을 위해 옳은 일을 하는 데 집중할 수 있도록 한다. 이런 변화가 무난하게 이루어지도록 다양한 훈련과 코칭도 제공한다.

이는 회사의 주요한 전략 변화이며, 이를 성공시키려면 당신의 지원이 절실하게 필요하다. 어려운 일이라서 단 하룻밤에 반짝 이루어지지 않는다. 고객이 모두 문제를 쉽게 해결하도록 지금부터 매달려야 한다.

TIP 조직이 장기적으로 헌신할 비전을 보여주고, 이 변화를 위해 상담원에게 어떤 지원을 제공할지 설명한다. 이 변화로 상담원에게 어떤 권한이 부여되는지, 과거에는 할 수 없던 방식으로 고객에게 영향을 미칠 수 있음을 자세히 짚는다.

경영팀 모두 변화 스토리를 숙지해야 한다. 중요하게 짚고 넘어가야 하는 포인트를 견고히 다져야 한다. 특히 파일럿 그룹으로 프로젝트를 진행하면서 초반 도입이 일어나는 시점에 내용을 완전히 숙지하고 강화해야 한다. "과거의 방식이 통하지 않는다. 대신에 고객 노력을 줄이는 데 집중해야 한다."라는 간단한 개념이 대화의 핵심이 되어서 최전방 직원 모두의 머릿속에 박혀야 한다. 코칭의 커뮤니케이션도 이 개념을 중심으로 진행된다. 팀 회의에서 논의된다. 변화에 탄력이 붙으려면 서비스 조직 내에서 이 핵심 주제가 구호처럼 끊임없이 읊어져야 한다.

돌발 상황에 대처하는 통합 코칭 시스템

조직의 서비스 철학이 급박하게 변하려면 최전방 직원의 행동 변화에 집중해야 한다. 최전방 직원은 말 그대로 고객 서비스를 제공하는 최전방이기 때문이다. 최전방 직원의 행동을 바꾸고 성과를 끌어올리는 최선의 방식을 찾기 위해 분석을 진행했다. 최전방 상담원이 새로운 기술을 익히는 데에는 보통 훈련과 코칭 두 가지 방식이 있다.

두 가지 개발 방식을 명확히 이해하기 위해 전 세계 55개 회사에 속한 3,600명의 상담원과 300명의 직속 관리자에 대한 분석을 진행했다. 이 연구에서 상담원이 받은 훈련과 코칭 유형에 대한 상세 정보, 각 상담원의 전체 성과에 대한 정보를 수집했다. 이를 통해 상담원 성과에 어떤 방식이 가장 큰 영향을 미치는지 제대로 이해할 수 있었다.

분석 상세 내용을 파고들어 고객 노력 경감 전략이 미치는 영향을 살펴보기 전에, 서비스 조직이 일반적으로 어떻게 상담원 교육을 진행하는지 짚고 넘어가자. 할애되는 돈이나 시간 면에서 훈련이 압도적으로 우세하다. 여기에서 훈련이란 한 사람이 여러 명을 가르치는 잘 짜인 교육을 뜻한다. 훈련은 강의실이나 가상 공간(e-러닝 모듈)에서 일어난다. 훈련이 어떤 형태로 일어나든, 서비스 조직에서 새로운 변화를 시도할 때 제일 먼저 나오는 말은 '훈련'이다. 새로운 제품을 선보인다고? 새로운 QA(품질보증) 평가표? 소프트 스킬 익히기? 우선은 훈련이다.

콜센터에서 코칭이 아예 일어나지 않는다는 말은 아니다. 어느 정도 발생한다. 하지만 솔직히 코칭은 상담이 끝난 후에 일어나므로 훈련에서 배운 것을 상기시켜주는 역할에 그친다. 간혹 코칭은 '성과 관리'와 동일한 것으로 여겨진다. 관리자가 성과에 대해 이런저런 잔소리를 퍼붓는 시간을 뜻하는 또 다른 표현이라고 말이다.

훈련에 집중하면 조직에 어떤 일이 일어날까? 별로 특별한 일은 일어나지 않는다. 훈련에 쏠린 조직은 대체로 상담원 성과 수준이 낮다(그림 7.1 참조). 반대로 코칭에 집중하는 조직은 상대적으로 상담원 성과가 높다. 이런 코칭의 중요성을 참작할 때, 7장은 고객 노력 경감 전략을 지원하기 위해 어떻게 효과적으로 코칭을 진행할지 깊게 파고든다.

'잠깐만, 훈련이 성과를 망친다고?'라고 의아해할지도 모른다. 분명

그림 7.1 | 일반적인 콜센터에서 코칭과 훈련이 직원 성과에 미치는 상대적인 영향

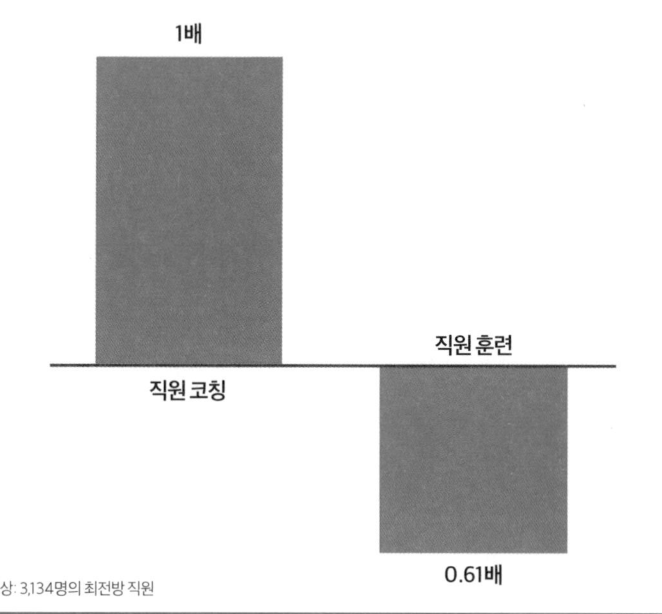

조사 대상: 3,134명의 최전방 직원

하게 짚고 넘어가자. 코칭을 소홀히 하면서 훈련에 집중하는 조직은 훈련을 소홀히 하면서 코칭에 집중하는 조직보다 구성원의 성과가 낮다. 모든 훈련 담당자를 해고하고 코칭만 진행하는 구조로 바꾸라는 말이 아니다. 훈련이 적합한 시간과 장소가 존재하고, 훈련이 성과 개선을 가져오는 상황과 개발 분야가 존재한다.

단순한 암기 업무(가령 새로운 시스템 사용법을 배우고 새로운 제품을 익히는 일)가 좋은 사례다. 하지만 과학보다 예술에 가까운 분야에서 고객 자신이 들였다고 인지하는 수고를 줄이는 언어 사용(경험 엔지니어링)을 훈련하면 팀 성과가 떨어진다.

새로운 아이디어나 서비스 방식을 최초로 시험 적용해보기에는 훈련이 적합하다. 하지만 아이디어 적용을 상세히 알아보고 실시간 피드백을 통해 제대로 적용되는 학습을 진행하거나 어떤 방식이 잘 맞는지 알아보기에는 훈련이 부적절하다.

대부분의 훈련은 교육 자료 슬라이드를 연속적으로 보여주면서 어떻게 행동해야 할지 상담원에게 말해주는 식으로 진행된다. 뛰어난 훈련자가 있다면, 어느 정도의 롤플레잉이 진행되고, 어쩌면 정말 드문 경우로 다음 날 이를 실제 상담에서 적용해본다.

훈련은 단기 습득용 수단이며, 확장된 적용을 위한 수단이라고는 보기 어렵다. 따라서 새로운 서비스 기준을 도입하는 주요 수단으로 훈련을 활용한 조직은 단기간에는 성공하지만 이내 과거 방식으로 갑자기 돌아서는 패턴을 경험한다. 관리자들은 긁적긁적 머리를 긁어가며 훈련이 잘못되었다고 탓한다. 훈련으로는 최전방 상담원의 행동을 진정으로 바꾸지 못한다. 훈련은 그런 효과를 가져오도록 디자인되지 않았다. 고객 노력 경감 전략으로 훈련을 진행하려고 한다면(변화 스토리를 공유하려고 한다면) 훈련만으로 끝나서는 안 된다. 훈련으로 모든 것을 성취하려고 들어선 안 된다. 그런 일은 일어나지 않기 때문이다.

훈련과 코칭의 병행

영국의 한 금융 기관은 우수 사례로 손색이 없을 만큼 훈련과 코칭을 적절하게 섞어서 진행했다. 이 방식은 신입사원 교육에 기반을 두고 있는데, 어떤 회사든 고객 노력 경감 전략에 즉시 적용 가능한 몇 가지 포인트가 있다.

이 회사의 신입사원 교육은 전형적인 '세양액(Sheep dip: 양털의 기생충 등을 없애기 위해 양을 담그는 액체나 그 물통, 여기에서는 신참을 훈련으로 초기화시켜서 배치하는 일을 말한다)' 방식으로 진행되었다. 이 과정은 4주에 걸쳐 진행되는데, 매주 새로운 시스템이나 제품군을 익히는 데 집중한다. 예를 들어 첫 주에는 상담별 관리 시스템과 전화 응대 방식에 대한 훈련을 받는다. 둘째 주에는 회사의 다양한 금융 상품에 대해 훈련이 진행된다. 셋째 주와 넷째 주에는 통화 흐름, 상위 직급 연결 등 통화 관리 기술에 대해 배운다. 세양액 방식은 신입사원을 훈련하는 흔한 방식이다.

훈련을 마치고 상담원으로서 전화 응대를 시작하면 신입사원은 자신이 무엇을 하는지, 제대로 하는지 전혀 감을 잡지 못한다. 신입사원이 만족할 만한 성과를 거두기까지는 보통 7주가 소요된다. 프로세스,

시스템, 제품을 각각 개별 훈련 주제로 배웠는데, 상담을 진행하려면 이를 동시에 진행해야 하니 허둥댈 수밖에 없다(수화기 저편에 화가 잔뜩 나 있는 고객은 말할 것도 없다).

이 회사는 신입사원을 훈련하고 실무에 투입하는 방식을 전체적으로 다시 검토했다. 그리고 실전에서 가장 흔히 일어나는 문제 10개에 대해 처음부터 끝까지 어떻게 다루는지 신입사원에게 가르치기로 했다. 첫째 날, 간단한 소개와 커피 한잔을 마시고 나면 신입사원은 가장 많이 받는 상담 전화 유형을 배운다. 가령 '고객의 보험 증권 번호를 확인하는 일'을 어떻게 처리하는지 처음부터 끝까지 배우는데, 이때 시스템, 프로세스, 제품을 동시에 익힐 수 있다. 가장 흔한 문제 10개를 다루는 훈련을 받고 나면 실무에 곧바로 투입되어 실제 고객을 상대한다. 하지만 2주까지는 여전히 '훈련' 상태에 머무른다.

실전에서 신입 상담원은 훈련받지 않은 문제를 맞닥뜨린다. 회사는 이런 순간에 신입 상담원을 지원하는 영리한 시스템을 구축해놓았다. 인증받은 통화 코치가 신입사원 그룹을 지원하는 데 배정된다. 교육받지 않은 돌발 문제가 발생하면 통화 코치가 투입된다.

대개 코치는 응대를 진행하도록 상담원에게 가이드를 제공하지만, 때로는 코치가 전화를 이어받고 신입은 옆에서 듣기만 한다. 하지만 어떤 경우든 통화가 종료되면 통화 코치는 어떤 일이 일어났고, 어떤 점을 다르게 진행할 수 있었는지 신입 상담원과 즉시 이야기를 나눈다. 이렇게 하면 신입 상담원은 까다롭거나 예외적인 요청을 어떻게 다룰지 빠르게 습득한다.

통화 코치 투입이 어렵다면, 신입 상담원은 해답을 찾아 다시 전화해도 되는지 고객에게 요청한다. 고객 대부분은 별문제 없이 재통화에 동의한다. 이런 간결한 훈련은 강력한 코칭과 맞물려서 신입사원이 실무에 투입되는 시간을 평균 3주 단축하는 동시에 '만족' 수준의 업무능력을 갖추는 결과를 이끌어냈다.

이 회사의 방식을 요약하자면, 최전방 팀은 가장 흔하게 걸려오는 통화 유형에 걸맞은 고객 노력 경감 기술만으로도 훈련이 된다. 청구서 관련 질문이 있는 고객의 노력을 어떻게 줄이는지 예시를 들어보자. 청구서 질문을 짚으면서 언제 긍정적인 언어를 사용할지, 청구서와 관련된 차후 문제를 어떻게 사전에 방지하는지 등을 배우면 된다. 흔히 발생하는 문제에서 고객 노력을 어떻게 줄이는지 처음부터 끝까지 학습한다. 전담 통화 코치를 배정해서 교육받으면 흔하지 않은 문제 유형까지도 고객 노력을 줄이는 요령을 익히게 된다.

고객 노력 경감의 열쇠, 코칭

이 금융 기관 사례의 '통화 코치'를 보면 알 수 있듯, 콜센터에서 코칭의 역할은 중요하다. 불행하게도 상당수 조직 관리자들은 코칭을 크게 잘못 이해하고 있다. 코칭을 진행하는 관리자에게 질문을 던지면 틀림없이 "그러면 도대체 무엇 때문에 내가 월급을 받는다고 생각하나요?"와 같은 반응을 보인다. 고객 서비스 분야에서 관리자는 코칭을 당연히 맡는다고 가정한다. 그렇게 여기기 때문에 관리자는 코칭에 지나치게 높은 기준을 잡으려고 하지 않는다.

많은 사람이 믿는 바와 반대로 코칭은 과거 성과에 대한 진단도 아니고, 1년에 한두 번 해서 되는 일도 아니다. 또한 모든 상담원이 관리자로부터 받는 '그달의 교훈'도 아니다(그림 7.2 참조). 코칭은 과거 사례를 활용해서 요점을 잡아내고 미래 성과를 개선하는 데 집중해야 한다. 상담원과 관리자 사이에 계속되는 대화이므로 쌍방 모두 주도적인 태도로 코칭을 진행하는 것이 맞다. 누가 코칭하고 누가 코칭을 받느냐에 따라 맞춤형으로 진행되어야 한다.

인생에서 일어나는 많은 일과 매한가지로, 코칭이 이루어진다는 사실보다 '어떻게' 이루어지는지가 중요하다. 서비스 리더들은 코칭이 자주 이루어져야 뛰어난 코칭이라고 오해하기 십상이다. 80퍼센트에 달하는 서비스 리더들은 코칭을 방해하는 큰 장애물로 시간 부족을 꼽는다. 하지만 우리의 분석에 따르면 코칭이 자주 이루어진다고 해서 효과적이지 않았다(그림 7.3 참조). 가장 중요한 것은 코칭이 전달되는 방식

그림 7.2 | 코칭의 정의 출처: CEB, 2013

코칭은 ~가 아니다		코칭은 ~이다
과거 성과 진단	➡	미래 성과 개선에 초점
반년 혹은 1년에 한 번 전달	➡	지속적 진행
상담원 기여도는 거의 없이 매니저 혼자 주도	➡	코치는 물론 상담원도 주도
모든 상담원에게 적용되는 일반적인 내용	➡	개인별 개발 필요에 따라 맞춤형으로 진행

그림 7.3 | 코칭 성과를 결정짓는 요인 출처: CEB, 2013

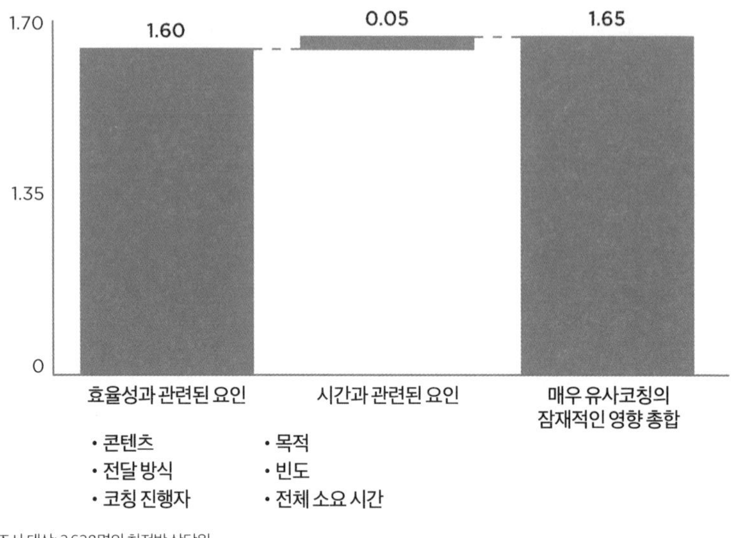

조사 대상: 3,628명의 최전방 상담원

이다. 상당히 주관적일 수 있는데, 코칭을 하는 사람이 상황의 앞뒤 문맥을 잘 알고 상담원(코칭을 받는 사람)의 개발 필요를 이해하는 사람이냐에 따라 성패가 갈린다.

콜센터에서 일어나는 코칭은 크게 두 가지 유형이 있다. 첫 번째 유형은 사전에 일정을 잡는 코칭으로, 콜센터의 코칭 대부분이 이 형식으로 이루어진다. 상담원과 관리자가 약속을 잡고 같이 모인다. 통화 내용을 검토하고, 성과를 의논하며 어떻게 행동을 고칠지 따져본다. 상당수의 서비스 리더는 이런 코칭이 좀 더 정기적으로 일어나기를 원한다.

하지만 설문조사 결과를 알고 나면 생각이 달라질 수 있다. 이런 유형의 코칭을 강조하는 관리자는 성과가 낮은 팀과 일할 가능성이 크다

(그림 7.4 참조). 코칭 일정을 잡는 방식은 생각보다 도움이 되지 않는다. 일정을 잡아 코칭을 진행하는 경우, 체벌 성격이 강하고 역량 개발에 대해서는 그다지 관심을 기울이지 않는다. 성격상 어쩔 수 없다. 나쁜 통화(상담원이 딱히 잘 기억하지도 못한다)를 검토한다. 관리자는 임의대로 검토한다. 어떻게 개선할지에 대한 이야기로 재빨리 넘어가고 싶기 때문이다. 그래서 가장 최근 품질보증 점수가 낮게 나온 통화가 도마 위에 오른다. 상담원으로서는 집중사격이나 다름없다. 사람의 마음도 멀어지게 하고 열심히 하겠다는 생각도 사그라뜨리며 생산성은 물론 전반적인 효율성도 떨어뜨리는 끔찍한 경험이다.

그림 7.4 | 코칭 형식에 따른 상대적인 효율성 출처: CEB, 2013

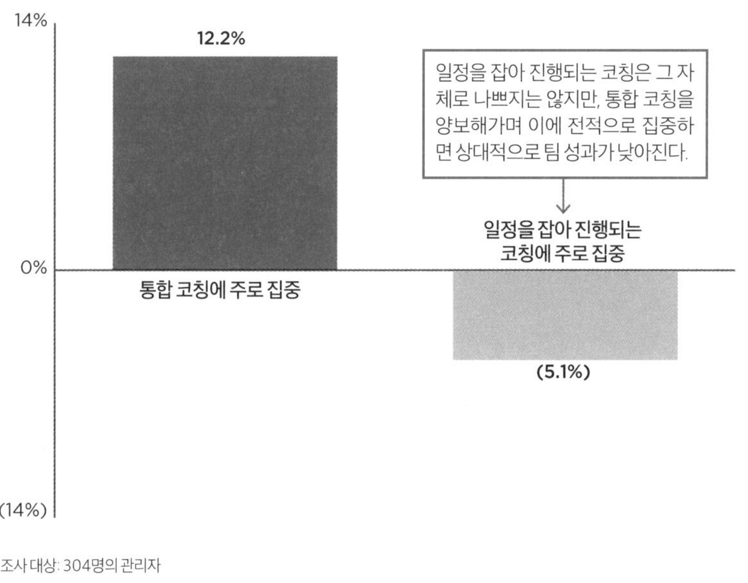

조사 대상: 304명의 관리자

두 번째 유형(우리는 이를 통합 코칭이라고 부른다)은 큰 성과 개선을 불러온다. 통합 코칭은 근무하면서 일어나는 코칭으로, 구체적인 고객 상황에 최대한 근접하게 진행되어 업무 진행 방식에 개선을 가져온다. 이런 유형의 코칭을 강조하는 관리자는 팀 성과가 12퍼센트 이상 개선되었다.

가장 뛰어난 관리자는 대략 코칭의 75퍼센트를 통합 코칭으로 진행한다. 나머지 25퍼센트는 일정을 잡아 코칭을 진행하면서 개방적이고 분명한 방식으로 상담원의 진행 상황에 대해 의논한다. 지난 통화에 사소한 트집을 잡는 일은 일어나지 않는다(그림 7.5 참조). 일정을 잡아 코칭을 진행하면서 상담원과 관리자는 어떤 일을 어떻게 할지 함께 계획을 세우고 '합의'에 도달한다. 진짜 코칭은 며칠 뒤가 아니라 현장에서 업무가 진행되는 시점에 이루어진다.

아메리칸익스프레스가 고객 노력을 줄이기 위해 구성한 최초 파일럿 그룹은 코칭에 많은 주의를 기울인 모델을 바탕으로 진행되었다. 매주 관리자는 파일럿 그룹과 통화 내역을 검토하고, 고객 노력이 잘 줄어들었는지, 개선할 분야는 없는지 점검했다. 기억하는 데 무리가 없도록 코칭할 통화는 당일 발생한 것 중에서 고른다.

파일럿 그룹에 속한 상담원은 초반에 훈련을 받기는 하지만, 주로 코칭을 통해 고객 노력 경감 요령을 제대로 학습한다. 구체적으로 어떻게 했는지는 7장 후반에서 다루기로 한다. 이렇게 코칭에 집중하는 방식은 앞에서 논한 통합 코칭 방식과 매우 닮았다. 아메리칸익스프레스는 이 방식을 통해 좀 더 분명한 토론이 이루어졌고, 상담원과 관리자가

그림 7.5 | 일정대로 진행되는 코칭과 통합 코칭의 비교

출처: CEB, 2013

통합 코칭
학습이 일어나는 분야

- 다듬어야 할 행동 파악
- 실제적인 학습 및 개발 포럼
- 매일 업무를 진행하면서 발생

이상적인 코칭 활동 비중
75%

하나의 시스템으로 움직여야 한다. 통합 코칭과 예정된 코칭이 잘 맞물려서 물샐틈없는 코칭 시스템을 만들어야 한다.

일정대로 진행되는 코칭
개발에 대한 쌍방 동의

- 새로운 개발 분야에 대한 동의
- 개발에 대해 상반되는 메시지가 있다면 이를 조정한다.
- 예정된 기준으로 발생한다(한 달에 한두 번).

이상적인 코칭 활동 비중
25%

새로운 서비스 철학에 대해 이리저리 궁리해볼 수 있었다고 밝혔다.

고객 노력을 줄이는 기술은 경험을 통해 습득해야지, 분명한 규칙이나 문서로는 습득이 어렵다. 상담원은 상담이 진행되는 그 순간에 적당한 재량권을 행사할 수 있어야 한다. 그러므로 훈련을 통해 상담원이 새로운 서비스 방식을 충분히 인지하도록 해야 한다. 특정한 행동 변화를 이끌어내려고 해서는 안 된다. 행동 변화는 오직 실제 업무를 진행하면서 유도되어야 한다. 상담원이 고객 노력 경감 기술을 연마하도록 관리자는 적극적이면서 정밀하게 집중해서 코칭을 진행한다.

고객 노력을 줄이기 위해 파일럿 그룹을 진행하면서 우선순위에 두어야 할 일을 하나만 뽑는다면 응당 '코칭'이어야 한다. 고객 노력을 줄이는 기나긴 여정에서 한 발자국 내딛는 것조차 버거울 수 있다. 이제 고객 노력 경감에 한 걸음 내딛는 데 도움이 되는 전술 방식에 눈을 돌려보자.

고객의 경험을 생생히 공유하는 법

상담원이 고객 노력과 정신적·감정적으로 연결되도록 지원하는 일부터 시작해야 한다. CEB의 멤버 네트워크를 통해 창조적인 방법들을 알아냈는데, 이들을 사용하면 어떤 것이 고객 노력에 해당하는지 재빨리 이해할 수 있다.

개인적인 고객 경험 공유하기

최전방 팀원들이 개인적으로 겪은 나쁜 고객 서비스 경험을 나누도록 자리를 만든다. 꽤 상세한 내용까지 기억하는 상담 내용을 골라서 화이트보드에 사건이 어떤 순서로 일어났는지 상세하게 적어 내려간다. 이 첫 번째 열을 상담의 '행동'이라고 라벨링한다.

상담원이나 관리자가 자신의 개인 문제를 해결하기 위해 어떤 일을 해야 했는가? 어디에서부터 시작했는가? 인터넷? 전화? 처음 누구에게 이야기했는가? 정보를 반복해서 전달했는가? 다른 사람에게 통화가 넘어갔는가? 문제가 전부 해결됐는가? 다시 전화해야 했는가?

각각의 이벤트 아래 상담원이나 관리자가 느낀 느낌을 적어놓는다. 이 열은 '감정'이라고 라벨링하고 그들이 겪은 감정의 범위를 잡아본다. 상담원에게 네 일을 제대로 이해하냐고 물어보는 행동, 회사를 의심하는 것, 절망과 분노를 느끼는 것, 목소리를 높이거나 고함을 지르는 일까지도 포함된다.

마지막 열은 '노력'이라고 표기한다. 하나의 그룹으로서 어디에서 고객 노력이 발생했는지 어떤 형태로 나타났는지 이야기를 나눈다. 지극히 단순하지만, 이런 활동을 통해 팀은 어디에서 어떤 연유로 고객 노력이 발생하는지 쉽게 이해한다.

중요한 점은 이런 과정을 통해 고객 경험의 이성적이고 감정적인 측면과 고객의 현재 감정이 강력하게 연결된다는 사실을 분명하게 보여준다는 것이다. 이 연습을 고위 임원과 다양한 역할을 동시에 담당하는 파트너와 진행하는 것도 효과적이다.

그룹 QA 세션

고객 노력을 인지하는 또 다른 아이디어는 그룹 QA(품질보증) 세션이다. 오래된 고객 통화 내용(이미 퇴직한 상담원이 맡았던 내용일 수 있다)을 먼저 함께 듣는다. 여기에서 의심할 바 없이 고객 노력이 많이 들어간 부분(혹은 많은 노력과 적은 노력이 섞여 있는 부분), 고객 노력이 적게 들어간 부분을 골라본다. 대화 내용을 듣고 어느 부분이 고객에게 어려웠을지, 통화 어느 부분에서 상담원이 고객 노력을 덜어주었는지, 일을 쉽게 만들어줬는지 파일럿 그룹이 메모한다. 이때 고객 행동과 감정적 반응을 모두 고려하도록 독려하는 일을 잊어선 안 된다.

고객 노력 중 어느 부분이 통제 가능했는지, 상담을 진행하는 상담원이 더 나은 방향으로 영향을 줄 수 있었는지, 어느 부분은 전혀 통제할 수 없었는지 이야기를 나눈다. 고객에게 '아니오'라고 말하는 순간에도 고객이 부정적인 인지를 최소화하도록 용어를 신중히 고를 수 있다는 사실을 명심하자.

이 연습이 끝나고 나면 팀을 소규모 그룹으로 나눠서 그들만의 '고객 노력 QA 평가표'를 만들어보도록 한다. '고객 노력을 솎아내려면 상담 내용을 어느 각도에서 바라봐야 할까?'를 생각해볼 수 있다. 팀 전반에 걸쳐 고객 노력을 줄일 수 있는 아이디어를 궁리하고 의견을 나누는 흥미로운 시간을 갖게 된다.

고객 노력 일기

고객 노력 일기는 고객 노력을 인지하는 데 꽤 유용한 방법이다. 파일럿 그룹에 속한 상담원에게 공책을 하나씩 나눠주고, 고객의 문제는 무엇이었는지, 응대하면서 어떤 일이 일어났는지, 어떻게 고객 노력을 덜어주었는지 등을 떠올려보며 고객 노력을 잘 줄인 경우를 구체적으로 적도록 한다. 한 주가 끝나는 마지막 날, 교대 전에 회의를 열고, 그룹에 속한 상담원은 뛰어난 고객 노력 경감 사례를 각각 두 개씩 공유한다.

이 연습은 지극히 단순하게 진행하고 너무 높은 기대치를 가지면 안 된다. 고객 노력이 적게 드는 뛰어난 서비스를 직원이 공개적으로 인정하고 기억하도록 하는 것이 핵심이다. 고객 노력을 더 잘 줄일 기회가 있었던 상담을 이야기한다든지 해서 살짝 다른 방법으로 진행해도 효과가 좋다. 함께 어울려서 구체적인 이야기를 공유하도록 격려한다. 이는 카타르시스를 불러올 뿐 아니라 동료의 실수를 통해 배우면서 모든 직원의 실력이 향상된다.

이상은 파일럿 그룹이 고객 노력을 줄이는 아이디어를 도입할 때 쓸 수 있는 전술적이지만 효과적인 방식이다. 고객 노력을 보편적으로 확대 적용하는 데에도 도움이 된다. 조직 전반에 걸쳐 고객 노력에 대한 초반 인지도를 넓혀야 하지만 동시에 반드시 고려해야 할 점이 있다. 이를 위해 아메리칸익스프레스와 휴스턴에 본사를 둔 에너지 회사 릴라이언트에너지의 교훈에 눈을 돌려보자.

고객이 원하는 단 한 가지를 어떻게 제공할 것인가?

CEB 멤버십을 가진 수십 개 조직이 CES 지표를 차용하기는 했지만, 단순한 지표 이상으로 고객 노력에 심혈을 기울인 조직 중 두 곳에 대해서만 이번 장의 나머지를 할애하기로 한다.

고객 노력 경감을 또 다른 '요구사항'으로 만들지 않는다

아메리칸익스프레스의 CTN(Consumer Travel Network: 소비자 여행 네트워크, 2010년에 처음 소개된 아메리칸익스프레스의 프로그램. 호텔, 항공기, 엔터테인먼트, 식당 등을 이용하면서 아메리칸익스프레스 카드의 리워드를 추가로 제공받는 프로그램)이 고객 노력을 줄여주기 시작하고 얼마 안 되어 크나큰 장애물이 앞을 가로막았다.

수년에 걸쳐 다양한 평가, QA기준을 더하고 최전방 직원이 어떻게 고객을 대할지 새로운 기대치를 세웠기 때문에, 고객 노력 경감이라는 새로운 방식에 회의감을 가지고 바라보는 사람이 없을 리 없다. 이 방식을 처음 진행하기 위해 선발된 두 팀이 보기에 이는 '이번 주 주제' 정도로만 느껴졌고, 조직에 새로운 방향을 보여준다는 생각은 들지 않았다. 고객 노력에의 관심은 분명히 존재했다. 최전방 상담원이나 관리자가 납득할 만한 개념이다. 하지만 그 아이디어 자체는 팀 내에 쉽사리 뿌리 내리지 못했다.

아메리칸익스프레스는 상담원 기대치를 간소화할 필요를 느꼈다. 직원이 고객 노력을 줄이는 데 온전히 집중하도록 상담원과 관리자에게 과거에 붙여놓았던 전통적인 요구사항을 대폭 정리했다. 고객 노력 경감이 아닌 다른 곳으로 직원의 관심을 끄는 요소는 회사마다 다르다. 상담원이 상담을 진행할 때 자연스럽게 관심을 쏟는 분야가 회사마다 존재한다. 어떤 조직은 고객을 기쁘게 하여 기대치를 뛰어넘는 데 지나치게 집중한다. 이런 일부터 상담원을 자유롭게 해주어야 고객 노력 경감이 그저 해야 할 일 중의 하나로 끝나지 않는다.

다른 조직에는 발목을 붙잡는 요인이 QA 기준이 될 수도 있다. 5장에서 언급한 고객 경험 관리에 사용하는 체크리스트 말이다. 아메리칸익스프레스는 바로 이 부분에 주목했다. 고객 노력 경감이 또 다른 요구사항이 아니라 우선순위가 되도록 상담원이 해야 할 일의 숫자를 줄여주었다. 아메리칸익스프레스는 과거에 26개의 독립적으로 평가되는 기준에 따라 QA를 운영했는데, 이를 7개의 기술적인 행동과 충성도에 대한 주요 역량 5개로 줄여버렸다. 여러 면에서 봤을 때 아메리칸익스프레스는 과거의 방식과 전혀 다르게 고객 노력을 줄이도록 했다. 상담원에게 더 많은 일을 요구하는 대신에 요구하는 일거리의 숫자를 줄였다.

릴라이언트 역시 조직에서 항상 중시해왔던 지표(릴라이언트의 경우, 오랫동안 비중 있게 다룬 평균 작업시간)에 상담원과 관리자가 자연스럽게 집중하는 경향을 발견했다. 고객 노력을 다루는 데 집중하는 동시에 평균 작업시간을 관리하라는 요구는 아메리칸익스프레스 상담원과 동일하게 "해야 할 일이 하나 더 늘었네!"라는 반응을 불러일으킨다.

릴라이언트의 부회장 빌 클레이튼(Bill Clayton)은 평균 작업시간 평가 방식에 변화를 시도한다. 평균 작업시간이 상담원의 눈에 띄지 않도록 하고, 통화 후 정리하는 시간과 대기 시간에 대해서만 측정하도록 바꾼다. 이렇게 하면 통화 시간에 상담원은 고객 응대에 집중하면서도 통화 사이사이의 생산성은 유지된다. 평균 작업시간은 뒤편에서 측정되지만, 그 기준을 지나치게 위반하는 상담원만이 코칭이나 성과 관리를 추가로 받는다. 클레이튼에 따르면, 상담원이 고객을 효과적으로 응대하고 자신의 업무 권한을 저해하는 장애물을 치워버리는 효과가 있었다.

새로운 방식이 자리 잡으려면 예전 방식이 사라져야 한다. 서비스 조직은 새로운 행동을 취하라고 직원에게 요구하기로 유명하다. 서비스 리더는 시스템에 프롬프트(Prompt: 운영체제에서 사용자에게 보내는 메시지)를 재빨리 더해서 새로운 기대치에 맞추라고 직원에게 상기시킨다. 하지만 상담원과 관리자가 직무에 쏟는 에너지의 양에는 한계가 있다. 고객 노력을 줄이는 일은 그 무언가와 대체되어야 한다. 고객 노력에 공헌하고, 이 방식을 유지하려면 기대치에 변화를 주어야 한다. 잔뜩 쌓인 파일에 새로운 기대치가 추가되어서는 안 된다.

고객 노력 경감 전략의 첫걸음

고객 노력을 줄이는 데 집중하도록 상담원의 부담을 덜어주면 또 다른 문제가 수면 위로 떠오른다. 좀 더 구체적으로 말하자면, 상담원은 고객 노력을 줄여주는 방법이 너무 많다는 사실에 빠르게 질려버린다. 회사가 어떻게 더 잘 고객을 응대할 수 있는지 상담원에게 물어보면, 으레 "어디에서부터 시작할까요?"라는 답을 듣기 십상이다. 상담원은 조직의 허점을 너무 잘 알고 있다. 이에 대해 매일 듣고 있으니 당연한 이야기다. 상담원에게 "자, 고객 노력을 잘 줄일 수 있도록 평균 작업시간을 없애줄게. 고객이 수월하게 일을 볼 수 있도록 해줘!"라고 말한다면 공허한 눈빛과 마주치게 된다. 고객 노력 경감 방식의 숫자만으로도 상담원은 물론 경영팀조차 질려버린다.

효과가 높은 행동에만 관심을 집중해야 손쉽게 성공을 거두고, 종국에는 널리 원칙을 적용할 수 있다. 릴라이언트는 고객 노력을 줄이기 위해 상담원이 처음 취할 행동에 상세한 가이드를 마련했다. 파일럿 그룹을 진행하고 초기 적용을 진행하는 시점에서 릴라이언트는 딱 두 가지 방식으로만 고객 노력을 줄이라고 요구했다. 고객 노력을 가장 효과적으로 줄이는 요인 두 가지(감정적 요인과 이성적 요인)에 집중하는 결론을 내렸다.

고객 노력의 감정적 측면

고객 노력의 감정적 측면에서 릴라이언트는 상담원이 경험 엔지니어링의 가장 기본적인 형식을 따르도록 했다. 이 형식은 4장에서 경험 엔지니어링 사례로 언급한 오스람 실바니아의 '긍정적인 언어'다. 릴라이언트 콜센터에서는 "할 수 없어요."와 "하지 않아요."라는 말이 너무 자주 쓰였다. 그래서 릴라이언트는 고객에게 긍정적인 언어를 사용하도록 집중적으로 코칭을 진행했다. "그 문제를 다룰 수 없어요. 세일즈 부서로 전화로 돌려줄게요."는 "세일즈팀이 그 문제를 쉽게 도와줄 거예요. 전화를 돌려도 괜찮으세요?"로 변했다. 릴라이언트 팀은 가장 흔히 일어나는 '아니오' 시나리오를 파악해서 자주 일어나는 사례 다섯 개로 범위를 좁혔다.

단순히 사용 언어를 바꿔서 고객 노력을 줄이는 일은 첫 단계로 진행하기에 적절했다. 간단하다. 고객 노력 경감이 상담원의 통제 범위에 들어간다는 사실을 명백하게 보여준다. 너무 감상적이거나 고객과 심리 게임을 하는 것처럼 느껴지지 않는 수준에서 고객 경험의 감정적 측면을 바라보도록 해준다.

릴라이언트는 '아니오' 시나리오를 활용해서 파일럿 그룹과 쌍방향 훈련 워크숍을 진행했다. 워크숍을 진행하면서 최전방 상담원은 긍정적인 언어를 선택하도록 그룹 브레이크아웃(Group Breakout: 콘퍼런스 등에서 사람을 소규모 그룹으로 나눠서 여러 주제를 각각 토론하도록 하는 것)에 참여하고, 다양한 롤플레잉을 진행하고, 1대1로 실제 연습도 진행했다. 이렇게 워크숍을 진행하자 상담원들은 언어가 가지는 힘을 분명하게 느끼게 되었다. 직원이 고객 역할을 하면서 '아니오'라는 말을 직접 들을 때 얼마나 화가 나는지 느끼는 순간에 가장 반향이 컸다. 릴라이언트에 따르면 고객 노력을 줄이는 방식을 처음 채택할 때 상담원이 고객 입장이 되어보는 것이 매우 중요하다. 이런 쌍방향 훈련 방식은 전형적인 교실에서 진행되는 훈련 경험을 대체하기에 안성맞춤이다.

고객 노력의 이성적 측면

고객 노력을 이성적 측면에서 어떻게 다뤘는지 살펴보자. 3장에서 언급한 캐나다 텔레콤 회사와 비슷하게 릴라이언트 역시 콜백을 일으키는 조짐을 미리 해결하도록 상담원을 지원했다. 캐나다 회사처럼 전체 유형을 트리로 정리하는 대신 릴라이언트는 딱 한 가지 문제 유형만 차후 문제 방지를 했다.

그 한 가지 문제는 '너무 많은 전기 사용에 대한 불평'이었다. 전력 사용량을 확인하려고 전화한 고객에게는 전력 사용량에 대해 자신만의 알람을 세팅하라고 안내했다. 예를 들어 월평균 이상 전기 사용량이 감지되면 고객은 문자 메시지나 이메일을 받는다. 이는 차후 문제 방지를 위한 탁월한 선제공격과 같다. 고객 노력을 줄여주고, 릴라이언트 상담원이 맞닥뜨려야 하는 최악의 통화(청구서에 대한 끔찍한 민원) 숫자를 줄여주기 때문이다. 고객 노력을 줄이는 방법을 제한하자, 고객 노력을 줄이는 데 참여한 상담원은 처음인데도 이 접근 방법을 쉽게 이해하고 현실적으로 받아들였다.

몇 가지 방법으로만 고객 노력을 줄이기 시작하면 조직 전반이 그 방향으로 쉽게 움직인다. 상담원은 어떤 일을 해야 하는지 정확히 알고, 고객 노력을 줄였을 때 어떤 변화가 있는지 상세하게 파악한다. 관리자도 몇 가지 행동만 코칭을 진행하면 된다. 고객 노력 경감 파일럿 그룹과 최초 도입이 힘을 얻으면, 고객 노력 경감이 체크리스트에 한 줄 추가되는 정도로 끝나선 안 된다. 고객 노력 경감이라는 아이디어가 별개의 업무가 아니라 새로운 서비스 기대치가 되는 수준까지 현장에 녹아들어야 한다. 최전방 팀은 고객 노력을 줄일 때 자신의 역할이 무엇인지 정확히 알고 고객의 일을 덜어준다는 마음가짐을 다져야 한다.

고객 노력 경감이 새로운 체크리스트로 전락하는 일을 막고 새로운 기대치로 자리 잡으려면 어떻게 해야 할까? 아메리칸익스프레스가 파일럿과 초기 도입 때 진행한 근사한 방식을 알아보자.

재료에 집중할 게 아니라 제대로 된 케이크를 구워야 한다

아메리칸익스프레스는 서비스 기대 기준을 독립된 26개 기준에서 7개의 기술적 기준, 5개의 충성도 행동으로 줄여버렸다. 절반 이상으로 줄였다는 사실이 아니라 이를 어떻게 줄였는지가 중요하다. 고객에게 서비스를 제공한다는 상식적인 개념에 맞추어 통화를 평가하고 코칭 방식을 전면 뒤집었다.

아메리칸익스프레스에서 통화를 평가하는 예전 모델은 체크리스트를 준수하는 쪽에 전적으로 집중되었다. 그에 따라 상담원은 점수표 점수를 높게 받는 데 치중했다(그림 7.6 참조). 새로운 모델은 고객이 적은 노력을 경험하는 데 최적화되어 있다. 아메리칸익스프레스는 이를 케

그림 7.6 | 아메리칸익스프레스 CTN의 QA 프로세스(과거 vs. 현재)

출처: 아메리칸익스프레스 CTN, CEB, 2013

	현재 프로그램	새롭게 제안된 프로그램
	체크리스트 준수	고객 경험
지향성	명령을 받는 사람	컨설턴트
QA 형식	개별 행동에 대한 체크리스트	결과에 근거한 고객 경험 근사치
학습 사항	통화 중에 일어난 일	고객에게 얼마나 쉬웠는가/어려웠는가
코칭 스타일	점수표에 대한 코칭	고객 노력 원인에 대한 코칭
상담원 목표	QA 프로세스에 최적화	고객에게 최적화
	'개별 재료'에 집중	'케이크를 굽는' 요령

이크 재료에 집중하는 것과 케이크를 굽는 일에 비유한다. 상담원은 고객 결과의 큰 그림을 보는 대신, QA 점수표 기준에만 근시안적으로 매달린다.

아메리칸익스프레스는 이 방식을 'CORE스코어'라고 불렀다. 이는 '모든 서비스 경험에 필수적인 코어 행동'의 축약어다. 기나긴 체크리스트가 더는 당연하게 여겨지지 않고, 상식에 근거한 방식을 통해 고객 노력이 적게 들어가는 방향으로 서비스를 제공한다(그림 7.7 참조).

7가지 행동은 암기에 가깝긴 하지만, 평소 일어나는 중요한 비즈니스 프로세스가 준수되도록 도와준다. 이 7가지 행동은 합격 혹은 불합격으로 평가된다. 반면 충성도 행동은 상담원이 고객을 응대하는 방식에 가장 큰 변화를 가져다준다. 이런 행동은 전형적인 통화 프로세스와 비슷하게 맞아떨어지지만, 상담원이 어떻게 행동하는지는 중요하지

그림 7.7 | 아메리칸익스프레스 CTN의 CORE스코어 프로그램 개요

출처: 아메리칸익스프레스 CTN, CEB, 2013

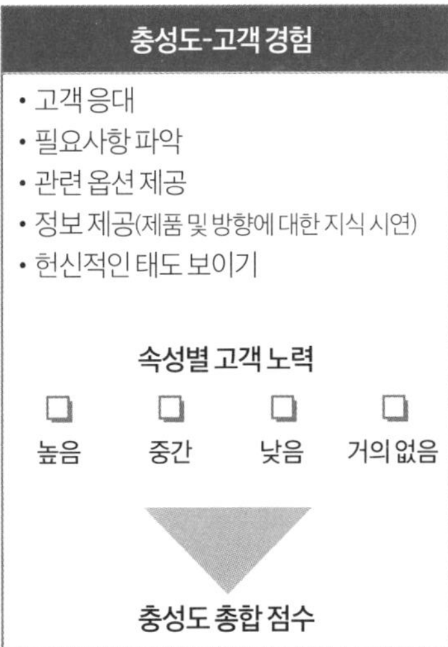

않다. 이는 전적으로 상담원이 결정할 몫이다. 다음의 핵심 행동을 수행했다는 점이 중요하다.

고객 응대

통화 내내 전문적이고 자신감이 충만하며 고객에게 귀를 기울이는 태도를 보여준다. 고객의 목소리 톤과 속도에 맞춘다. 고객의 친한 친구가 되는 게 아니라, 그들의 성격에 따라 통화의 톤이 맞춰지도록 배려한다. 4장에서 논한 성격 매핑 테크닉과 비슷하다는 점을 유의하고, 고객 노력의 감정적인 측면에 이런 점이 어떻게 어필하는지 주목하자.

필요사항 파악

적극적으로 듣고 필요하다면 고객의 요구를 이해하기 위해 상세한 질문을 던진다. 고객이 언급한 문제와 미처 깨닫지 못한 요구도 같이 파악한다. 쌍방이 분명히 입장을 밝힐 시간을 들인다.

3장에 나온 캐나다 텔레콤 회사의 방식과 유사하다는 점을 기억하고, 언급되지 않은 문제 해결을 어떻게 포함할지, 고객 노력의 이성적 측면을 줄이고 후속 요구를 구체적으로 밝히려고 노력한다.

유사한 옵션 제공

어떻게 요구사항을 충족시킬지 고객 유형에 맞춰서 설명한다. 회사가 제공하는 다른 옵션을 저울질하게 도와주고, 컨설턴트처럼 추천안을 제공한다.

4장에서 언급한 로열티원의 방식과 비슷하다. 아메리칸익스프레스 상담원은 고객이 선택권을 갖는 방식을 권장하지만, 궁극적으로는 고객에게 맞춤형 추천을 진행한다. 이는 이성적이며 감정적인 고객 노력을 줄여주는 효과를 가져온다.

정보 제공

상담원이 아니라면 접할 수 없는 상세 내용을 충분히 제공하고 지식을 공유한다. 전문가 역할을 하면서 정보에 맞춰 결정을 내리도록 고객을 지원한다. 가령 상담원은 여행 팁, 여행지에 대한 상세 정보, 기타 고객이 모를 만한 정보를 제공해서 여행이 시작되기 전 고객의 시간을 절약하도록 권유받는다.

헌신적인 태도

상담원이 취한 조치를 알려주고 고객의 문제를 해결했다고 확신시켜준다. 다음에 취해질 조치를 분명하게 전달하고, 고객의 필요를 적극적으로 지원하며 고객을 위해 일한다는 사실을 보여준다. 뛰어난 경험 엔지니어링 전술을 기억하자. 이 단계를 통해 문제가 해결된다는 점을 고객에게 알려주고 고객 노력의 감정 측면에 어필한다.

각각의 CORE스코어 기준은 딱 한 가지 결과에만 품질 평가를 검토받는다. 바로 '상담이 진행되는 동안 고객에게 최대한 쉽게 만들었는지'다. 관리자는 참고 가이드로 한 팀에 주당 10통의 통화를 평가한다. 이 가이드를 활용하면 해당 통화가 고객에게 품을 얼마나 들게 했는지, 상담원의 역할을 진단할 수 있다(그림 7.8 참조).

각각의 충성도 행동은 직접적이고 분명하게 고객 노력에 영향을 미치며, 고객 노력을 줄이기 위해 어디에서 제대로 일을 했는지, 어느 부분을 개선하는지 알려주는 것은 전적으로 관리자의 몫이다. 파일럿 그룹의 관리자는 매주 검토에 참석하여 CORE스코어 행동, 평가 가이드라인, 파일럿의 효율성을 주제로 토론한다. 모델은 관리자들의 의견에 따라 여러 번 수정된다. 아메리칸익스프레스는 이런 방식으로 실무진이 코칭 대화를 통해 변화를 주도하도록 했다.

그림 7.8 | 아메리칸익스프레스 CTN의 충성도 참고 가이드 출처: 아메리칸익스프레스 CTN, CEB, 2013

충성도 참고 가이드-이정표

구분	고객 노력이 높음	고객 노력이 낮음	고객 노력이 거의 없음
고객 응대	• 무례하거나 전문가답지 않은 태도이다. • 정보 공유에 대한 자신감이 결여되어 있다. • 일방향 대화를 한다. • 고객 관점을 파악하거나 연동하지 못한다. • 고객의 속도, 톤, 매너, 스타일을 맞추지 못한다.	• 전문적이고 예의 바른 태도이다. • 자신에 찬 정보 공유를 한다. • 쌍방향 대화를 한다. • 고객의 속도, 톤, 매너, 스타일에 맞춘다. • 해결책을 시도하기 전에 고객의 관점/문제를 받아들인다.	• 따뜻하고 대화에 적극 참여하며 흥미를 보이고 외향적인 매너가 있다. • 신뢰와 통찰력을 보이면서 정보를 전달한다. • 활력 있는 쌍방향 대화를 한다. • 고객의 관점에서 개인적인 이해도를 보인다.
필요사항 파악	• 고객이 말하는 힌트를 잡아내지 못한다. • 고객 요구를 파악하는 진단 질문을 적절한 때에 적절하게 던지지 못한다. • 모든 욕구를 파악하도록 충분한 질문을 못한다.	• 고객이 말한 팁을 눈치챈다. • 적절한 타이밍에 적절한 진단 질문을 한다. • 폐쇄형 질문을 던져서 요구가 충족되었는지 확인한다.	• 고객이 말하지는 않은 내재된 요구를 파악한다. • 고객의 요구를 효과적으로 분류한다. • 모든 요구를 파악하기 위해 탐색적으로 개방형 질문을 던진다.
유사한 옵션 제공	• 요청사항에 대해 관계가 없거나 불충분한 추천을 고객에게 제공한다. • 선택 가능한 옵션에 대해 제대로 안내하지 못한다. • 추천이 불분명하거나 충분히 설명하지 못한다. • 적당한 때에 크로스셀링을 진행하지 못한다. • 요구에서 세일즈로 전환되는 과정이 어색하거나 급작스럽다.	• 요청사항에 맞는 적절한 추천을 고객에게 제공한다. • 가능한 옵션을 알려주며 고객을 안내한다. • 적절한 때 교차판매를 진행한다. • 우려를 줄여주기 위해 해결안을 제시한다. • 옵션 제공에서 시작해서 세일즈로 넘어간다.	• 구체적으로 언급한 요구는 물론 언급하지 않은 요구와 관련된 추천을 제공한다. • 해결안이 어떻게/왜 우려를 종식하는지 분명하게 설명한다.
정보 제공 (제품/방향에 대한 지식 시연)	• 제품/최종달성목표의 혜택이나 사양을 제대로 설명하지 못함 • 필요한 경우 고객을 위해 추가 자료를 제공하지 않음	• 고객 요구를 맞춰주는 제품/최종달성목표의 사항, 효용, 프로그램에 대해 명확하게 설명한다. 당장 해결책을 제공할 수 없다면, 고객을 위해 추가 리서치를 진행해도 되는지 물어본다.	• 제품/최종달성목표의 사양과 혜택에 대해 포괄적이며 자세한 설명 제공 • 고객 요구사항에 왜 그 프로그램/혜택이 가치 있는지/편리한지 설명하기 위해 가치선언문을 사용한다. • 새로운 것에 대해 고객을 교육시키려 시도한다.
헌신적인 태도 보이기	• 다음에 일어날 일에 대한 설명이 명확하게 이루어지지 않음. • 고객의 요구에 대해 책임지기를 꺼려함 **사내용(Internal Only):** 고객 요구를 효율적으로 충족시키지 못함.	• 다음에 일어날 일을 명확하게 설명한다. • 고객 요구에 대한 책임을 진다. **사내용:** 고객 요구를 효율적으로 충족시킴	• 고객 요청을 해결하기 위해 필요한 수준 이상으로 필요를 충족시켜서 온전하게 책임을 진다. • 고객의 편리/편의를 위해 직접 요청받지 않은 추가 조치를 취한다.

CORE스코어는 다음과 같은 사항에 온전히 집중했다. 회사가 대략적인 서비스 가이드라인은 마련해놓지만, 상담 과정에서 최대한 술술 넘어가도록 상담원 스스로 선택한다. 체크리스트도 없고, 고객 이름을 세 번 부를 필요도 없고, 요구를 충족시켜주는 원고도 존재하지 않는다. 모두 사라진다. CORE스코어는 상담원을 자유롭게 풀어주는 방식이다. 상담원은 스스로 판단해서 다섯 개의 충성도 행동이 고객 노력을 줄이는 방향으로 발현되도록 이끈다.

릴라이언트가 도입한 시나리오 연습이란

고객 노력 경감은 단기간에 달성되는 프로젝트가 아니다. 그렇게 다루었다간 모멘텀을 잃고 실패한다. 고객 노력 경감은 서비스 철학에 해당한다. 철학이나 문화를 바꾸려는 모든 시도가 그러하듯, 시간을 들이고, 지속적인 강화를 시도하고, 진도를 느리게 만드는 장애물이나 동기를 꺾는 요소를 제거하는 노력을 들여야 한다. 평균 작업시간 요구사항을 줄이거나 QA 체크리스트를 줄이는 등 운용 방식에 굵직한 변화를 가져오는 편이 "고객이 다시 전화하겠다는 생각이 들지 않으려면 내가 무엇을 해야 할까?" 같은 생각을 강화하는 것보다 수월하다.

굵직한 변화는 조직 입장에서 상당한 헌신이 필요하다. 관리자는 다른 시각으로 서비스를 생각하는 조직이 되도록 구성원의 능력을 키우는 데 집중해야 한다. 변화는 최전방에서 일어나야 한다. 고위 관리자가 중요시한다고 변화가 일어나지 않는다. 최전방 관리자가 문화적 변화를 이끌고 개개인 단위에서 새로운 행동 변화가 일어나서 지속되어야 한다.

관리자 선에서 끝나서도 안 된다. 상담원이 고객 노력을 줄이는 아이디어를 생각해내는 데 힘을 모아야 한다. 휴게실에서 고객 노력 경감의 성패가 갈린다. 불공평하다고 생각할 수 있지만, 고객 서비스 부서에서 일어나는 현실이 그러하다. 최전방 상담원은 회사와 그 경영진이 매일 매일 내리는 경영 결정과 거의 연결되지 않는다. 관리자는 기업의 마음가짐으로 움직이지만, 상담원은 그렇지 않다. 상담원은 고객 노력을 줄여주는 일이 고객에게 더 나은 선택이고, 이를 통해 자기 일이 수월해진다고 믿어야 한다. 최전방 상담원으로서는 고객 노력 경감은 민원 감소를 의미한다. 그저 원고를 읽거나 체크리스트를 채워나가는 것이 아니라 구체적인 영향력을 갖는다는 뜻이다. 변화가 일어나면서 "회사가 내 판단력을 믿어준다."라는 메시지가 지나칠 정도로 분명하게 밝혀져야 한다. 이를 상담원이 느끼고 다른 상담원과 공감해야 한다.

이런 전환에 유용한 전술적인 팁을 주기는 어렵지만, 상담원이 변화를 긍정적으로 받아들이는 데 유용한 릴라이언트의 방식을 공유할 수는 있다. 릴라이언트는 이를 '고객 노력 비행 시뮬레이터(Customer Effort Flight Simulator)'라고 부른다. 릴라이언트의 고객 케어를 담당하는 심플리스마트 솔루션(SimplySmart Solutions)이 만든 작품으로, 시뮬레이터를 통해 상담원은 고객 응대를 위해 어떻게 판단할지 실험하고 동료로부터 배운다. 이 방식으로 상담원 실력이 향상되는 것 외에

부가적인 혜택도 있다. 상담원끼리 서로 도와주는 문화가 형성된다. 상담원에게 이래라저래라 조언하는 사람은 관리자가 아니다. 새로운 행동이 사내 문화로 자리 잡고 상담원 스스로 그런 역량을 개발한다는 신뢰가 생겨 이전과는 매우 다른 분위기가 형성된다.

고객 노력 비행 시뮬레이터는 다음과 같은 방식으로 작동한다. 세 명의 상담원으로 구성된 팀에 가짜 계정이 제공되고, 팀은 다양한 서비스 시나리오를 헤쳐나가야 한다. 한 명이 상담원 역할, 다른 한 명은 고객, 한 명은 관찰자 역할을 담당한다. 원고는 없고, 어떻게 시나리오를 시작할지 알려주는 것 외에 가이드도 없다. 정답도 없다. 사실 경영진이 일절 관여하지 않는다. 롤플레잉을 통해 팀은 자신의 판단력으로 최대한 고객 노력이 적게 드는 방향으로 문제를 해결한다. 각각의 시나리오를 자세하게 헤쳐보는 방식으로 토론이 진행된다. 고객은 상담원이 어떻게 말해주길 원했는지 견해를 밝힌다. 상담원은 고객이 원하는 바가 무엇이라고 생각하는지 설명한다. 혹은 고객이 인지했다고 느낀 점이 무엇인지 말한다. 관찰자는 공정한 피드백을 제공한다.

이 연습은 간단하지만 파급력이 크다. 설문조사에서는 이 아이디어를 '네트워크 판단'이라고 불렀다. 자신의 개인 네트워크를 통해 학습한다는 생각에서 나온 단어다. 효과는 믿을 수 없을 정도로 크다. 기술 습득 외에도 사회적 유대감과 사회적 이해도가 발생하면서 해당 업무에 대한 엄청난 참여와 헌신이 발생한다. 릴라이언트는 이 방법으로 고객 노력 경감이 열렬한 환영을 받았다고 명시하지는 않았지만, 그들의 접근 방식을 고려할 때 혁신적인 변화가 발생했음을 예측할 수 있다.

길고 짧은 것은 대봐야 안다고 말하는 사람을 위해 덧붙이자면, 릴라이언트는 에너지 산업에 속한 경쟁자보다 CES 점수가 26퍼센트 높다.

고객 노력 경감은 기업이 꾸준하게 지원해야 하는 도전이다. 위에서 아래로 의사를 전달해야 하고, 뛰어난 매니저와 관리자의 지원이 수반되어야 하며 올바른 평가제도를 도입해야 한다. 하지만 근사한 변화 스토리, 중요한 코칭 원칙, '모든 고객이 적은 노력을 들이는 것이 조직의 목표'라는 확실한 목적에 당장 중점을 두어야 한다. 조직에 고객 노력을 줄이기 위한 작은 움직임을 만들어내지 못하면 초반 도입에 상담원이 참여하지 않고 열기도 식게 된다. 고객 노력 경감을 향한 첫 단계가 원활하지 않으면 성공 가능성이 작아진다.

KEY POINT

✔ 고객 노력을 줄이는 훈련 대신 코칭을 진행하라. 뛰어난 회사는 강의실에서 고객 노력 경감 방식을 가르칠 수 없음을 잘 안다. 새로운 것을 습득할 때는 훈련이 유용하지만, 고객 노력을 줄이는 데에는 상담원의 행동 변화가 필요하여 일선 관리자의 효과적인 코칭을 통해서만 얻을 수 있다(유지도 매한가지다).

✔ 과거 행동과 새로운 행동을 분명하게 대조한다. 현재의 서비스 철학과 고객 노력 경감 방식이 어떻게, 왜 다른지 설명해주어야 한다. 변화 스토리를 활용해서 고객 노력을 줄여야 하는 이유, 무엇(회사의 운명, 회사의 손익 등)이 달려 있으며 상담원에게 제공될 지원이 무엇인지 명확히 한다.

✔ 고객 노력 경감을 또 다른 요구사항으로 만들면 안 된다. 상담원에게 요청하는 사항에 고객 노력 경감을 더했다가는 우선순위 경쟁에서 밀리고 조직 수준의 헌신을 얻어내지 못한다. 작업시간이나 엄격한 QA형식 등 요구사항을 없애야 한다. 파일럿 그룹이 고객 노력을 줄이는 데 온전히 집중하고, 궁극적으로 행동을 바꿀 올바른(그리고 잘못된) 방법이 무엇인지 결정하도록 도와준다.

✔ 고객 노력을 더 쉽게 덜어줄 수 있도록 한다. 어디에서 어떻게 할지 뚜렷한 아이디어도 없이 "나가서 수고를 줄여봐."라고 요청하면 실패와 혼동만 일어난다. 파일럿 그룹에 대한 기대치를 낮게 설정한다. 특정 서비스 문제에 대한 차후 문제 방지, 흔히 일어나는 문제 몇몇 개에 대한 긍정적인 언어 사용 등을 활용한다. 파일럿 그룹을 대상으로 지원과 코칭을 강화해서 상담원들이 마음 편히 접근할 수 있도록 도와준다.

CHAPTER 8

애플 매장 안에는 왜 대기 줄이 없을까?

지금까지 고객 대면 커뮤니케이션을 주로 다뤘지만, 고객 노력 경감 개념은 콜센터의 벽 너머로도 확장된다. 8장에서는 고객 센터 외의 장소에서 고객 노력을 줄일 수 있을지 생각해본다.

고객들은 왜 굳이 애플 스토어에 와서 더 비싸게 제품을 구매할까?

CEB는 애플 스토어를 사랑한다. 하지만 당신이 생각하는 그런 이유로 사랑하지는 않는다. 애플 스토어는 개방적이고 시원한 공간에 근사하고 멋진 디자인으로 사람들의 이목을 집중시킨다. 쇼핑 혐오자마저 몇 시간이고 정신을 빼앗길 만큼 마술 같은 테크놀로지로 가득 차 있다. 하지만 애플 스토어가 그 어떤 리테일 매장보다 가장 많은 매장 넓이당 매출을 내는 이유는 애플이 매장 경험을 형성할 때 고객 노력이 적게 들어가도록 집중했기 때문이다.

애플 리테일의 시니어 부사장을 담당했던 론 존슨(Ron Johnson)은 애플 제품 자체가 애플 스토어 방문을 불러오는 하나의 이유이기는 하지만, 주된 이유는 아니라고 인정한다. 애플 제품을 종종 저렴하게, 다른 방식으로 구입할 수 있는데도 애플 스토어에 고객이 모이는 이유는 그 장소가 '가게답지 않아서'다. 애플 스토어는 고객에게 도움을 주기 위해 존재한다. 제품을 팔기 위해서만 존재하지 않는다.

"사람들은 제품을 경험하기 위해 애플 스토어에 와서 기꺼이 프리미엄을 지불하죠. 이 경험에는 이런저런 요소가 포함되는데, 가장 중요한 요소(어떤 리테일 기업에도 동일하게 적용된다)는 직원이 물건을 파는 데 집중하지 않고, 사람들의 삶을 더 좋게 만드는 데 집중한다는 겁니다. 감성적으로 들리지만 사실입니다. 직원들은 훌륭하게 훈련을 받았고, 인센티브가 있는 것도 아니에요. 그래서 비싼 컴퓨터를 구입하든 기존 컴퓨터를 개선하든 고객이 만족하기만 한다면 직원에게는 큰 차이가 없어요."

애플 스토어가 성공한 또 다른 이유는 리테일 환경에서 고객 노력과 관련된 가장 노골적인 요소인 '줄서기'를 없애버렸다는 것이다. 새로운 제품 출시에 맞춰 애플 매장 바깥에 대기 줄이 늘어서기도 한다. 하지만 애플 매장 안에는 대기 줄이 아예 없다. 델리 카운터, 환불 데스크, 백화점 계산대 등의 장소에서 무언가를 기다리는 절망적인 기분을 누구나 느껴봤을 것이다. 매장에 고객이 가득 들어와 있는데 애플은 어떻게 대기 줄을 없앨 수 있었을까?

첫째, 애플은 기술 서비스를 요하는 고객은 사전 예약을 받아 유입을 관리한다. 다른 리테일 기업은 기술 지원을 받고 싶은 고객에게 줄을 서라고(어떤 경우는 매장을 열기도 전에) 요구하지만 애플은 도움을 받기 위해 방문할 시간을 고객이 결정하도록 한다. 믿을 수 없을 만큼 사용자를 배려한 지니어스바(Genius Bar: 애플 스토어 매장 내 대면 기술 지원 센터의 이름) 온라인 예약 시스템 덕에 고객은 매장에 와서 기다릴 필요가 없다. 설사 예정보다 지원이 늦어지더라도 여전히 대기 줄은 없다. 도착했을 때 체크인을 하면 내 차례가 되었을 때 내 이름이 대형 스크린 모니터에 뜬다.

둘째, 애플 스토어 계산대에는 대기 줄이 없다. 계산대 또한 리테일에서 대기 고객을 만드는 대표적인 요인이다. 매장 대부분이 계산대의 병목 현상 때문에 매장과 출구 사이에 줄을 만드는데(고객이 빨리 지나갈 수 없을 만큼 상황이 악화된다), 애플은 모든 직원이 계산 담당자가 되도록 독자적인 기술을 활용했다. 애플 스토어에서 뭔가를 구입하고 싶은가? 애플 스토어의 직원 아무에게나 요청하면 된다. 그들은 카드 리더기가 붙어 있는 아이팟터치(iPod touch)를 사용해서 신용카드 결제를 해준다. 영수증에도 고객 노력이 적게 들어간다. 고객이 결제 완료를 기다리는 동안 영수증은 이메일로 날아간다.

쇼핑 경험이 쉽게 진행되도록 비슷한 아이디어를 활용하는 리테일 기업은 애플만이 아니다. 의류업체 올드 네이비(Old Navy)는 인구통계학상 타깃 고객(아이와 함께 쇼핑하는 엄마)에게 더 나은 쇼핑 경험을 제공하기 위해 매장 구조를 통째로 재정비했다.

아이들이 어디에 있는지 항상 보이도록 옷 선반의 높이를 낮췄을 뿐 아니라 계산대와 탈의실이 집중된 달걀형 '트랙'을 중심에 놓는 형태로 구조를 바꿨다. 탈의실에 있는 옷걸이용 고리도 바꿔서 긍정적인 쇼핑 경험을 형성했다. 고리에는 '마음에 듦', '괜찮음', '내 스타일은 아님'이라고 쓰여 있어서 자신이 입어본 옷을 구분할 수 있다. 그리고 커튼만 달린 간단한 부스로 '즉석 탈의' 공간도 만들었다. 옷을 다 벗지 않아도 되는 스웨터나 재킷을 그곳에서 입어볼 수 있다. 또 아이들이 노는 공간과 아이의 반응에 따라 움직이는 디스플레이를 제공해 엄마들이 쇼핑하는 동안 아이들이 칭얼거리는 일을 최소화했다.

실시간 리테일 환경에서 고객의 적은 노력이 끼치는 영향을 학술적 연구로 알아본 사람도 있다. 최근 영국 레딩 대학(University of Reading) 학생이 CEB에 「고객을 대면하는 리테일 환경에서 고객 노력이 충성도에 미치는 역할」이라는 논문을 보내주었다. 그 학생은 직접 설문조사를 진행해서 세 개의 리테일 산업(식료품 매장, 백화점, 가전 매장)에서 고객 노력이 충성도에서 중요한 역할을 한다는 사실을 발견했다. 다음은 논문 일부다.

> 결과에 따르면 고객 노력과 고객 충성도 간에는 상당한 상관관계가 의심할 바 없이 존재한다. 현재 고객층을 유지하고 싶다면 고객 요구가 처리될 때 고객 노력이 최소한으로 들어가도록 유의해야 한다. CES는 고객 경험과 충성도 간에 완벽한 상관성을 나타내주는 강력한 지표다. 이 설문조사에서 보이듯, CES는 콜센터 환경은 물론 고객을 직접 응대하는 리테일 환경에서도 매

끄럽게 적용된다. 그런 면에서 CES는 상당히 역동적인 지표이며 기업은 이를 차용해서 그 분석 결과를 광범위하게 활용해야 한다.

이 학생은 리테일 환경에서 고객 노력을 고려할 때 가장 중요한 요소 두 가지를 발견했다. 바로 '검색 가능성(고객이 찾고 싶은 사항을 얼마나 쉽게 찾아내는지)'과 '문제 해결(문제 해결에 필요한 도움을 얼마나 쉽게 받을 수 있는지)'이다.

검색 가능성 측면을 이야기하면서 그는 영국 리테일 기업 테스코(TESCO: 영국 대형 슈퍼마켓 체인) 사례를 집중적으로 다루었다. 테스코는 스마트폰 앱을 만들었는데, 고객은 이 앱을 사용해서 사려는 물건의 위치를 쉽게 찾았다. 또 사례로 든 트레이더조(Trader Joe's: 미국 캘리포니아 몬로비아에 본사를 둔 미국 식료품 체인)와 와이트로즈(Waitrose: 영국의 대형 슈퍼마켓 체인, 테스코보다 고가의 물품을 취급한다)의 매장 직원은 어느 선반에 물건이 놓여 있는지 말해주는 대신 직접 고객을 물건 앞으로 데려다준다.

문제 해결 측면에서는 메이시스(Macy's: 미국 백화점 체인)의 사례를 들었는데, 메이시스 매장 직원들은 고객 질문에 직접적인 해결책 외에도 조언이나 의견을 제공한다. 대체품을 제안해주기까지 하면서 고객이 쉽게 구매 결정을 내리도록 돕는다.

클릭 몇 번으로 세금 계산을 끝낼 수 있다면?

이해하기 쉬운 세금코드 양식이 만들어질 일은 내가 죽기 전까지는 일어나지 않을 테지만, 적어도 인튜이트(Intuit: 미국 금융 전문 소프트웨어 기업)는 세금 납부를 쉽게 하는 데 이바지했다. 세금납부 애플리케이션 터보택스를 이용하면 직관적이며 쉬운 언어로 구성된 질문 방식으로 수입을 보고할 수 있다. 회계나 계산에 머리를 싸매지 않아도 된다. 쉬운 영어로 된 질문에 대답하기만 하면 된다.

IRS(Internal Revenue Service: 미국 국세청) 양식에서 사용하는 어려운 질문, 예를 들어 "비과세 퇴직 연금에 당신의 기여분을 기재하시오."라는 질문 대신 터보택스는 "W-2(미국 급여 및 세금 신고서)의 11번을 보세요. 만일 11번 칸에 숫자가 있으면 그 숫자를 넣으세요."라고 알려준다. 어떻게 해야 할지 모르겠으면, 클릭만으로 도움을 받을 수 있다. 어려운 단어는 싹 없앤 FAQs도 있지만, 세금 납부자와 회계사들이 공짜로 도움을 주는 온라인 지원 커뮤니티도 클릭 한 번으로 들어간다. 이러니 터보택스를 이용하는 납세자는 감탄할 수밖에 없다. 2012년 IRS에 따르면 무려 81퍼센트에 달하는 미국 납세자가 온라인 서비스를 이용해 세금을 계산했다. 그들의 성공 비결은 명백하다. 터보택스가 성공을 거둔 이유는 마케팅의 힘이 아니다. 그저 믿을 수 없을 만큼 쉽게 사용할 수 있어서다.

다른 분야 역시 평범한 이용자들의 손에 기술적이고 전문적인 마법 지팡이를 쥐어준다. 예를 들어 리걸줌(LegalZoom)은 유언을 작성하거나 회사를 설립하는 일처럼 과거에는 변호사가 필요했던 일을 고객이 직접 할 수 있도록 도움을 제공한다.

디자인이 단순하고 사용하기 쉬운 상품은 무리 속에 홀로 빛난다. 가전제품만큼 이런 사실이 독보적으로 드러나는 분야도 없다. 애플의 쉬운 사용법은 전설이 되었지만(애플의 많은 제품은 사용 설명서가 필요 없다. 셋업이나 운용도 단순하다), 잘 알려지지 않은 업체도 어려운 난제를 쉽게 해결해버린다.

예를 들어 여러 개의 VOD(Video-On-Demand) 채널(넷플릭스, 아마존, HBO 같은 케이블)을 활용해 스트리밍 서비스를 세팅하는 일이 언뜻 봐서는 상당한 노력이 필요할 것 같다. 하지만 로쿠(Roku: 미국의 기업이자 그 기업이 제조한 하드웨어 디지털 미디어 플레이어의 브랜드. 다양한 온라인 서비스로부터 스트리밍 미디어 콘텐츠의 접근을 제공한다)는 이를 클릭 한 번으로 해결해준다. 로쿠 플레이어는 아이스하키용 공 사이즈이고 버튼도 없지만, 2분 만에 셋업이 완료되면서 수만 개의 VOD를 사용자에게 선사한다.

보스(Bose: 스피커 제조 기업) 역시 수고를 줄이기 위해 제품을 담백하게 만드는 소비 가전 회사다. 스피커에서 소리가 나오게 하려면 얼마나 골치 아픈가? 다 똑같아 보이는 여러 개의 전선과 잭을 들고 어디에다 어디를 맞춰야 하는지 고민해야 한다. 하지만 보스의 스피커는 다르다. 잭과 전선의 색깔을 맞춰놓아서 같은 색을 찾아 끼우기만 하면 된다.

복잡한 옵션은 고객을 떠나가게 만든다

2012년 CEB의 동료 패트릭 스페너(Patrick Spenner)와 카렌 프리먼(Karen Freeman)이 HBR에 구매 행동에 관한 놀라운 결과를 발표했다.「고객을 유지하려면 간단하게 해라(To Keep Your Customers, Keep It Simple)」라는 글에서 스페너와 프리먼은 마케팅 때문에 구매 과정이 너무 복잡했다고 주장했다. 너무 많은 테크니컬한 정보가 쏟아지는 바람에 오히려 구매가 일어나지 않는다. 다음은 글의 일부다.

> 오늘날의 고객은 웹과 스마트폰에 능숙하며, 정보를 재빨리 습득하여 가장 괜찮은 거래 조건을 제시하는 브랜드나 매장을 습격한다는 것이 마케터들의 생각이다. 그런 관점에서 보면 브랜드 충성도는 급격하게 사라지고 있다. 이에 대응하기 위해 회사들은 더 많은 메시지를 고객에게 투하한다. 더 많은 정보와 커뮤니케이션을 제공해서, 다른 곳에 시선을 뺏기고 충성도가 떨어진 고객을 붙들어 매야 한다고 생각한다. 하지만 고객으로서는 마케팅 메시지가 늘어나도 큰 영향이 없다. 그저 그 양에 질려버릴 뿐이다. 고객과 연결 고리를 만들겠다는 잘못된 노력을 계속하는 바람에 고객을 회사에 끌어당기기는커녕 저 멀리 밀어내고 있다.

전 세계 7,000명 이상의 고객을 대상으로 여러 번 설문조사를 했다. 고객이 '진득하거나' 혹은 구매 가능성이 높고 시간이 지나면서 구매를 늘리거나 혹은 제품/공급자에 대해 칭찬을 하도록 만드는 이유를 찾으려는 목적으로 연구를 진행했다. '진득함'을 유도하는 이유는 여러 가지가 있겠지만, 가장 큰 요인은 '결정 단순성(신뢰할 만한 제품 정보를 쉽게 모으고 구매 옵션을 자신 있게 효율적으로 저울질하는 상태)'임을 발견했다.

결정 단순성은 어려운 첨단 기술이 아니다. 스페너와 프리먼은 고객의 구매 결정 단순화는 크게 세 가지 요소로 나뉜다는 사실을 파악했다. 브랜드 정보 검색이 쉽고(가령 소매 가전 기업은 커다란 자신감을 제공하고 실수를 일으키지 않을 콘텐츠로 고객을 안내한다), 믿을 만한 정보를 제공하며(가령 디즈니는 '엄마 패널'을 활용해서 가족과 함께 디즈니 공원으로 가는 사람들에게 정보를 제공한다), 고객이 쉽게 옵션을 저울질하도록 한다(가령 드비어(De Beers: 영국의 다이아몬드 브랜드)는 '네 개의 C(Carrot, Color, Clarity, Cut: 캐럿, 컬러, 투명도, 커팅)' 기준을 만들어 비슷비슷한 다이아몬드를 비교하도록 구매자에게 도움을 제공한다).

"연구 결과, 구매를 고민하는 고객은 상위권에 들어온 브랜드를 구매할 확률이 하위 브랜드보다 86퍼센트 높다. 재구매 확률은 9퍼센트가 높고, 다른 사람에게 추천받을 확률은 115퍼센트 높다."라고 두 사람은 설명한다.

이 현상은 B2C 브랜드에 한정되지 않는다. CEB의 세일즈 리더십 자문위원회가 발견한 바에 따르면, 구매 경험이 B2B 충성도의 53퍼센트를 차지하면서, 공급자 브랜드, 제품과 서비스 품질, 가격 대비 가치 비율(Price to Value Ratio)을 압도적으로 눌러버린다(그림 8.1 참조). 고객 충성도를 많이 얻는 공급업자는 '거래하기 쉬운' 상대가 된다. 구매 과정을 너무 복잡하게 만들어놓은 회사는 고객에게 참신한

그림 8.1 | B2B 고객 충성도의 원동력 출처: CEB, 2013

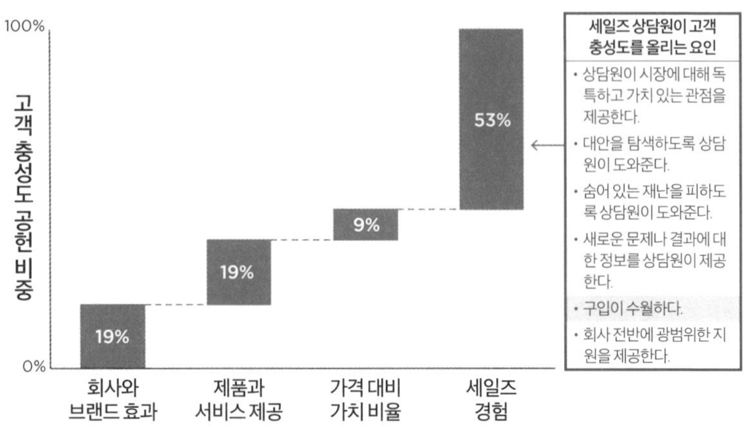
100%
0%
고객 충성도 공헌 비중
19%
19%
9%
53%
회사와 브랜드 효과
제품과 서비스 제공
가격 대비 가치 비율
세일즈 경험
세일즈 상담원이 고객 충성도를 올리는 요인
• 상담원이 시장에 대해 독특하고 가치 있는 관점을 제공한다.
• 대안을 탐색하도록 상담원이 도와준다.
• 숨어 있는 재난을 피하도록 상담원이 도와준다.
• 새로운 문제나 결과에 대한 정보를 상담원이 제공한다.
• 구입이 수월하다.
• 회사 전반에 광범위한 지원을 제공한다.

아이디어(새로운 해결책)를 재빨리 효율적으로 제공하는 후발 업자에게 따라잡힌다.

고객 노력은 고객 접촉 전략보다 포괄적인 개념이다. 사용하기 쉬운 제품을 만들고, 구매 프로세스를 매끄럽게 만들고, 고객 노력이 적게 들어가는 서비스를 제공하면 내가 투입한 자원보다 훨씬 큰 규모의 고객 충성도를 되돌려받는다. 특히 번거로움이 늘 존재하는 요즘 세상에서는 더욱더 높은 수익을 가져온다.

KEY POINT

고객 노력은 고객의 라이프 사이클에 걸쳐 덜어주어야 한다. 설문조사 결과에 따르면 세일즈 터치 포인트 전후로 고객 노력을 줄이면 상당한 수준으로 고객 충성도에 영향이 미친다. 제품과 서비스에 대한 정보를 습득하고, 구매하고, 추후 서비스를 받는 과정이 매끄럽게 진행되면 브랜드 차별화가 크게 일어날 잠재력이 있다.

뛰어난 회사는 낮은 고객 노력을 매일 실천한다. 뛰어난 회사는 비즈니스의 다양한 측면(제품 디자인에서 세일즈 경험까지)에서 낮은 고객 노력 경험 원칙을 적용한다. 이들 회사는 이미 받아들여진 상태에 대해 끊임없이 질문을 던진다. 물건을 사기 위해 오래 줄을 서야 할까? 새로운 제품을 받아서 기분이 고조되어 있는데 무려 완독 60분짜리 제품 매뉴얼을 읽으려고 할까? 뛰어난 회사들은 이런 방식을 절대 받아들이지 않으려 한다.

부록

고객의 수고를 줄이기 위한 도구

The Effortless Experience

지시사항
고객 문제와 최적의 해결 채널을 매핑하는 데 이 도구를 사용한다. 이때 고객과 조직 비용 둘 다 감안한다.

1

1단계: 문제 유형 결정
조직에서 가장 흔한 문제/요청을 카테고리로 묶는다(41쪽 마스터카드의 문제 필터링 방식 참조)

2

2단계: 채널 적합성 평가
1단계에서 파악한 문제/요청을 채널별로 '그렇다/아니오' 질문을 던져서 평가를 진행한다.

3

3단계: 채널 적합성 점수 계산
2단계에서 나온 문제의 답을 활용해서 각 문제 유형을 해결하는 데 채널 적합성을 보여주는 수학적 가치를 산출한다. 채널별로 2단계와 3단계를 반복한다.

4

4단계: 결과 평가
3단계에서 계산된 채널 적합성 점수를 비교해서 특정 문제 유형에 대해 가장 적합한 채널이 무엇인지 결정한다.

파악된 문제 그룹별도
2~4단계를 반복한다.

문제와 채널 매핑 도구

문제 유형 ______________________________

채널 적합성을 평가하기 위해 집단 검진 문제를 활용한다.

웹 셀프서비스	
필수 문제	**그렇다/아니다**
1. 회사는 해당 문제를 해결하는 기능을 웹 셀프서비스를 통해 제공하는가? (예: 청구금액을 온라인으로 지불하는 온라인 결제 시스템)	
2. 고객 대부분이 웹 셀프서비스를 통해 이 문제를 해결할 수 있는가?	
3. 이 특정 문제에 대해 셀프서비스 비중이 늘어나도록 서비스 조직이 변화를 이끌 수 있는가?	
• 이 모든 문제에 대한 답이 '그렇다'인 경우 4~15문제로 넘어간다. • 위 질문에 대한 답이 하나라도 '아니오'인 경우 웹 셀프서비스는 이 문제에 적합한 채널이 아니다. 3단계로 넘어가서 셀프서비스에 대한 채널 적합성 점수를 1로 준다.	
해결을 위한 고객 노력 이들 질문에 대한 답이 '그렇다'가 나오면 이런 문제 해결에 웹 셀프서비스가 고객 노력이 적은 경험이 된다.	**그렇다/아니다**
4. 문제 해결을 위해 필요한 자원을 웹사이트에서 쉽게 획득할 수 있는가? (예: 검색 기능이나 제공되는 지식 내역을 통해 이런 자원을 쉽게 획득할 수 있는가?)	
5. 셀프서비스를 통해 많은 단계를 거치지 않고 효율적으로 문제를 해결할 수 있는가?	
6. 요청이 표준 응대로 충족되고/충족되거나 프로세스가 고객별로 달라지지 않는가?	
7. 요청을 해결하는데 필요한 정보를 쉽고 간단명료하게 (상세한 설명이 수반될 필요 없이) 설명할 수 있는가?	
8. 실시간으로 상담원이 응대해야 하는 관련 질문이나 문제가 제기될 일이 거의 없는가?	
9. 자기 계정으로 로그인하거나 기타 정보를 제공하지 않고도 셀프서비스를 통해 문제를 해결할 수 있는가?	
고객 노력과 관련된 추가 질문 모든 문제나 조직에 적용할 필요는 없다.	**그렇다/아니다**
10. 해당 요청을 웹 셀프서비스로 해결해도 법적 문제는 없는가?	
11. 보안 측면에서 봤을 때 웹 셀프서비스로 문제를 해결하는 데 필요한 개인정보를 고객이 기꺼이 제공하는가?	
12. 고객 대부분이 안정적으로 인터넷에 접속하는가?	
해결 비용 아래 질문에 '그렇다'라는 대답이 나오면 이런 문제 해결에 웹 셀프서비스가 상대적으로 비용이 적게 드는 채널이라는 뜻이다.	**그렇다/아니다**
13. 이 요청을 온라인으로 해결하기 위해 효과가 입증된 도구에 투자했는가?	
14. 웹 셀프서비스가 이 요청을 해결할 만큼 제대로 작동하는가?	
15. 웹 셀프서비스가 이 문제에 대해 우수한 서비스를 제공하는 가장 저렴한 채널인가?	

채널 적합성 점수 계산
2단계 질문의 답으로 채널 적합성 점수를 계산한다.
질문 대부분에 대한 답이 '그렇다'라면 아래 수고 영향과 비용 영향 섹션에 높은 점수를 부과한다.

고객 노력 영향 5= 매우 많은 노력 1= 매우 적은 노력	**비용 영향** 3= 고비용 아님 1= 고비용	**웹 셀프서비스** 채널 적합성 점수 (고객 노력 영향 × 비용 영향) 이 점수를 4단계에서 사용한다.
______________ ×	______________ =	______________

대화형 음성 응답 셀프서비스		
전제 질문		**그렇다/ 아니다**
1. 이 문제를 대화형 음성 응답(이하 IVR)을 통해 해결하는 기능을 제공하는가?		
2. 고객 대부분이 IVR로 이 문제를 해결할 수 있는가?		
• 위 질문에 대한 답이 모두 '그렇다'이면 3~13문제로 넘어간다. • 위 질문에 대한 답이 하나라도 '아니오'인 경우 IVR은 이 문제에 적합하지 않다. 3단계로 넘어가서 IVR 셀프서비스 적합성 점수를 1로 준다.		
문제 해결을 위한 고객 노력 아래 질문에 대한 답이 '그렇다'이면 이 문제에 대해서는 IVR이 고객 노력이 낮은 경험을 제공한다.		**그렇다/ 아니다**
3. IVR로 정확하고 효율적으로 문제가 해결될 만큼 요청이 단순하고 직설적인가?		
4. IVR을 통해 많은 단계를 거치지 않고 효율적으로 문제를 해결할 수 있는가? (예: 문제를 해결하기 위해 메뉴에서 3단계 이상을 내려가지 않는다.)		
5. 요청이 표준 응대로 충족되고/충족되거나 프로세스가 고객별로 달라지지 않는가?		
6. 실시간으로 상담원이 응대해야 하는 관련 질문이나 문제가 제기될 일이 거의 없는가?		
7. 요청을 해결하는 데 필요한 정보를 쉽고 간단명료하게(상세한 설명이 수반될 필요 없이) 설명할 수 있는가?		
8. 고객이 문제 해결에 사용되는 IVR 기술을 편안하게 받아들이는가? (특히 IVR의 설명이나 언어 등)		
9. 고객의 구체적인 정보가 필요한 요구라면 고객이 전화기 번호를 눌러서 정보를 제공할 수 있는가?		
10. 현재 이 요청이 웹 셀프서비스를 통해 해결되지 않는가?		
해결 비용 아래 질문에 '그렇다'라는 대답이 나오면 이런 문제 해결에 IVR이 상대적으로 비용이 적게 드는 채널이라는 뜻이다.		**그렇다/ 아니다**
11. 이 요청을 IVR로 해결하기 위해 효과가 입증된 도구에 투자했는가?		
12. 필요한 정보를 고객으로부터 정확히 추출하는 등 고객 요청을 수행할 만큼 IVR 기능이 충분히 탄탄한가?		
13. IVR이 이 문제에 대해 우수한 서비스를 제공하는 가장 저렴한 채널인가?		
채널 적합성 점수 계산하기 2단계 질문의 답으로 채널 적합성 점수를 계산한다. 질문 대부분에 대한 답이 '그렇다'라면 아래 수고 영향과 비용 영향 섹션에 높은 점수를 부과한다.		**그렇다/ 아니다**
고객 노력 영향 5= 매우 많은 노력 1= 매우 적은 노력	**비용 영향** 3= 고비용 아님 1= 고비용	**웹 셀프서비스 채널 적합성 점수** (고객 노력 영향 × 비용 영향) 이 점수를 4단계에서 사용한다.
________ × ________ = ____________		

문제 해결 측정 도구

차후 문제 방지 평가를 위한 위원회 모델

문제 해결 실패의 심각성 이해하기

1 콜백 추적을 통해 차후 문제 방지 추세를 파악하면 다음과 같은 혜택이 있다.

- 해결에 대한 광범위한 시각을 확보한다.
- 개인별 성과를 잡아내고, 바람직한 분산 범위 내에서 저평가/고평가의 추세를 읽어낸다.
- QA 모니터링을 진행하고 통화 사후에 진행되는 고객 주도형 근원 문제 분석을 통해 자극 기제로 활용한다.

측정 선택 결정을 위한 규칙

구분	측정 방법	표면적 요구 1=잡아내지 못함 5=잡아냄	(근접된) 잠재적 요구 1=잡아내지 못함 5=잡아냄	(감정적인) 잠재적 요구 1=잡아내지 못함 5=잡아냄	샘플 숫자 1=소수 5=다수	상담원에게 타당한 정도 1=불공평함 5=공평함	내재되어 있는 편향 1=편향됨 5=편향되지 않음	근원적인 이유를 끌어냄 1=효과적이지 않음 5=효과적임	코칭 기회를 파악함 1=파악할 수 없음 5=파악 가능함
콜백 추적	계정별로 콜백 추적하기	5	5	5	5	2	5	2	4
	전화번호별로 콜백 추적하기	4	4	4	4	2	5	2	3
	상담을 시작 전 "최근 30일 동안 이 전화가 첫 통화인가요?"라고 고객에게 질문하기	3	3	4	4	4	4	2	1
QA 보고	QA는 통화를 모니터링하고 문제 해결 진단하기	4	3	2	3	3	3	3	5
고객 보고	상담 후(며칠 후) 설문조사하기	3	1	4	1	2	3	3	3
	음성 분석하기	1	1	4	5	1	4	2	3
	상담 후(즉시) 설문조사하기	2	1	3	2	3	2	2	2
	상담을 끝내기 전 "오늘 당신의 문제를 해결해드렸나요?"라고 고객에게 질문하기	2	1	1	3	3	2	2	1
상담원 보고	상담원은 해당 문제가 해결된 것으로 표기하기	2	2	1	4	5	1	2	2

1. **표면적 문제:** 고객이 언급한 원천적 필요로 고객이 직접 진단하고 회사가 해결하는 문제를 말한다.
2. **잠재적 문제:** 고객이 언급한 필요 이상의 문제로 시간이 흐른 뒤에야 고객이 인식한다. 이런 문제는 고객이 신속하게 진단하지 못한다. 근접된 주제는 잠재적 문제의 한 형태로, 언뜻 보기에는 별개로 보이지만 사실은 접점이 존재하며 후속적으로 발생하는 문제다.
3. **잠재적 문제:** 고객이 언급한 필요 이상의 문제로 시간이 흐른 뒤에야 고객이 인식한다. 이런 문제는 고객이 신속하게 진단하지 못한다. 감정적 주제는 잠재적 문제의 한 형태로, 문제 해결을 경험한 고객이 회사에 다시 전화하는 계기(보통 해결 여부를 확인하는 형태)를 만든다.

문제 해결 실패의 원인 이해하기

2 표면적 문제와 주변 문제를 야기하는 근본적인 원인이 수면에 드러나도록 QA 모니터링을 통해 후속 조치를 취하면 다음과 같은 효과가 있다.

- 문제 카테고리의 정확도가 개선된다(미국 텔레콤 회사 사례 참조).
- 코칭 기회와 프로세스 실패 상황을 파악하기 위해 상담원 성과를 모니터링한다.
- 문제 해결 실패 점수에서 '뛰어난' 콜백을 제외하는 기회를 제공한다.

\+

3 통화 종료 후 고객 설문조사와 피드백 시간을 종합해서 문제 해결이 실패한 감정적 원인을 잡아낸다.

- 고객이 내린 해결방식과 회사가 제공하는 해결방식의 차이를 이해하는 기회를 마련한다.
- 콜백이 발생한 감정적인 원인을 수면 위로 올려놓는다.
- 개선 가능한 분야를 파악하기 위해 고객의 목소리를 수집하고 분석하는 방법을 제공한다.

고객 관점에서의 정확도 (1=정확하지 않음 5=정확함)	인프라의 필요성 (1=높음 5=낮음)	평균 1~5	순위 1~9	CEB 위원회의 시각	팁과 트릭 활용하기
3	1	3.7	1	■ 표면적 콜백과 잠재적 콜백을 잡아내는 동시에 인간의 입력 실수를 최소화한다. ■ 문제 해결을 추적하는 시스템이 없으면 자원이 많이 투입되어야 한다. ■ 어떤 사유로 콜백이 발생되더라도 통계에 포함되기 때문에 해결률이 실제보다 낮게 보고된다. 하지만 시간이 지나면서 정상화된다.	☑ 평가 기준을 일관성 있게 유지하고 이를(성과 관리를 위해서 쓰지 않고) 코칭 기회를 위해서만 사용해서 상담원이 느끼는 불공평을 축소한다. ☑ 대부분의 고객 콜백은 첫 번째 통화 직후에 일어나므로 단기간(5~14일)의 콜백만 추적을 실시한다. 이렇게 하면 코칭도 효과적으로 일어난다. ☑ 문제 해결은 으레 분산되기 때문에 일정 범위 내에서 콜백을 추적한다. ☑ 불합리하거나 통제 불가능한 콜백은 상담원이 별도로 표시해서 이들이 상담원에게 불리하게 작용하지 않도록 한다. ☑ "이 문제로 처음 전화하셨나요?"라는 질문을 상담 초반에 물어보면 첫 통화 해결률을 따질 수 있지만 "(어떤 이유로든) 최근 30일 동안 처음 전화하셨나요?"라고 물어보면 차후 문제를 방지할 수 있다.
3	2	3.3	2		
4	3	3.2	3		
2	4	3.2	3	■ 이 방법만 사용하는 경우, 표면적 문제에 대한 해결 실패 원인은 종종 잡아내지만, 잠재적 문제가 발생하면 거의 잡아내지 못한다. ■ 해결 실패 점수에서 '뛰어난' 콜백을 제외할 수 있는 기회를 제공한다.	☑ 콜백 추적같은 다른 평가 방법과 혼용해서 데이터를 다면적으로 살펴보고 표면적 문제와 잠재적 문제의 근본적인 원인을 분석한다.
5	2	2.7	5	■ 고객의 관점을 반영한다. 고객은 자신의 감정적 해결에 대해 가장 뛰어난 식견을 가지기에 고객의 관점은 유용하다. 하지만 고객은 근접한 문제를 거의 이해하지 못하며, 상담이 이루어지고 시간이 지나기 전까지는 표면적 문제의 현재 상태를 제대로 알지 못한다. ■ 음성 분석은 새로 사용되는 테크놀로지여서 해결을 정확하게 진단할 수 있는 능력이 제대로 입증되지 못했다.	☑ 상담 직후 이루어지는 설문조사는 상담에 대한 고객 만족도만을 측정하지만, 상당한 시간이 지난 후 이루어지는 설문조사는 문제 해결을 보다 정확하게 반영한다. ☑ 설문조사 샘플 사이즈가 적다. 특히 시간이 지난 후 이루어지는 설문조사의 샘플 사이즈가 작은데, 이는 많은 고객이 설문조사에 참여하지 않기 때문이다. ☑ 설문조사가 정확하려면 질문 해석이 분명하고 쉬워야 하며, 질문이 고객이 인지하는 문제 해결을 지속적으로 잡아내야 한다. ☑ 이 평가 방식을 QA 보고와 콜백 추적 등 다른 방법과 혼용하는 부가적 소스로 이용한다.
3	1	2.5	6		
3	2	2.2	8		
2	3	2.0	9		
1	3	2.3	7	■ 시스템을 사용하지 않고도 대부분의 상담에 대한 문제 해결 실패율을 추적할 수 있다. ■ 주관적인 응대에 취약하다. ■ 상담원은 자신의 통제를 벗어난 상담을 별도 표시해둘 수 있다.	☑ 상담원이 인지하는 불평등을 최소화하기 위해 다른 방법과 함께 사용한다. ☑ 콜백 추적 시스템을 사용할 수 없다면 QA나 고객이 제공하는 데이터와 함께 혼용한다.

훈련생을 위한 도구

회사에서 가장 많이 일어나는 부정적인 언어 사용 시나리오 모음

부정적인 언어 사용 시나리오 템플릿 만들기

회사에서 가장 흔하게 일어나는 부정적인 언어 사용 시나리오를 고민해보면 직원 훈련 효과가 높아진다. 소속 산업 내에서 흔히 일어나는 가장 골치 아픈 고객 서비스 상황을 파악해놓으면, 어떤 식의 대화 방식이 부정적인 언어 사용을 끌어내는지 파악할 수 있다.

체크리스트: 단계별 상세		함께 체크해야 할 사람	완료 목표 시점
■ 높은 성과를 올리는 최전방 상담원 몇 명에게 가장 어렵고 흔히 일어나는 문제가 무엇인지 물어본다. 골치 아픈 상담으로 이어지는 문제 유형이 존재하는지 살펴보고, 그런 유형이 존재한다면 이런 경우에 쓰이는 부정적인 언어가 무엇인지 파악하는 데 집중한다. 도움이 된다면 통화 유형을 분류해놓은 데이터를 활용한다.	☐		
■ 골치 아픈 통화에 대해 최전방 상담원과 롤플레잉 연습을 해보고, 어떤 상황에서 부정적인 언어를 사용하는지, 구체적으로 어떤 문구가 나오는지 들어본다.	☐		
■ 가능하다면 가장 흔하게 사용되는 부정적인 문구를 QA팀에게 건네주고, 이런 문구를 언제 자주 듣는지 통화 유형을 적어달라고 요청한다. 파악된 통화의 녹화 내용을 듣고 상담원이 어떻게, 언제 부정적인 언어를 사용하는지 감을 잡는다.	☐		
■ 이 데이터를 활용해서 부정적인 언어 사용이 촉발되는 가장 흔한 시나리오 리스트를 뽑아낸다. 이런 시나리오에 나오는 부정적인 단어와 문구 리스트를 각각 만들어낸다.	☐		
■ 업무일지 페이지에 "저렇게 말하지 말고 이렇게 말해요!" 칸에 부정적인 단어와 문구를 적어놓는다. 리스트에 더하거나 바꿀 것은 없는지 상담원에게 물어본다. 직원들과 QA팀이 브레인스토밍을 진행해서 부정적인 단어를 대신할 긍정적인 단어를 찾아낸다.	☐		

고객 센터 위원회의 세일즈, 마케팅, 커뮤니케이션 실무에서 발췌

CES v2.0 스타터 키트

조직에서 발생하는 고객 노력 측정하기

다음의 이행 팁을 사용해서 CES v2.0을 고객의 목소리에 녹여 넣는다.

- 해결 프로세스에 들어가는 고객 노력에 대한 총체적인 이해를 얻기 위해 CES v2.0를 사용한다.
- 해결 프로세스 전반에서 고객 노력을 만들어내는 개별 원인을 분석하기 위해 고객 노력에 대한 상세한 설문조사를 진행한다.
- 고객 요청이 발생하는 원인 유형을 대응하기 위해 수고에 대한 질문의 일부분을 바꿔본다. (예: 판매를 완료하기 위해)
- 해결되지 않은 문제나 눈에 띄는 요청을 잡아내기 위해 '요청이 해결되지 않음(혹은 제공되지 않음)'이란 답변을 집어넣는다(상담 직후 설문조사를 진행하는 경우는 제외).
- 고객 노력을 포괄적으로 분석하고 능동적으로 지원을 제공하기 위해 고객의 말을 그대로 활용한다.

CES v2.0 표준 질문

다음 문장에 대해 얼마나 동의하십니까?	강력하게 반대함	반대함	어느 정도 반대함	동의하지도 반대하지도 않음	어느 정도 동의함	동의함	강력하게 동의함
	(1)	(2)	(3)	(4)	(5)	(6)	(7)
내 문제를 쉽게 다루도록 만들어주었다.	☐	☐	☐	☐	☐	☐	☐

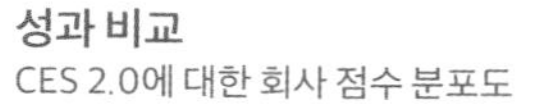

성과 비교

CES 2.0에 대한 회사 점수 분포도

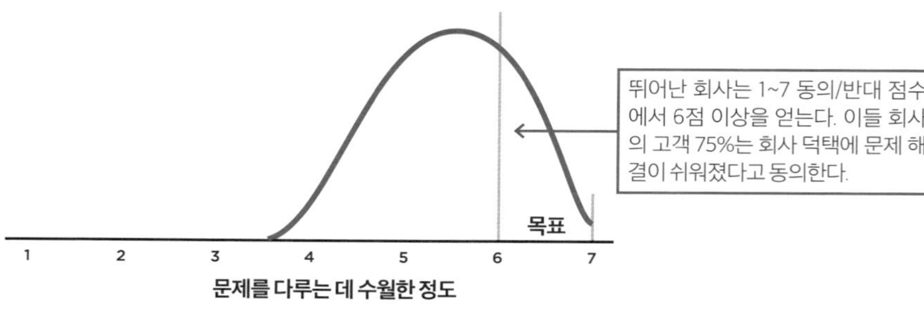
뛰어난 회사는 1~7 동의/반대 점수에서 6점 이상을 얻는다. 이들 회사의 고객 75%는 회사 덕택에 문제 해결이 쉬워졌다고 동의한다.
목표
1
2
3
4
5
6
7
문제를 다루는 데 수월한 정도

출처: CEB, 2013

고객 노력 진단

설문조사 문제 샘플모델

충성도 주요 지표

당신은 친구나 동료에게 <회사이름>을 얼마나 추천할 것 같습니까?

○ 0　전혀 추천하지 않음
○ 1
○ 2
○ 3
○ 4
○ 5
○ 6
○ 7
○ 8
○ 9
○ 10　추천할 가능성이 높음

다음 문장에 대해 얼마나 동의하는지 1에서 7점까지 매겨주시기 바랍니다.

	강력하게 반대함	반대함	어느 정도 반대함	동의하지도 반대하지도 않음	어느 정도 동의함	동의함	강력하게 동의함
<회사이름>으로부터 계속 구매할 생각이다.	○	○	○	○	○	○	○
<회사이름>의 새로운 제안을 기꺼이 고려한다.	○	○	○	○	○	○	○
<회사이름>이 제공한 가치에 대해 만족한다.	○	○	○	○	○	○	○

고객 서비스 경험 결과

<회사이름>의 고객 서비스/지원부서에 언제 마지막으로 연락했습니까?

○ 지난 주 이내
○ 지난 달 이내
○ 지난 2달 이내
○ 지난 6개월 이내
○ 지난 1년 이내
○ 1년 이상
○ 전혀

다음 중 당신이 고객 서비스에 연락한 주요 이유와 가장 비슷한 것을 골라주십시오.

○ 제품이나 서비스에 대한 문제를 해결하기 위해
○ 민원을 제기하기 위해
○ 계정 상태를 확인하거나 바꾸기 위해
○ 계정 정보를 얻기 위해
○ 제품이나 서비스 반품을 위해
○ 구매하기 위해
○ 질문하기 위해
○ 위의 어느 것도 해당하지 않음

문제를 해결하기 위해 맨처음 사용한 고객 서비스/지원 방식을 골라주십시오. (중복 응답 가능)

☐ 회사에 전화
☐ 회사 웹사이트 검색
☐ 웹챗 서비스 사용
☐ 이메일 송부
☐ 기타

서비스 경험에 관한 다음 문장에 대해 얼마나 동의/비동의하는지 기재해주십시오. (전반적인 평가)

	강력하게 반대함	반대함	어느 정도 반대함	동의하지도 반대하지도 않음	어느 정도 동의함	동의함	강력하게 동의함
내 문제를 다루기 쉽도록 해주었다.	○	○	○	○	○	○	○
문제를 해결하는 데 예상보다 시간이 적게 걸렸다.	○	○	○	○	○	○	○

전화: 대화형 음성 응답 (IVR)

<회사이름>의 대화형 음성 응답 시스템 사용 경험에 관한 다음 문장에 대해 얼마나 동의/비동의하는지 기재해주십시오.

	강력하게 반대함	반대함	어느 정도 반대함	동의하지도 반대하지도 않음	어느 정도 동의함	동의함	강력하게 동의함
선택 가능한 옵션이 분명하게 제시되었다.	○	○	○	○	○	○	○
시스템을 활용해서 쉽게 탐색할 수 있다.	○	○	○	○	○	○	○

전화: 실시간 상담원 통화 응대

다음 질문은 <회사이름>의 고객 서비스 상담원에 대한 질문입니다.

	강력하게 반대함	반대함	어느 정도 반대함	동의하지도 반대하지도 않음	어느 정도 동의함	동의함	강력하게 동의함
상담이 빨리 시작되었다. 나는 상담원과 연결되기 위해 오랜 시간을 기다리지 않았다.	○	○	○	○	○	○	○
내가 말을 끝내면 상담원이 재빨리 응대를 시작했다.	○	○	○	○	○	○	○

이메일

<회사이름>에 이메일을 보낸 경험에 대해 다음 문장에 대해 얼마나 동의/비동의하는지 기재해주십시오.

	강력하게 반대함	반대함	어느 정도 반대함	동의하지도 반대하지도 않음	어느 정도 동의함	동의함	강력하게 동의함
납득할 만한 시간 이내에 답변을 받았다.	○	○	○	○	○	○	○
내가 받은 응답은 무미건조하거나 판에 박힌 내용이었다.	○	○	○	○	○	○	○

일반적인 피드백/인구통계학 측면

추가로 말하고 싶은 정보나 피드백이 있습니까? 아래에 그런 내용을 기재해주시기 바랍니다.

대략적으로 얼마나 오랫동안 <회사 이름>을 이용해주셨습니까?

출생연도를 말씀해주십시오.

고객 노력 감사 도구

소개

고객 노력 감사 도구는 어느 채널(웹, IVR, 전화 등)에서 고객이 가장 많은 노력을 들이는지 파악하고 고객 노력을 줄이도록 자원을 마련해준다. 이 도구를 사용하면 다음 핵심 질문에 답할 수 있다.

1. 각 채널별로 고객 노력을 줄이기 위해 무엇을 할 수 있는가?
2. 고객 노력을 줄일 수 있는 가장 큰 기회가 어느 채널에서 보이는가?

자세한 설명

1. 선택한 채널에 대해 '그렇다/아니오' 질문 세트의 답을 적는다. '아니오'가 변화가 필요한 부분이 된다.
2. 각 채널의 특성 카테고리에 대해 두 가지 기준에 따라 1~5점까지의 점수를 매긴다.
   a. 이 분야가 얼마나 많은 수고를 일으키는가?
   b. 이 속성을 바꾸기 어려운가?

웹사이트

'그렇다/아니다'로 대답하는 진단 질문에 응답한다. '아니다'라는 답은 고객 노력이 높은 분야를 잠재적으로 알려준다.

속성	속성별 고객 노력 진단 질문	응답 그렇다 혹은 아니다 (Y/N)
검색 가능함	(회사가 아니라) 고객의 언어로 정보가 쓰여 있는가?	
	사용했으면 하는 고객을 염두에 두고 사이트 검색 디자인이 만들어졌는가?	
	다양한 방식(이벤트별, 제품별, 질문별)으로 정보에 접근할 수 있는가?	
	웹사이트 접근이 쉬운가(예: 로그인이나 인증이 쉬운가)?	
	가장 영향력이 큰 콘텐츠가 웹사이트(다른 정보 때문에) 어딘가에 묻혀 있지는 않은가(사용자들이 쉽고 빨리 콘텐츠 대부분을 찾고 필요한 기능에 접근하는가)?	
	웹사이트를 통해 고객 서비스에 상대적으로 쉽게 연락할 수 있는가?	
	고객 서비스 전화번호가 직관적으로 제공되는가?	
	고객에게 적당한 개수의 전화번호가 분명하게 보이는가?	
정보의 품질	적정한 양의 지식이 웹사이트를 통해 제공되는가?	
	고객 입장에서 봤을 때 직관적으로 중요한 순서대로 정보가 제공되는가?	
	정보의 품질이 뛰어난가?	
	사이트에서 사용하는 언어가 사용 고객에 맞춰 구성되어 있는가?	
	필요하다면 계절별로 서비스 정보의 우선순위를 바꾸는가?	
	전화량이 많은 순서대로 서비스 정보의 우선순위를 정하는가?	
기능성	간단한 서비스 업무는 사이트를 통해 해결할 수 있는가?	
	사이트 기능이 고객에 맞춰 제공되는가?	
	고객이 거래를 끝내고 나면, 이와 관련된 정보를 적극적으로 제공하는가?	
	온라인으로 문제나 구매 상태를 확인할 수 있는가?	
	고객 정보 자동 입력/자동 저장 기능을 가능한 한 제공하는가?	
	토론 게시판을 제공하는가?	
	(토론 게시판이 있다면) 품질을 위해 모니터링하는가?	
	모니터링을 한다면, 직원이 토론 게시판에 참여하는가?	
	토론 게시판에 참여하는 '파워 유저'를 위한 인센티브를 제공하는가?	
추적 지표	페이지당 클릭수	
	서치 횟수	
	사이트에 머무르는 시간	
	방문한 페이지 숫자	
	비밀번호 재설정 난이도	
	로그인 시도 실패 횟수	
	지식을 제공하는 게시글이 게시된 기간	
	고객 상태 추적의 빈도	
	웹 문제 해결: 사이트에서 문제를 해결하려고 했다가 실시간 채널로 돌아선 고객 수	

출처: CEB, 2013

IVR

'그렇다/아니다'로 대답하는 진단 질문에 응답한다. '아니다'라는 답은 고객 노력이 높은 분야를 잠재적으로 알려준다.

속성	속성별 고객 노력 진단 질문	응답 그렇다 혹은 아니다 (Y/N)
검색 가능함	IVR을 어느 용도로 사용하는지 고객에게 알려주는가?	
	고객이 IVR 사용방법을 이해하도록 상담원이 도와주는가?	
	어떤 옵션을 선택해야 하는지 고객이 쉽게 이해하는가?	
	옵션이 고객을 위해 직관적으로 그루핑되어 있는가?	
	IVR이 (회사가 아니라) 고객이 사용하는 언어로 만들어졌는가?	
	고객의 질문과 상관없는 정보는 넘어갈 수 있는가?	
	IVR을 더 진행하기에 앞서 중요한 정보(예: 지금은 콜센터 운영 시간이 아니다)를 먼저 알려주는가?	
	음성 인식 기능을 사용한다면, 번호를 누르는 기능도 역시 제공되는가?	
	옵션 몇 개 중에서 선택을 내려야 한다면, 특정 상담원의 대기 줄에 포함되는가?	
	IVR 트리(구조)를 온라인이나 출력물로 제공하는가?	
	IVR로 자주 들어오는 문제(제품 리콜, 비상 상황 등)를 우선순위로 놓는가?	
	고객에게 몇 개의 옵션이 가능한지 그 숫자를 알려주는가?	
	메뉴를 읽는데 얼마나 많은 시간이 걸리는지 테스트해보았는가?	
	IVR 경험에 대해 상담원의 피드백을 받아봤는가?	
정보의 품질	IVR을 통해 고객에게 FAQs를 제공하는가?	
	고객이 어떤 FAQs가 제공되는지 명확하게 알려주는가?	
	FAQs의 정보가 (회사가 아니라) 고객이 사용하는 언어로 만들어졌는가?	
	가장 중요한 정보를 포함하기 위해 주기적으로 FAQs를 업데이트하는가?	
기능성	통화 종료 옵션을 제공하는가?	
	자주 반복되는 정보(예: 은행 계좌 잔액, 메뉴 옵션 등)에 대한 옵트-아웃(Opt-Out: 고객이 스스로 선택하여 정보 제공을 제외하는 방식)을 제공하는가?	
	IVR에서 고객의 선호도나 즐겨찾기가 저장되는가?	
	CTI(Computer Telephony Integration: 컴퓨터 전화 통합)를 활용해서 IVR에서 수집된 정보를 상담원의 PC로 전달하는가?	
	반복해서 전화하는 사람을 IVR에서 빼내 상담원에게 직접 연결하거나 패스트 트랙(Fast Track: 줄에서 대기할 필요가 없도록 곧바로 서비스를 제공해주는 방식)을 제공하는가?	
추적 지표	통화 종료율	
	라우팅의 정확도(전화가 적절한 담당자에게로 연결되는 정도, 통화 연결 횟수)	
	완료율	
	일반 고객이 IVR을 진행하기 위해 걸린 시간	
	음석 인식 라우팅의 정확도	
	IVR 경험에 대한 고객 피드백	

출처: CEB, 2013

전화 통화

'그렇다/아니다'로 대답하는 진단 질문에 응답한다. '아니다'라는 답은 고객 노력이 높은 분야를 잠재적으로 알려준다.

속성	속성별 고객 노력 진단 질문	응답 그렇다 혹은아니다 (Y/N)
문제 해결	문제 해결에 대해 상담원에게 인센티브를 제공하는가?	
	문제 해결의 중요성에 대해 상담원에게 주기적으로 상기시켜주는가?	
	정확한 문제 진단을 위해 상담원을 모니터링하는가?	
	두 번째(혹은 그 이상으로 일어나는) 전화에 대해 우선적으로 응대하는가?	
	여러 번 발생하는 통화에 대해 근본적인 원인을 밝혀내는가?	
	상담원은 고객 성격에 따라 응대를 달리할 수 있는가(예: 감정적인 해결책을 제공하는가)?	
	각 문제 해결에 대해 상담원이 온전한 책임을 지도록 요구하는가(조직 내 다른 사람의 개입이 필요한 경우더라도)?	
	상담원은 고객에게 콜백을 스스로 할 수 있는가?	
	적절한 문제에 대해서는 상담원이 문제를 선제적으로 해결하도록 권장하는가?	
	문제 해결을 위해 여러 번 상담이 발생하지 않도록 내부 정책을 점검하는가?	
	사후적으로 필요한 정보에 관해 상담원이 고객에게 이메일을 보낼 수 있는가?	
	고객에게 '아니오'라고 답해야 할 경우 상담원은 적절한 대안을 제시하는가?	
	어떤 문제가 해결될 수 있거나 없을 때 이를 고객에게 알려주는가?	
통화 연결	필요한 경우 고객은 적절한 전문가에게로 돌려지는가?	
	필요한 경우 기분 좋게 전화를 돌려주는가?	
	그렇지 않다면, 고객이 정보를 반복해 제공하지 않도록 주의하는가?	
통화 프로세스	상담을 상위 직급에게 넘기는 상담원은 언제, 왜 '아니오'라고 말하는지 추적하는가?	
	문제 해결 장애물을 (필요하다면) 바꾸기 위해 움직이는가?	
	지금 당장 필요한 정보만을 고객에게 물어보는가?	
	IVR을 통해 이미 제공받은 정보를 또다시 물어보지 않도록 유의하는가?	
	내부 자원(예: 계좌 정보, 제출된 정부)을 통해 얻을 수 있는 정보를 물어보지 않도록 유의하는가?	
	고객이 취해야 할 조치를 줄이기 위해 이해관계자에게 연락을 취하는가?	
	정말 필요할 때만 양식을 작성해달라고 요구하는가?	
	일반적으로, 양식은 고객(vs. 회사)의 언어로 쓰여 있는가?	
	양식에 사용된 언어에 대해 상담원의 피드백을 수집하는가?	
	양식을 제출할 때 고객은 다양한 채널 중에서 선택할 수 있는가(예: 팩스, 이메일, 온라인)?	
	정보를 받았다고 고객에게 확인해주는가?	
대기 시간	고객이 대기 시간과 대기 상태에 대해 정보를 제공하는가?	
	전화가 몰리는 시간대에(상담원이 나중에) 콜백하는 기능을 제공하는가?	
	지나치게 긴 대기 시간을 모니터링하는가?	
	문제 해결에 소요되는 시간에 대해 고객 기대치를 세팅해놓는가?	
추적 지표	문제 해결률	
	콜백률	
	콜백 유형 분석	
	연결	
	연결할 때 인간적인 vs 공무적인 태도	
	CES - CEB의 고객 노력 지표	
	고객이 소요한 시간 평가(eg. 대기 시간, IVR에 소요된 시간, 대기시간 등)	
	QA: 정보의 정확도	
	QA: 이슈 진단	

출처: CEB, 2013

옮긴이 홍유숙

연세대학교 경영학과를 졸업하고, 영국 옥스퍼드대학교에서 MBA를 공부했다. 재무, 투자에 관심이 많아 CFA를 취득했으며, FX 딜링, 국제금융, 프라이빗 뱅킹, 펀드 상품 개발 등의 업무를 담당했다. 현재 엔터스코리아에서 전문 번역가로 활동하고 있다.
주요 역서로는 『워렌 버핏의 위대한 동업자』, 『찰리 멍거』, 『경쟁 우위 전략 지속가능한 사업을 창출하는 원리』, 『당신의 행복은 해킹당했다』, 『애자일 조직 혁명』, 『챌린지 컬처』 등이 있다.

고객이 기업에게 원하는 단 한 가지

초판 1쇄 발행 2022년 2월 21일

지은이 매튜 딕슨, 닉 토만, 릭 델리시
펴낸이 정덕식, 김재현
펴낸곳 (주)센시오

출판등록 2009년 10월 14일 제300-2009-126호
주소 서울특별시 마포구 성암로 189, 1711호
전화 02-734-0981
팩스 02-333-0081
메일 sensio@sensiobook.com

편집 하진수
진행 임성은
디자인 Design IF

ISBN 979-11-6657-056-8 03320